当代国外马克思主义前沿问题研究丛书

总主编 江 洋

国家出版基金项目
NATIONAL PUBLICATION FOUNDATION

共同体、未来社会与美好生活

刘 梅 主编

Community, Future Society
and the Good Life

中国人民大学出版社
·北京·

总　序

　　2017 年 9 月 29 日，习近平总书记在主持中共十八届中央政治局第四十三次集体学习时强调："世界格局正处在加快演变的历史进程之中，产生了大量深刻复杂的现实问题，提出了大量亟待回答的理论课题。这就需要我们加强对当代资本主义的研究，分析把握其出现的各种变化及其本质，深化对资本主义和国际政治经济关系深刻复杂变化的规律性认识。当代世界马克思主义思潮，一个很重要的特点就是他们中很多人对资本主义结构性矛盾以及生产方式矛盾、阶级矛盾、社会矛盾等进行了批判性揭示，对资本主义危机、资本主义演进过程、资本主义新形态及本质进行了深入分析。这些观点有助于我们正确认识资本主义发展趋势和命运，准确把握当代资本主义新变化新特征，加深对当代资本主义变化趋势的理解。对国外马克思主义研究新成果，我们要密切关注和研究"①。总书记的重要讲话，对于开展马克思主义研究特别是国外马克思主义研究具有重要的指导意义。

　　为深入贯彻落实习近平总书记重要讲话精神，我们特别策划了"当代国外马克思主义前沿问题研究丛书"（十卷本）。本丛书以问题为着眼点，聚焦国内外马克思主义理论界最为关切的关于当代资本主义研究的十大理论和现实问题，从经济、政治、社会、生态和未来走向等多个维度，全面展示 21 世纪以来国外马克思主义研究的最新成果。

　　本丛书共分十卷，分别为《资本主义的危机与矛盾》《资本主义民主的批判与反思》《当代资本主义社会阶级关系新论》《马克思主义与女性主义》《生态马克思主义与生态文明》《晚期资本主义的空间理论

---

① 习近平谈治国理政：第 2 卷. 北京：外文出版社，2017：66 - 67.

与城市化》《资本主义、剥削与公正》《马克思主义异化理论的当代诠释》《新帝国主义论》《共同体、未来社会与美好生活》。

丛书的出版得到多方面的支持和帮助，在此表示真诚的谢意。感谢"当代国外马克思主义前沿问题研究丛书"所有作者和译者的辛勤工作，感谢本丛书所获得的所有期刊和出版社的慷慨授权。特别感谢段忠桥、杨金海、李惠斌、郇庆治四位老师在本丛书论证过程中给予的学术指导，感谢陈学明、王凤才等前辈及同仁在国外马克思主义研究领域对我们的长期帮助。感谢国家出版基金对"当代国外马克思主义前沿问题研究丛书"的高度重视和全力支持，感谢中央党史和文献研究院各级领导和同事们对本研究的支持和帮助，感谢中国人民大学出版社学术出版中心诸位编辑为本丛书的出版付出的智慧和辛劳。鉴于编译者水平有限，丛书中值得商榷或者不当之处在所难免，敬请学界同仁批评指正。

"当代国外马克思主义前沿问题研究丛书"编委会

2021 年 9 月 20 日

作者简介

肯尼斯·梅吉尔（Kenneth A. Megill），曾任美国佛罗里达大学哲学系教授。著作有《新民主理论》（*The New Democratic Theory*）等。

柄谷行人（Kojin Karatani），日本近畿大学特任教授。著作有《马克思，其可能性的中心》（マルクスその可能性の中心）、《跨越性批判——康德与马克思》（トランスクリティーク——カントとマルクス）等。

詹姆斯·劳洛（James Lawler），美国纽约州立大学布法罗分校哲学系教授，美国哲学学会马克思主义哲学研究会（Society for the Philosophical Study of Marxism）主席。著作有《J.-P.萨特的存在主义的马克思主义》（*The Existentialist Marxism of Jean-Paul Sartre*）、《智商、遗传可能性与种族主义》（*IQ，Heritability and Racism*）等。

丹尼尔·布鲁德尼（Daniel Brudney），美国芝加哥大学哲学系教授，国际著名的马克思与罗尔斯思想研究专家。著作有《马克思远离哲学的企图》（*Marx's Attempt to Leave Philosophy*）、《罗尔斯与马克思：分配原则和人的观念》（*John Rawls and Karl Marx：Distributive Principles and Conceptions of the Person*）、《青年马克思与中年罗尔斯》（*The Young Marx and the Middle-Aged Rawls*）等。

阿兰·巴迪欧（Alain Badiou），巴黎高等师范学校哲学系教授，现任瑞士欧洲研究院（EGS）教授。著作有《存在与事件》（*L'être et l'evènement*）、《哲学宣言》（*Manifeste Pour La Philosophie*）等。

迈克尔·哈特（Michael Hardt），美国杜克大学教授，著名的马克思主义理论家。与安东尼奥·奈格里合著《帝国》（*Empire*）、《诸众》（*Multitude*）、《共同体》（*Commonwealth*）等。

雅克·朗西埃（Jacques Rancière），法国哲学家，巴黎第八大学哲学荣誉教授。著作有《政治的边界》（*Aux bords du politique*）、《分歧》（*La Mésentente*）、《词语的肉体：写作政治学》（*La Chair des mots. Politique de l'écriture*）、《异感：艺术审美体制的场域》（*Aisthesis：Scènes du régime esthétique de l'art*）、《平等的方法》（*La méthode de l'égalité*）等。

迈克尔·莱博维奇（Michael A. Lebowitz），加拿大西蒙·弗雷泽大学名誉教授。著作有《超越〈资本论〉：马克思的工人阶级政治经济学》（*Beyond Capital：Marx's Political Economy of the Working Class*，second edition）等。

萨米尔·阿明（Samir Amin），埃及新马克思主义理论家，著名全球化问题专家，国际政治经济学家，曾任法国普瓦蒂埃大学、巴黎大学和塞内加尔达喀尔大学教授。著作有《世界规模的积累——欠发达理论批判》（*Accumulation on a World Scale：A Critique of the Theory of Underdevelopment*）、《不平等的发展——论外围资本主义的社会形态》（*Unequal Development：An Essay on the Social Formations of Peripheral Capitalism*）、《帝国主义和不平等的发展》（*Imperialism and Unequal Development*）、《全球化时代的资本主义——对当代社会的管理》（*Capitalism in the Age of Globalization：The Management of Contemporary Society*）等。

马克·所罗门（Mark Solomon），美国西蒙斯大学历史系荣休教授。著作有《呼吁的是团结：共产党和非裔美国人，1917—1936》（*The Cry Was Unity：Communists and African Americans，1917 - 1936*）等。

岩佐茂（Shigeru Iwasa），北海道大学研究生院博士课程肄业，日本一桥大学社会学研究科和言语社会学研究科教授，国际知名马克思主义哲学家、环境哲学家、德国哲学研究专家。著作有《环境的思想》（環境の思想）、《环境的思想与伦理》（環境の思想と倫理）、《唯物论与科学的精神》（唯物論と科学的精神）、《人的生存与唯物史观》（人間の生と唯物史観）、《黑格尔用语事典》（ヘーゲル用語事典）和《〈德意志意识形态〉的世界》（『ドイツ・イデオロギー』の射程）等。

卢乔·马格里（Lucio Magri），意大利著名马克思主义理论家，新左翼思潮代表人物。著作有《乌尔姆的裁缝：一个共产主义的历史》

（*The Tailor of Ulm：A History of Communism*）等。

雅克·比岱（Jacques Bidet），法国巴黎第十大学哲学教授，法国国家科学研究中心《今日马克思》杂志负责人，著名社会理论家、哲学家和历史学家。著作有《总体理论》（*Théorie générale*）、《马克思〈资本论〉探究：哲学、经济和政治维度》（*Exploring Marx's Capital：Philosophical，Economic and Political Dimensions*）、《罗尔斯和正义理论》（*John Rawls et la théorie de la justice*）等。

肖恩·塞耶斯（Sean Sayers），英国肯特大学哲学系荣休教授。现为北京大学哲学访问教授。《激进哲学》和《马克思与哲学社会》的创始人之一，《马克思与哲学评论》的创始人兼主编。著作有《马克思和异化：关于黑格尔哲学主题的论述》（*Marx and Alienation：Essays on Hegelian Themes*）、《马克思主义和人性》（*Marxism and Human Nature*）、《现实和理性：辩证法和认识论》（*Reality and Reason：Dialectic and the Theory of Knowledge*）、《黑格尔、马克思和辩证法：一场争论》（*Hegel，Marx and Dialectic：A Debate*）等。

大卫·哈维（David Harvey），当代西方新马克思主义的代表人物，美国纽约城市大学人类学杰出教授，"20 世纪后期最有影响力的地理学家之一"，是世界上作品被引用较多的人文学者。著作有《马克思与〈资本论〉》（*Marx，Capital and the Madness of Economic Reason*）、《资本社会的 17 个矛盾》（*Seventeen Contradictions and the End of Capitalism*）、《新帝国主义》（*The New Imperialism*）、《资本的空间：走向批判地理学》（*Spaces of Capital：Towards a Critical Geography*）、《希望的空间》（*Spaces of Hope*）等。

斯拉沃热·齐泽克（Slavoj Žižek），斯洛文尼亚卢布尔雅那大学社会学研究所资深研究员，欧美众多大学客座教授。著作有《意识形态的崇高客体》（*The Sublime Object of Ideology*）、《欢迎来到实在界这个大荒漠》（*Welcome to the Desert of the Real*）、《视差之见》（*The Parallax View*）、《敏感的主体》（*The Ticklish Subject*）、《少胜于无：黑格尔和辩证唯物主义的阴影》（*Less Than Nothing：Hegel and the Shadow of Dialectical Materialism*）等。

目　录

第四编　探索争鸣

导　言

　　人类自进入文明社会以来的每一次前进都伴随着对于未来理想社会的追求，如柏拉图的"理想国"、康帕内拉的"太阳城"、中国古代的"大同社会"直至马克思主义的"共产主义"……虽然理论形态和言说方式在不断更迭，但是人类对"美好生活"的向往却从未改变。那么，"美好生活"是可能的吗？如果可能，它应该是何种形式以及如何实现？作为一种现实的社会组织形式，"社会主义"和"共产主义"在何种意义上构成了一种指向未来的"美好生活"？在这样一种组织形式中，人与人之间的关系是怎样的？它们又构成了何种意义上的共同体？所有这些都是当代马克思主义者需要认真反思和回答的重要问题。21 世纪以来，围绕上述问题，国外马克思主义学者进行了深入探讨和反复论证，也取得了许多重要的研究成果。

一、社会主义、共产主义与马克思主义

　　20 世纪 90 年代，伴随着苏东剧变，社会主义、共产主义以及作为其指导思想的马克思主义被毫不留情地丢进了历史的故纸堆，美国学者弗朗西斯·福山直言"历史终结了"。然而，进入 21 世纪以来，由于贫富差距拉大、生态环境破坏、文明冲突升级等现实问题频出，当代资本主义世界正在经历一场旷日持久的危机，社会主义和共产主义

重新进入人们的视野，相关讨论也再次成为我们这个时代的热点。近年来，共产主义观念的复兴就代表了当今左翼激进思想家的一个重要理论动向，其标志性历史事件就是 2009 年 3 月在伦敦召开的第一届共产主义大会。随后，各种形式的"回归""复兴"似乎都在不断印证着萨特的那句话：共产主义是"我们这个时代不可超越的地平线"。这一点不仅体现在哲学上，更体现在政治和意识形态上。然而，这种共产主义与社会主义和马克思主义之间是什么关系？它的回归是否意味着马克思主义的当代复兴？

西方左翼激进思想家关于共产主义的探讨始于巴迪欧与本赛德、奈格里等人之间的一场争论，核心是有关马克思主义与共产主义的关系问题。在第一届共产主义大会上，本赛德批评巴迪欧宣扬了一个"没有马克思主义的共产主义"，奈格里的大会发言"没有马克思的共产主义是可能的吗？"也直指巴迪欧。对此，巴迪欧进行了猛烈的还击，他认为本赛德等人抛开共产主义直接谈论马克思主义是在根本上对马克思主义的曲解，这是一种"没有共产主义的马克思主义"，二战后的很多所谓"西方马克思主义"都不例外。[1] 他们退回到文学和艺术的领域，蜷缩在"异化"的标签下批判资本主义，强调多种反抗形式的可能性，实际上是为了反对现实的政治和革命，否定共产主义，把后者等同于集权主义的恐怖和暴力。因此，巴迪欧特别强调"作为政治人"的马克思，认为真正的马克思主义是以实现共产主义为核心的，即政治的马克思主义，而共产主义观念本身与恐怖和暴力也没有必然联系。

与之相关的是对社会主义、共产主义和资本主义之间关系的理解。在这个问题上，西方左翼激进思想家表现出了高度的一致，他们把社会主义等同于苏联的社会主义，即"现实社会主义"。因此，社会主义是资本主义的一部分，它与共产主义是根本对立的，巴迪欧甚至提出要"告别社会主义"，齐泽克也提出要"从头开始"，他们共同主张必须重建 21 世纪的共产主义。然而，劳洛等人则在同等意义上使用社会主义和共产主义概念，提出应该超越资本主义和社会主义的二元对立，回到马克思的思想中重新理解社会主义和共产主义。在与资本主义的关系上，劳洛强调不能在资本主义对立面的立场上理解共产主义，相反，"去理解共产主义，就是去理解资本主义本身，因为资本主义的动态变迁或演化包括着共产主义的出现"[2]。因此，"如果说阿基米德是在外太空寻找支点来移动世界，那么马克思就是在资本主义范围内发现了他批判和改变资本主义的阿基米德点"[3]。

二、未来社会的理论筹划

基于对上述问题的不同理解，21世纪以来的西方思想界从不同视角对未来社会做出了理论筹划：既有从历史必然性、私有财产和所有制、未来社会形态的构建等视角切入的传统方式，也有西方左翼激进思想家独辟蹊径在新的历史条件下对共产主义的重新"发明"。

巴迪欧和南希在先验的意义上理解共产主义。巴迪欧认为，"共产主义"只是一个哲学问题，一个理论假设，而不是社会历史问题。作为普遍、永恒的真理，"共产主义"不是革命纲领，而是一个类似于康德意义上的"调节性理念"；它不是感性的对象，也无法被建构，只能在宏观层次上规范我们的思维路线。也是在这个意义上，南希拒绝任何对共产主义的政治实体化理解，朗西埃认为共产主义的现实性是"'美学'革命范式的永久的现实性"，主张从共产主义的非现实性出发，"成为平静的或乌托邦式的共产主义者"[4]。齐泽克在追随巴迪欧的同时也对共产主义做了激进政治学的阐释。塞耶斯批判了巴迪欧的观点，认为他仅仅把共产主义作为一种突发的、不可预测的事件来对待，这本质上是"对马克思主义所做的一种黑格尔式的歪曲"。他赞成马克思的理论，认为马克思的共产主义是一个未来的社会历史阶段，它因资本主义的社会和经济矛盾而产生。

哈特和奈格里则在政治经济学批判的意义上探讨了共产主义和共同性的问题，并将其延展到财产批判。他们既没有像拉克劳一样摒弃共产主义，也拒绝巴迪欧对共产主义的先验阐释，而是仍然把共产主义看成是取代资本主义的一个更高的社会阶段，试图把德勒兹和福柯的生命政治学与马克思的政治经济学批判结合起来，从当下资本主义的内在矛盾中寻找超越现行秩序的道路。然而，在哈维看来，哈特和奈格里虽然把握住了当下资本主义的某些关键转变，如工厂不再处于斗争的核心，城市和共同性对当下分析的重要意义等，但由于他们消解了阶级的中心地位，过度强调差异性、非物质劳动、生命政治和生命权力的概念，而忽略了马克思关于虚拟资本以及政治主体生产的论述，从而使得他们的很多观点只是看上去很好，实际却很难落到实处。[5] 出于这个原因，齐泽克批评哈特和奈格里对当代资本主义全球化的乐观主义并不能为我们今天提供一种具体的行动方案。

劳洛、奥尔曼等人则坚持对共产主义进行辩证阐释。劳洛认为，共产主义不是"虚无主义的"，而是一种"辩证的"构想，因此，三大卷的《资本论》可以看作关于共产主义在资本主义内部的辩证产生的理论来阅读。劳洛从辩证法的角度重新阐释共产主义，这无疑是深刻的，把握到了马克思共产主义的原则高度。作为一种"可能性"，"共产主义"是有现实根基的，即黑格尔所说的能够实现其自身现实性的"应然性"。这种"应然性"在布洛赫那里被明确表述为"事物自身的乌托邦"，也就是说，事物自身在其发展的可能空间中也会展现为一种乌托邦。实际上，乌托邦与实践相结合是当代"共产主义"阐释路径中较多人接受的观点。一方面，"辩证乌托邦"（哈维）、"事物自身的乌托邦"（詹姆逊）、"乌托邦现实主义"（吉登斯）等各种形式的乌托邦似乎都在不断提醒着"共产主义"本身的乌托邦本质；另一方面，很多学者又不断从现实中寻求使这种乌托邦达到现实的途径，"一般智力"、"非物质劳动"、"地方重建"和"捍卫城市正义和权利"等，这些是否能从根本上触碰到资本逻辑的统治？它们是否真的是现实的超越之路？

三、未来社会的当代实践

事实上，在马克思恩格斯的著作中存在着两种意义上的共产主义：一种是作为观念的共产主义，它包括自由与必然、可能与现实、政治解放与人类解放等理论问题以及在此基础上提出的资本主义替代方案；另一种是作为现实运动的共产主义，它包括社会主义国家发展道路的探索以及资本主义国家内部少数族裔寻求自由解放的现实运动。苏东剧变以来，尽管现实层面的社会主义和共产主义运动一度陷入低谷，但是，有关未来社会的理论探索和各国人民争取自由和权利的现实运动却从未停歇。中国的社会主义现代化建设、意大利共产党对于社会主义第三条道路的大胆尝试、非裔美国人争取自由和权利的斗争、拉丁美洲人民超越资本主义的理论化努力（如玻利维亚的"社群社会主义"）等都为未来社会的发展积累了大量有益的经验。具体而言，在有关未来社会的实践中，主要形成了如下几点共识：

首先，承认差异是未来社会主义、共产主义运动的前提。萨米尔·阿明在同等意义上使用社会主义和共产主义概念，将其理解为优越于资本主义的文明阶段，他在详细考察了世界社会主义运动的三大谱系之后提出，社会主义运动的未来在于"承认差异，统一行动"①，认为只有这样才有可能使所有抵抗资本主义的群众运动最终形成统一行动。马克·所罗门在探讨了美国的共产主义运动和黑人的问题后提出，黑人自治是"进步的同化和多元联邦"变成一元的、民主国家的基础。此外，无论是欧美地区、俄罗斯和东欧地区对于新的社会主义模式的探索，还是拉丁美洲以"民权、民生和反霸"为中心的"21世纪社会主义"运动，都带有鲜明的民族特色和区域性特征，充分表现了社会主义和共产主义发展的差异性和多种可能性。

其次，回到马克思的思想源头重新阐发共产主义理念。日本学者岩佐茂以反对《安保法制法》、推进日本无核化为背景考察了重塑日本未来社会的可能路径，即运用后资本主义的未来社会理论重新阐发马克思的共产主义理念。共产主义理念是对资本主义这一否定形式中的价值关系进行解构，对新形成的价值关系进行理论与实践的再造。这就意味着要对资本逻辑和技术万能主义基础上形成的近代以来的知识、价值观、制度、生活方式进行理论和实践意义上的解构与重组。这是当前日本社会面临的重要课题。劳洛等人也是在这个意义上展开对未来社会的理论探索的。因此，不存在只谈历史唯物主义、批判理论、政治经济学批判，而不谈共产主义的马克思主义，共产主义是马克思主义的理论归宿，也是马克思思想的逻辑起点。

最后，突出中国经验/道路的世界历史意义。二战以来，各种形式的社会主义和共产主义运动最终都未能取得实质性成效，其中一个重要原因是割裂了其与马克思主义之间的内在关联，缺乏科学的理论指导，而中国改革开放以来社会主义道路取得成功的原因也正在于此。在2020年的抗疫斗争中，中国制度优势的彰显也在事实上改变了西方世界的一贯偏见，福山明确承认，无论是政府处理疫情的能力还是民

---

① 萨米尔·阿明. 世界社会主义运动的谱系、现状与未来. 马克思主义研究，2015 (10)：127-134.

众对政府信任的多寡方面，中国都已经远胜美国。

21 世纪以来，国外马克思主义学者围绕"共同体、未来社会与美好生活"进行了深入探讨和反复论证，取得了很多理论成果。本书收录了其中一些最具代表性的问题和观点，包括未来社会的前沿问题、未来社会的理论筹划、未来社会的当代实践以及有关未来社会理论的探索争鸣四个部分。其中，"前沿问题"部分侧重于收录近年来国外有关未来社会的基础理论探讨，尤其是未来社会和资本主义、前马克思的社会主义之间的关系，还有作为未来社会理论根基的"共同体""好生活"等核心思想的文章；"理论筹划"部分侧重于收录 21 世纪以来国外马克思主义理论界对作为资本主义替代方案的社会主义和共产主义思想的不同理解的文章；"当代实践"部分侧重于收录当今世界的社会主义和共产主义运动的实践成果与经验教训的文章；"探索争鸣"部分侧重于收录在各种当代社会主义实践和资本主义替代方案中出现的不同观点之间的论战与交锋。

毋庸置疑的是，当代西方学者对"共产主义"独辟蹊径的阐释，从微观领域补充了作为宏大叙事的解放政治的不足，对于我们重新理解社会主义、资本主义、马克思主义以及在此基础上重构当今时代的解放政治都有重要的参考价值。然而，需要注意的是，马克思主义传统中的"共产主义"和西方马克思主义视野中的"共产主义"有很大差别。当今时代，西方马克思主义学者尤其是西方左翼激进思想家从不同视角对共产主义的重新阐释乃至"再创造"，一方面，提供了很多可供参考的具体方案，也引发了我们对传统共产主义观念的反思；另一方面，在各种形式的"回归"和"复兴"中更多体现的是与传统马克思主义的差别，对此我们要仔细甄别。

本书在编辑过程中得到了很多杂志、出版社以及编者、译者朋友们的支持和帮助，所收录文章也得到了相应的版权支持，在此一并致谢！另外，特别感谢为本书的出版付出辛勤劳动的杨宗元主任、吴冰华老师等，是他们的努力让本书有了一个近乎完美的形式，再次致谢！

注释

[1] 其中不包括萨特，因为巴迪欧早年受萨特影响很大。

[2] 詹姆斯·劳洛. 马克思主义哲学和共产主义//欧阳康，主编. 当代英美哲学地图. 北京：人民出版社，2005：644.

〔3〕詹姆斯·劳洛. 马克思主义哲学和共产主义//欧阳康，主编. 当代英美哲学地图. 北京：人民出版社，2005：636.

〔4〕英国学者迈克莱什也把共产主义学说建基于马克思的审美理论之上，认为其对共产主义和商品的审美批判并未超出康德的审美传统，从而也没能为其共产主义的设想提供充分论证。参见：A. 迈克莱什. 马克思对共产主义的审美辩护. 世界哲学，2005（5）：17-24。

〔5〕后来哈特和奈格里也回应了哈维关于普遍异化的观点，他们认为，形式吸纳和实质吸纳联系在一起比异化更能说明资本主义统治的多样性，同时也为我们超越马克思的分析提供了可能的路径，拓展我们对当代各种反资本主义斗争的理解。参见：迈克尔·哈特，安东尼奥·奈格里. 资本主义统治的多样性与斗争的联合. 国外理论动态，2018（11）：44-50。

　　　　　　　　　　　　　　　　　　　　　　　刘　梅

第一编　前沿问题

第 1 章 马克思哲学中的共同体[*]

[美] 肯尼斯·梅吉尔 著 马俊峰 王志 译

马克思提出真正的共产主义国家消亡的学说是一个令人尴尬的信号，马克思严肃认真地认为这是当今所出现的乌托邦式的幻想。这里不去讨论马克思关于共产主义国家消亡的观点，而是主要讨论马克思认为将取代国家的共同体的本质。在对马克思著作中使用共同体的几种主要方式做简单的讨论后，本文将会对马克思的共同体理论与民主理论的相关性做出一般性评价。通过这种方式，马克思主义学说的力量可以得到最好的展示，还可以赋予马克思的国家理论一些附加内容。

1875 年，恩格斯在给倍倍尔的一封信中谈到了自己和马克思，信中在描述民主联合形式时，对共同体概念的有用性做了如下阐述：

> 应当抛弃这一切关于国家的废话，特别是出现了已经不是原来意义上的国家的巴黎公社以后。……一到有可能谈自由的时候，国家本身就不再存在了。因此，我们建议把**"国家"**一词全部改成"共同体"[Gemeinwesen]，这是一个很好的古德文词，相当于法文的"公社"。[1]①

恩格斯认为 Gemeinwesen 是法语 commune（公社）的对等词，也

---

* 原载：马克思主义与现实，2011（1）：166-171。文献来源：*Philosophy and Phenomenological Research*，1969，30（3）：382-393。

① 本书所有出自马恩经典的引文均采用人民出版社出版的马恩经典译文，并在注释处直接标注中文版出处。特此说明。——译者注。本书脚注均为译者注，以下脚注中未注明者均为译者注，尾注为原作者注。

是德语词汇中能准确表达英语词汇 community（共同体）的最好选择。当马克思自己在《资本论》中引用出现单词 community 的英语文章时，他把 community 翻译为 Gemeinwesen，然而，在试图理解代替国家的共同体的本质时，仅仅把 Gemeinwesen 等同于像在英美传统中所使用的 community 一词是不可能的。我们有时候必须寻找另外一些术语来表达 community 的概念，毋庸置疑，community 在英语中仅仅是一个普通词汇，而 Gemeinwesen（即使在马克思的时代）则是一个"古"德文词。Gemeinschaft，一个在日常德语中使用频率更高的词，可能指某种正式或非正式形式的联合体，也经常被马克思用来指非政治的联合体形式。一般来说，Gemeinschaft 和 Gemeinwesen 两词皆可翻译为英语中的 community，尽管 Gemeinwesen 更加准确地表达了在政治意义上所使用的 community 概念。[2]

弗里德里希指出，在政治哲学中，"共同体具有时空在物理上的延续性的特性——正是在物理学意义上的时空中，政治事件才得以发生——以及生命在生物学中的特性——所有的政治事件依此进行"[3]。在与传统的协调中，马克思所谓的民主共同体既不是特定的政府制度，也不是现实必须与之相适应的理想：

> 共产主义对我们来说不是应当确立的**状况**，不是现实应当与之相适应的**理想**。我们所称为共产主义的是那种消灭现存状况的**现实的**运动。[4]

在另外一部著作中，马克思把共同体描述为正在通过工业体系发展着的人类联合形式，并再次强调它不是一个必须被提前制定的目标：

> **共产主义**是最近将来的必然的形式和有效的原则。但是，共产主义本身并不是人的发展的目标，并不是人的社会的形式。[5]

在下面关于共同体的讨论中，我们必须清楚地牢记共同体是民主联合形式，是政治生活进行的空间，而不是必须"付诸实践"的理念或目标。对马克思来说，创建共同体意味着要发展共同体生活。取代国家的民主联合形式就是共同体。

在马克思的著作里，作为民主联合形式的共同体概念在三种不同的方式中展开：（1）作为原始联合形式的共同体。作为一个有限的、封闭的、有地域限制的联合形式的前资本主义共同体。（2）作为无政府社会的共同体。作为具体的民主共同体以及未来"形式和动力原则"的普遍共同体。（3）作为存在方式的共同体。人类作为社会性的动物只有通过共同体才能实现全面的存在。当恩格斯和马克思商议用共同体的术语替代更为传统的国家概念时，通过考察马克思使用共同体概念的每一种方式，恩格斯所表达的含义会更加清楚。

一、作为原始联合形式的共同体

对于马克思来说，人类历史就是人的个体化的历史。个体化的进程通过给普通民主共同体创造条件的工业化社会的发展而获得：

> 我们越往前追溯历史，个人，从而也是进行生产的个人，就越表现为不独立，从属于一个较大的整体……只有到 18 世纪，在"市民社会"中，社会联系的各种形式，对个人说来，才表现为只是达到他私人目的的手段，才表现为外在的必然性。……人是最名副其实的政治动物，不仅是一种合群的动物，而且是只有在社会中才能独立的动物。[6]

对于马克思来说，原始共同体的成长外在于资本主义的社会形式。马克思对在他的那个时代仍旧在一些地方存在的原始共同体进行了认真的研究。[7] 马克思在逝世之前给《共产党宣言》的俄文版写了简短序言。马克思和恩格斯只是说，现今的俄国土地公有制可以看作共产主义发展的起点。每当阅读马克思关于原始共同体的文章时就有一种欲望得出这样的总结：在原始共同体和无政府社会里没有私有财产、劳动分工、异化和资本主义，他倡导回归自然，体验早期共同体的简单生活。马克思在他对许多乌托邦共产主义的批判里拒绝这种解释，因为在资本主义之后回归到简单的自然状态一不可能，二不合适。然而，更重要的是这样一种事实：稳固的、自我封闭的原始共同体绝对不是理想的联合形式，因为作为历史发展产物的个体的人是缺乏的：

> 但是我们不应该忘记，这些田园风味的农村公社不管看起来怎样祥和无害，却始终是东方专制制度的牢固基础，它们使人的头脑局限在极小的范围内，成为迷信的驯服工具，成为传统规则的奴隶，表现不出任何伟大的作为和历史首创精神。[8]

或者用其他的术语描述它，原始共同体没有历史，人类没有获得自我控制。马克思对英国人造访之前的印度的描述可以应用于任何一种原始共同体：

> 印度社会根本没有历史，至少是没有为人所知的历史。我们通常所说的它的历史，不过是一个接着一个的入侵者的历史，他们就在这个一无抵抗、二无变化的社会的消极基础上建立了他们的帝国。[9]

历史以原始共同体里个体的发展为起点。与那些把个人看作历史起点的自由主义者不同，马克思把共同体看作个性从其发展而来的原始联合形式。典型的原始共同体是自我封闭的（当它与其他共同体相互联系时不再存在）、稳固的（只要它是孤立的），存在的仅仅是再生产（个体仅仅是群体的一员）。

当交换开始时，原始共同体随之衰亡，"一系列经济系统"[10] 存在于原始共同体与现代资本主义系统之间。《资本论》不但包括了一小段对资本历史的特殊分析，而且指出资本的发展和趋势导致了资本主义体系的毁灭。在其中，自由和个人主义的共同体仅仅在长期的发展阶段的末期才是可能的。在高度工业化的社会里，这个共同体就是一个人们能够找到家的地方，一个真正的自由不是抽象自然权利的问题，而是一种生活方式的地方。在原始共同体和真正的共同体之中，人类是一个社会存在……一个共同体。共同体在现代社会里仅仅以真正民主的形式……自由王国而存在。

二、作为无政府社会的共同体

马克思的作为无国家社会的共同体理论首先是对黑格尔国家理论哲学思考的结果。当马克思说在民主联合形式之中共同体代替国家的时候，他是在参考黑格尔的陈述（对他来说也是自由主义政治经济学家的声明）。[11] 对马克思来说，黑格尔的权利哲学描述了当代的国家，他认为："黑格尔应该受到责难的地方，不在于他按现代国家本质现存的样子描述了它，而在于他用现存的东西冒充**国家本质**。"[12] 正如政治经济学家已经将资本主义的法律变成永恒的理性的普遍法律一样，黑格尔也让自由主义状态下的政治结构变成了唯一理性的政治结构。对黑格尔来说（在某种意义上对马克思来说也一样），国家的运动是向绝对的运动并且包含一切。但是黑格尔所谓的绝对理性对马克思来说就是从市民社会分离出来的绝对的政治组织和在市民社会之内通过原则所使用的控制、管理所有生活的绝对权力。国家是通过市民社会的管理原则进行控制和奴役的工具。

马克思指出，黑格尔的政治哲学是建立在对市民社会和国家的区分的基础上的，他发现国家和市民社会的统一将在各等级（或在国会中）中体现出来。[13] 黑格尔想要区分市民社会和政治国家——实际上现代社会的秩序就建立在这种区分上，但是两者的统一却在本身是国家之机构的国会中出现了。因此，国家变成了市民社会代表的工具，用以推动市民社会中控制原则的利益。包含在黑格尔政治体系中的基本矛盾，坚持伦理生活的统一同时却保持着政治和私人生活的区别的一种愿望。黑格尔清楚地观察到市民社会和国家之间的区别，这是他的伟大贡献，但是这种区别不能通过引进一个新概念（各等级）而克服，却能通过改变现实来实现。黑格尔所看到的问题影响了马克思的一生，但是他仅仅为国家和市民社会之间的矛盾提供了一种表面的解决方法。界定了私人利益的国会永远不能克服公共和私人的分裂，反而必须创造一种新的社会联合形式。

要克服国家，就要克服市民社会；要克服市民社会，就必须克服私有财产。国家本身在它的完全的形式里依靠私有因素，且是市民社会中统治阶级的工具。为了一个真正共同体的形成，必须找到一种使那些不在"权力结构"中的市民社会中的成员和阶级取得政治权力的方法。但正是这种可能性破坏了黑格尔主义（和自由）意义上的国家。一旦国家不再代表市民社会，却能改变它（比如说通过社会立法），国家和市民之间的区别就被逐渐削弱了。因此，马克思将他的注意力聚焦于市民社会的权力因素的分析上，而不是对政治权威的考察上。当国家变成市民社会之中最强有力阶级的代表时便是无权力的，它仅仅是政治的，却没有社会力量。

现代国家要消灭自己的行政管理机构的**无能**，必须消灭现在的**私人生活**。而要消灭私人生活，国家必须消灭自身，因为国家**只是**与私人生活相对立而存在。[14]

克服国家和市民社会的革命必须在具体事物中发生，不可以仅仅是另外一个哲学或宗教的建议。必要的革命将会克服在市民社会和国家之外的集团产生的国家。对马克思来说，无产阶级就是"一个并非市民社会阶级的市民社会阶级"[15]。在马克思写作的时代，无产阶级是克服市民社会和国家之间分裂的具体方式。无产阶级是具体的，基于经验的现实，资本主义的社会秩序应该消亡。

创造民主共同体就是创建政治和政府活动得以在普通规模上进行的空间。民主对马克思来说不仅仅首先是一种政府形式，而且是一种生活方式，一种政府"本质"的联合形式（使用马克思早期的术语）。人类以此生活的这种方式只有通过克服政治国家和市民社会以及创建一种新的联合形式共同体而改变。

三、作为存在方式的共同体[16]

马克思关于人的观点产生于一段紧张的哲学活动时期，在1843—1844年的一系列手稿的写作中达到了顶峰，其中一些手稿已收录在《1844年经济学哲学手稿》中。在这时期的笔记中，马克思总结了詹姆斯·穆勒的经济学著作，并对人进行了如下描述：

> 人在积极实现自己**本质**的过程中**创造**、生产人的**社会联系**、社会本质，而社会本质不是一种同单个人相对立的抽象的一般的力量，而是每一个单个人的本质，是他自己的活动，他自己的生活，他自己的享受，他自己的财富。……不是抽象概念，而是作为现实的、活生生的、特殊的个人——**就是**这种存在物。[17]

如前所述，对马克思来说，人的解放和社会问题的解决只有通过建立一种新的联合形式才能达到。作为自由的宣言，市民社会摆脱国家的控制不会使自由得以实现。穷人和工人不是自由社会和政治秩序的一部分。

> 可是工人**脱离**的那个**共同体**，无论就其现实性而言，还是就其规模而言，完全不同于**政治共同体**。**工人自己的劳动**使工人离开的那个共同体是**生活**本身，是物质生活和精神生活、人的道德、人的活动、人的享受、**人的**本质。**人的本质**是人的**真正的共**

同体。[18]

在资产阶级秩序之下及其自由民主理论之中，政治生活与市民生活的分离只有通过共同体的发展来克服，这个共同体由作为社会存在的人组成。

马克思在《1844 年经济学哲学手稿》中对异化劳动的著名分析与他对人的社会本质的讨论有着密切的联系。作为经济和社会事实，异化依赖私有财产（被理解为生产方式）和雇佣劳动体系。因此，只有消灭私有财产和工资体系才能克服异化。记住这点是重要的：马克思没有把异化看作普遍的人类特性，而是看作历史上的暂时现象，它首次出现在 16 世纪，将会随着民主共同体的创建而灭亡。对马克思早期著作合理的理解似乎是要把它们理解为创造真正共同体的个体类型的努力。

在早期手稿中，马克思分析了三种不同的要求消灭异化的共产主义状态。他批评了庸俗的共产主义和政治的共产主义，因为它们没有包含"私有财产的积极的本质"[19]，并因此没有克服异化。《资本论》则是充分地指出私有财产和资本主义（生产力以及个体的发展）的积极方面，但这些利益仍旧是抽象之物，直到人变成了社会的即真正的人类存在为止。[20] 马克思看到资本主义社会的发展给人类社会发展方式提供了最好的范例，尽管巨大的个体痛苦和非正义同时存在。生产力的提高——资本主义生产方式的巨大社会价值——让普遍的民主共同体在物质上变成了可能，但是这种社会发展却在社会个体的巨大代价之上进行。当马克思说在资本主义社会秩序之下人从共同体中异化出来，因此从自身异化出来的时候，他所表达的正是社会与个体发展的不同层次。当社会力量的发展与个体的发展不一致时，异化就一直存在。

在自由社会中，马克思看到人的社会属性已经被分为两个层次——他在政治共同体（国家）中的生活和他在市民社会中的私人生活。在市民社会中，基于私有财产，人被作为个人孤立起来，但同时他是表现他的普遍性的政治组织（国家）的成员。自由的实现以及市民社会摆脱国家的干预使社会问题变成了个人问题，而且导致了人的分化。人从共同体中异化出来，他的个性没有得到完全的发展。自由政治的解放不过是"**在迄今为止的世界制度内**，它是人的解放的最后形式"[21]。只有通过建立新的社会秩序——共同体，分化为公共领域和私人领域的人类生活才能得到克服。

> 只有当现实的个人把抽象的公民复归于自身，并且作为个人，在自己的经验生活、自己的个体劳动、自己的个体关系中间，成为**类存在物**的时候，只有当人认识到自身"固有的力量"是**社会**力量，并把这种力量组织起来因而不再把社会力量以**政治**力量的形式同自身分离的时候，只有到了那个时候，人的解放才能完成。[22]

自由理论预先假定人是个体存在，在历史上一个特定的时刻以及在地球上一个特定的地点被放入大自然。在马克思的后自由理论中，个体被自然放入历史某一点上的这种错误观念被生活在共同体中的历史的人所代替。只有在可以克服异化的真正共同体中，才可以发现真正的个性——作为社会存在的人的真正个性。

> 只有在集体中，个人才能获得全面发展其才能的手段，也就是说，只有在集体中才可能有个人自由。在过去的种种冒充的集体中，如在国家等等中，个人自由只是对那些在统治阶级范围内发展的个人来说是存在的，他们之所以有个人自由，只是因为他们是这一阶级的个人。从前各个个人所结成的那种虚构的集体，总是作为某种独立的东西而使自己与各个个人对立起来；由于这种集体是一个阶级反对另一个阶级的联合，因此对于被支配的阶级说来，它不仅是完全虚幻的集体，而且是新的桎梏。在真实的集体的条件下，各个个人在自己的联合中并通过这种联合获得自由。[23]

结　语

马克思的政治哲学远远不仅仅是政治的，因为他对作为共同体的民主联合形式的分析所展现的民主不是一种市民社会和国家相互关联的特殊方式，相反，它所展现的共同体必须是"无政府的"，我们可以说是"非市民社会的"。为了理解民主的本质，马克思让我们不要去观察政府形式或者市民社会中特殊利益集团的发展，而是要去观察共同体中人们生活的具体方式。马克思认为民主是共同体的本质。

把目光从政治转向社会构成了马克思主义政治理论的基础。马克思不仅强调社会变化甚于政治变化，而且也许他比 19 世纪的大多数哲学家更加清楚地看到，社会自由和平等要求创建一种新的根本不同的联合形式。就如马克思在《哥达纲领批判》中所描述的一样，公正和法律在民主共同体中出现了一种新的意义，在其中变成了创造性的力量，推动着社会目标及其政治目标。对马克思来说，对于社会利益而不是政治问题的兴趣在作为无政府社会的民主的描述中得到了最清晰的表达。只要国家存在，民主共同体就不可能被创建，因为国家作为阶级统治的工具与民主共同体的本质相矛盾。国家的最完全形式就是自由民主的国家，也是中产阶级利益和私有财产的保护者。传统的自由对平等和自由的要求是建立民主的前提条件，但只要问题仍旧存在于政治王国之内（即，哪个阶级将会统治），所需要的基本的社会变革就不会实现。在自由社会之内不可能获得民主，自由政府充其量只会让大量的工人和穷人变得更加容忍一些，但是异化的基本原因即私有财产和雇佣劳动却仍然存在。一种民主所要求的政府是这样的：为了解决社会问题，它可以让社会发生必要的、深远的变化。

马克思的大部分活动是与批判和分析当时的形势相关的，不讨论共同体将会采取的形式。的确，马克思反复强调代替国家的"只能被认为是科学的"，对乌托邦社会的构想蓝图只能与批判和科学的民主共同体的本质背道而驰。然而，从以上讨论中，将会得到一些有助于共同体概念的积极肯定的内容：（1）民主共同体是普遍的。不像原始共同体，民主共同体具有开放和交流的特征。它不是向简单生活的回归。（2）民主共同体是无阶级的。由于市民社会以阶级为基础，因此市民社会的毁灭意味着作为社会形式的阶级的毁灭。市民社会的阶级以财产为基础。但是如果马克思确定无产阶级就是消灭阶级的工具，那么民主共同体在阶级冲突的基础上就不可能是稳定的，因为财产作为一个必要的社会范畴在真正的民主共同体中消失了。用马克思的话说："劳动一被解放，大家都会变成工人，于是生产劳动就不再是某一个阶级的属性了。"[24]（3）民主共同体是历史的。从结构的观点来说，民主是一个决定着决策的稳定性的联合形式；也就是说，它是一个可以允许在体系之内做出革命变革的联合形式。在民主共同体中，政治革命变成了社会演变。共同体只能是过去的自然结果,只能历史地发展。(4)民主共同体是科学的。根据马克思的观点,建构民主是从来不充分的,但是却一定要意识到共同体的本性。在持久革命状态的社会,任何要求一定是意识到了自己当下的形势和在其中运行的趋势。除非科学不被奢求,而是被用来帮助处理事务并为将来的社会发展做计划,民主才可能存在。除非认识到形势本身和它的发展,民主才在很大程度上是可能的。社会科学的发展(马克思是最早的社会科学家之一)为决定的形成提供了可能性,这个决定是由科学调查的共同体和一个有教养的平民合作做出的。

最后,一个新的民主理论(至少部分是由于马克思的共同体概念所产生的结果)是必要的,对于一个大的社会来说,它比自由民主理论更适合。马克思认为民主共同体是普遍的、无阶级的、历史的和科学的。马克思关于作为科学共同体的民主观点是首次给理解人类在一个大共同体之中如何掌控自然和自己的命运提供可能性的观点之一。马克思指出,具体之物的发展已经远远超出了民主社会中的自由理论,如果民主社会秩序被实现的话,民主理论是建立在共同体而不是市民社会和国家所需要的基础上的。就像杜威在 1930 年所描述的:"如人类学者所言,我们的物质文明正在迈向集体化和社团化。另一方面,我们的道德文明,与我们的观念一起,充满了起源于前科学、前技术时代的个人主义的理想和价值。"[25]

马克思对政治哲学的真正贡献在于他对政治和社会的自由民主理论的超越。他关于国家在真正的民主之下一定会被克服的观点是他的社会和政治哲学的重要组成部分。这也许不是一个对马克思所主张的民主共同体的完整看法,但是马克思给予这个民主联合形式哲学洞察力,并揭示出民主是共同体的本质。正是在给新的社会秩序和社会理论提供这种洞察力及劝告时,马克思不仅是政治哲学家,而且是社会科学家。

注释

[1] 作为一般原则,最好把马克思和恩格斯的文章分开研究。然而,这篇文章对马克思也适用,因为恩格斯明确说明他在为他和马克思辩护,也因为马克思在他的《哥达纲领批判》中做出过类似的声明。马克思恩格斯选集:第 3 卷. 北京:人民出版社,2012:348-349.

　　[2] 并不是每个人都赞同 Gemeinwesen 是 community 的对等词。例如，弗里茨·帕彭海姆（Fritz Papenheim）在《现代人的异化》（纽约，1959）中清晰地把 Gemeinschaft 与 community 对等起来，但是 community 还包含了组织和结构的概念，这是 Gemeinschaft 所缺乏的。没有在更宽广的意义上使用 community 导致帕彭海姆错误地认为滕尼斯和马克思之间有相似之处。然而，马克思不满足于批判资本主义，因为 Gemeinschaft 已经不为人所知，但却看到了从资本主义中发展起来的新的共同体的形式。

　　[3] C. J. 弗里德里希. 共同体：第 2 卷. 1959：23. 这卷 NOMOS 被命名为《共同体》，收集了所有有关共同体概念的文章，这段引语摘自弗里德里希的说明。

　　[4] 马克思恩格斯文集：第 1 卷. 北京：人民出版社，2009：539.

　　[5] 马克思恩格斯全集：第 3 卷. 北京：人民出版社，2002：311.

　　[6] 马克思恩格斯全集：第 30 卷. 北京：人民出版社，1995：25.

　　[7] 在《政治经济学批判大纲》中讨论了前资本主义社会形式。对作为原始共同体例证的印度的大多数参考是在《资本论》中做出的。不幸的是，马克思所写的这些文章大部分是分散的，完整的论文集尚未出版使我们很难读到马克思的这些文章。

　　[8] 马克思恩格斯选集：第 1 卷. 北京：人民出版社，2012：853-854.

　　[9] 马克思恩格斯选集：第 1 卷. 北京：人民出版社，2012：856-857.

　　[10] 马克思在《政治经济学批判》的结尾使用了这个词语，在那里他开始分析共同体分解的过程。一般来说，被认为"马克思主义的"关于原始共同体的讨论都以恩格斯的淳朴的《家庭、私有制和国家的起源》为基础。历史对于马克思来说比恩格斯以及其他的一些马克思主义者所认同的要复杂得多。一个历史"阶段"跟着另一个历史"阶段"的决定论图式在马克思的著作里是找不到的。

　　[11] 马克思关于国家的观点是在对黑格尔《权利哲学》的批判中提出的，很不幸，这部著作还未翻译过来。在那里，马克思提出了马上将要采用的"现代法国人"的观点。"现代法国人已经懂得政治国家在真正的民主之下进行。就作为政治国家以及宪法的国家来说这是正确的，不再对全体有效。"马克思. 作品集：第 1 卷. 294（肯尼斯·

梅吉尔翻译).

[12] 马克思恩格斯全集：第 3 卷. 北京：人民出版社，2002：80.

[13] 一个更好理解的词就是国会，我在这次讨论中把黑格尔的各等级作为国会，尽管有着明显的不同。参见：马克思恩格斯全集：第 3 卷. 北京：人民出版社，2002：85。

[14] 马克思恩格斯全集：第 3 卷. 北京：人民出版社，2002：386-387.

[15] 马克思恩格斯选集：第 1 卷. 北京：人民出版社，2012：15.

[16] 这个讨论主要归功于杰尔杰·马库斯的优秀论文：Der Begriff des 'menschlichen Wesens' in der Philosophie des jungen Marx. Annali dell Instituto Giangiacomo Feltrinelli，1964 - 1965，pp. 156 - 194。

[17] 马克思恩格斯全集：第 42 卷. 北京：人民出版社，1979：24-25.

[18] 马克思恩格斯全集：第 3 卷. 北京：人民出版社，2002：394.

[19] 马克思恩格斯全集：第 3 卷. 北京：人民出版社，2002：297.

[20] 马克思恩格斯全集：第 3 卷. 北京：人民出版社，2002：297-298.

[21] 马克思恩格斯全集：第 3 卷. 北京：人民出版社，2002：174.

[22] 马克思恩格斯全集：第 3 卷. 北京：人民出版社，2002：189.

[23] 马克思恩格斯全集：第 3 卷. 北京：人民出版社，1960：84.

[24] 马克思恩格斯全集：第 17 卷. 北京：人民出版社，1963：362.

[25] John Dewey. *Individualism Old and New*. New York，1962：74.

第 2 章　双重颠倒

——马克思关于"未来"的认识 *

[日] 柄谷行人 著　韩立新 译

一

我在今年夏天离开日本之前，曾按一家出版社的要求，对恩斯特·布洛赫的《希望的原理》[1] 进行解说。前几天，我写完了这个解说，寄回了日本。我想首先从这件事谈起。

布洛赫曾称马克思的哲学是"未来的哲学"，而我开始思考布洛赫或者作为未来哲学的马克思主义是在 20 世纪 90 年代初期，也就是苏联解体的时候。在那以前，我一直拒绝对"未来"进行展望。在冷战时代，展望未来会是个什么样子？未来既不应该是美国，也不应该是苏联，而这在现实中是无法存在的。它只能存在于批判的哲学之中。

我是想拒绝那种先将共产主义置于未来当中，再从未来出发来讨论现在的想法。在 20 世纪 90 年代以前，我经常引用马克思在《德意志意识形态》中的这段话："共产主义对我们来说不是应当确立的**状况**，不是现实应当与之相适应的**理想**。我们所称为共产主义的是那种

* 原载：清华大学学报（哲学社会科学版），2013，28（2）：31-35。该文是柄谷行人教授 2010 年 10 月 19 日参加由清华大学马克思恩格斯文献研究中心举办的"德国古典哲学和马克思"学术会议的演讲稿。

消灭现存状况的**现实的**运动。"[2]①

我也这样认为，共产主义并不是在前面存在，"扬弃现存状况的现实的运动"才是共产主义。但是，在苏联解体、冷战结束以后，我发现我之所以能采取这种态度，还是因为存在着苏联这一现实。

但是，在 20 世纪 90 年代以后，在全球规模的资本主义发展下，情况发生了变化。一方面，将马克思主义贬低为"一个宏大的故事"的后现代主义大肆流行；另一方面，声称"历史的终结"的新黑格尔主义的理论横行于世。还有，宗教的激进主义势力也在抬头。在这种状况下，我的想法不得不从根本上进行改变：不仅需要"扬弃现存状况的现实的运动"，而且还需要更积极地对变革进行展望。

在这一时期，使我感兴趣的思想家是布洛赫。为什么布洛赫会与其他马克思主义者不同、会去思考"未来"？为什么他会去思考向宗教和浪漫主义复归（返祖）这样一些问题？我想，这可能是在 20 世纪 30 年代后半期德国的共产主义运动遭到了纳粹镇压的结果。他之所以思考"未来的哲学"，是因为正处于没有"未来"的状况下。他开始着手写作《希望的原理》是在 1937 年逃到美国时。

此外，法兰克福学派的哲学家们作为对纳粹失败的反省，认为马克思主义是一种经济决定论，缺少对上层建筑自立性的研究。因此，他们引入了韦伯的社会学以及弗洛伊德的精神分析等。但是，布洛赫所做的并不是要仅仅重视上层建筑。他从上层建筑和作为经济基础之物相区别的角度，重新思考了马克思的唯物主义。这就是对"未来"的思考。

二

当然，在马克思主义运动遭遇挫折时，马克思主义者所采取的两种态度来自马克思本人。因此，我们需要将问题追溯到马克思。

马克思在青年时期，是从对黑格尔的《法哲学原理》批判开始

① 从柄谷行人的引文来看，他应该是引自 *Marx Engels Werke*，Bd. 3 的日文译版，这与我国出版的《马克思恩格斯文集》第 1 卷的译文相同。

的。[3]①　黑格尔在《法哲学原理》中，一开始设定了一个经济的层面，然后在这一层面之上又设定了国家以及民族（nation），认为通过国家以及民族可以超越这个经济的层面，并将这个经济的层面统一起来。马克思对此进行了唯物主义的颠倒。通常，这个颠倒被理解为一种上下之间的颠倒。实际上，马克思将经济的层面置于底部，让经济基础来决定被黑格尔置于上面的国家和民族，并将国家和民族视为观念的上层建筑。

一般在说到马克思所做的唯物主义的颠倒时，往往是指这一颠倒。但是，对黑格尔体系的这一颠倒却不仅仅是指这一上下之间的颠倒，与此同时，它还是前后之间的颠倒。对黑格尔而言，事情的本质表现在结果中，即只存在于已经完了的状态中。他这一态度是在批判和克服了康德的基础上完成的。

康德是从"事前"的立场出发来观察事物的。这样一来，我们将无法认识未来，而只能进行预想和相信。康德说，我们固然可以认为世界历史会向着"目的王国"不断迈进，但是，这种理念充其量只不过是假象。这一理念（统合理念）并不是由理性来解决的假象，因为只有理性才需要它。与通常的假象不同，康德称它为超越论的假象（通常称之为先验幻相）。

而黑格尔是从"事后"的立场出发来观察事物的。对他来说，理念并不是像在康德那里那样，只是在未来应该实现的某种东西，也不是假象，它就在现实中存在。现实本身就是理念的。因此，对他而言，历史也是终结的，这一态度的背景是法国大革命。譬如，康德试图将法国大革命的思想更加彻底化，而黑格尔则拒斥这种激进主义，主张要接受现实。

马克思对黑格尔的批判不可能仅仅是上下之间的颠倒，它还是前后之间的颠倒。因为，马克思并没有将历史视为已经结束的东西，而是把它看作应该实现的某种东西。也就是说，这是从事后来看的立场向事前来看的立场的"前后颠倒"。但是，这也是对黑格尔唯心主义的唯物主义的颠倒。

在某种意义上，这是对康德立场的复归。马克思本人并没有考虑过这一点，但是现实却是如此。马克思不仅否定了黑格尔，而且还拒

---

①　马克思恩格斯全集：第 3 卷. 北京：人民出版社，2002.

绝了康德那种将历史的目的（终结）置于前面的做法。或者说，他拒绝了在历史中发现道德的理念性。这里，我们又可以想到刚才引用的那段马克思的话："共产主义对我们来说不是应当确立的**状况**，不是现实应当与之相适应的**理想**。我们所称为共产主义的是那种消灭现存状况的**现实的**运动。"[4]

马克思没有谈论未来，这一点非常重要。因为一般说来，马克思主义者都是先预测未来，而后再阐述历史的必然的；而批判这一点的人，都会尽力去避免讨论未来。但是，有意去反对这一常识而讨论未来的就是布洛赫。他认为，所谓马克思的唯物主义就是要从"事前"来预测还没有出现的东西（乌托邦）。

三

在这里，我想就马克思对黑格尔哲学的双重颠倒再做一些补充。一开始，我讨论了上下之间的颠倒问题。但我认为这种上下之间的颠倒是不充分的，并不能真正超越黑格尔。

黑格尔在《法哲学原理》中，曾将资本、民族、国家看作一个相互联系的体系。[5]① 这也是对法国大革命所提倡的自由、平等、博爱的统合。首先，黑格尔将市民社会或者市场经济视为感性阶段，并试图从中发现自由。其次，作为悟性阶段，黑格尔将国家官僚视为纠正由这一市场经济所带来的各种矛盾，实现"平等"的机制。最后，作为理性阶段，黑格尔从民族中发现了"博爱"。黑格尔从未拒斥任何契机，而是将资本-民族-国家看作一个三位一体的体系，辩证地予以把握。

黑格尔将民族-国家置于至高无上的地位。针对黑格尔的这一体系，马克思提出国家和民族只是观念的上层建筑，市民社会（资本主义经济）才是底部的经济基础。但是，问题出在他将国家看作与文学和哲学一样的东西，将国家置于"上层建筑"当中。由此会产生两种看法：一是，如果经济结构发生变化，国家和民族将会自动消亡；二

---

① 柄谷行人在《跨越性批判——康德与马克思》（赵京华，译. 北京：中央编译出版社，2011）一书中，主要是引用《法哲学原理》的第 278、301、302、314、315 节来诠释所谓的"资本、民族、国家"这个"三位一体"的结构的。

是，由于国家和民族是意识形态、共同幻想或者表象，因此通过启蒙可以将它们消解掉。

这些看法给马克思主义运动带来了巨大的挫折。一方面，由于对国家的轻视，结果带来了国家社会主义（斯大林主义）；另一方面，由于对民族的轻视，结果被民族社会主义（纳粹）打败。这种经验给马克思主义以惨重的教训，于是，它们也开始强调国家和民族的自律性。

例如，法兰克福学派引入了社会学和精神分析。当然，这并不是对历史唯物主义的否定。但是，事实上，这会带来对经济基础（下层结构）的轻视。还有，这种做法还会导致将国家和民族归结为表象和幻想。然而，国家和民族，正如它们不能靠启蒙予以消除那样，具有某种深厚而又坚实的基础。

我想做的，不是要拒斥经济基础，而是要将它拓宽。马克思是从生产方式的角度来看待经济基础的。所谓生产方式，是指由谁来拥有生产资料的观点。但是，靠这一生产方式，很难说明政治层面，即国家和民族这样的东西。因此，要将它们视为与经济层面不同的、自立的东西。其结果，在事实上将无视经济层面。而我所考虑的是交换方式。所谓"交换方式"有四种类型：（A）赠予的互酬；（B）支配和保护；（C）商品交换；以及超越前三者的某种形式即（D）。

其中，通常所想到的"交换"是商品交换，即交换方式 C。但是，我们在共同体和家庭内部所看到的并不是这种交换，而是像赠予和还礼这样的互酬交换，即交换方式 A。接下来，交换方式 B 乍一看不像交换，例如，被统治者通过臣服于统治者，向统治者纳税而换来安宁等。国家就是基于这种交换方式 B 的。还有，交换方式 C 乍一看似乎是自由平等的交换，但是由于存在货币持有者和商品持有者之间的非对称性，会带来与 B 不同类型的阶级关系。最后，交换方式 D 是交换方式 A 在被 B 和 C 渗透而解体以后在更高层次上对 A 的复归。换句话说，所谓 D 是指，建立在互酬原理基础上的社会在被国家的统治和货币渗透而解体以后，在更高层次上对曾经的互酬的即相互帮助的关系的复归。

所谓"在更高层次上"是指，通过对交换方式 A，或者共同体原理的否定再将其予以恢复之义。那么，将 A 在低层次上予以复归会带来什么呢？这就是浪漫主义或者民族主义。对 D 而言最重要的是，即使它与民族一样都是想象中的东西，但它也不单纯是人类的愿望和想象，而与人的意志相反，是从被赋予的命令-义务中产生出来的。以上各点都预示交换方式 D 首先要在普遍宗教中展现出来。因此，我们是不能将宗教（普遍宗教）单纯地归结为上层建筑或者幻想的。

四

我之所以要引入交换方式的观点，并不仅是为了解决马克思在"颠倒"黑格尔哲学的"上下"关系时所产生的问题，而且是为了说明由"前后的颠倒"所产生的问题。

正像在一开始我所说的那样，布洛赫可以从这种前后的颠倒中发现马克思主义的任务。马克思不否定预知未来。在这个意义上，他是唯物主义。但是，布洛赫却主张，他是要寻找未来，即是要寻找"还未实现的东西"的人。在马克思主义运动失败以后，他所追求的正是这种唯物主义。因此，他像通常的唯物主义者一样，并不拒斥宗教；相反，他还要在宗教中去寻找共产主义或者"希望"的曙光。譬如，在《希望的原理》中，布洛赫不仅研究了基督教，甚至还研究了孔子和老子等。

但是，这种讨论在结果上难道不会得出上层建筑是自立的结论吗？这样一来，经济基础的作用将会消失。我认为，对此需要交换方式的观点。"未来""还未实现的东西"是交换方式 D，这是"在更高层次上"对交换方式 A 的恢复，而且它在一开始要表现为普遍宗教这种形式。

我认为马克思的确没有像空想社会主义者那样去展望未来；相反，他是对过去的考察。但是，对马克思而言，这就是在寻找"未来"。因为他认为"未来"就是向过去存在过的、被压抑的东西的复归。马克思，特别是在他的晚年曾研究过氏族社会，之所以研究这一问题，就是因为他把未来的共产主义视为"在更高层次上"向原始共产主义的"复归"。

我再重复一遍，马克思之所以没有展望未来，是因为他认为未来在某种意义上是向过去的复归。这里我们再来研究一下刚才引用的那段马克思的话："共产主义对我们来说不是应当确立的**状况**，不是现实应当与之相适应的**理想**。我们所称为共产主义的是那种消灭现存状况的**现实的**运动。"

马克思在说这段话时，他是想从资本主义经济本身，或者说从世界历史本身中寻找共产主义产生的前提条件。他没有像康德那样，在前面设定了道德理念。因为他认为在经济基础本身中已经包含了道德性的因素。这一点，如果从交换方式角度来看，是很容易理解的。也就是说，只要从交换方式 A 和交换方式 D 中来看即可。

五

最后，再谈一个重要的问题。马克思在说"在更高层次上"时，是指只有经过一次否定才能实现的向过去曾经存在的东西（A）的复归。如果直接恢复过去曾经存在的东西（A），那只能是向浪漫主义或者民族主义的复归而已。而且，在 20 世纪 30 年代，这种复归方式导致了纳粹的出现。

布洛赫在《希望的原理》中曾对两种"复归"方式的差异给予了特别的关注。布洛赫将它区分为"遗忘了的东西"和"还未意识到的东西"。[6]① 前者是指过去，后者则指未来。这也是浪漫主义和马克思主义之间的差异。这不仅是理论上的差异。在现实中，纳粹，这一试图恢复中世纪共同体的浪漫主义运动，就压倒了具有启蒙主义特征的马克思主义运动。

但是，令人感到疑惑的是，在这里布洛赫将弗洛伊德划归到浪漫主义行列，并对弗洛伊德进行了批判。他将弗洛伊德所说的"无意识"看作类似于向浪漫主义的复归和返祖，声称它遮蔽了"未来"。而且，针对弗洛伊德的"无意识"概念，他还建立了一个"还未意识到的东西"（das Noch-Nicht-Bewuβte）的概念。

但是，如果是对荣格，这样说可以接受，而弗洛伊德却不同于浪漫主义。布洛赫将弗洛伊德所说的"向被压抑的东西的复归"视为一种向过去曾经存在过的东西怀旧式的复归。但是，"向被压抑的东西的复归"并非如此。弗洛伊德所说的"向被压抑的东西的复归"是指与人们的意愿相反、以被强制的形式表现出来的复归。

---

① 从柄谷行人《世界史の構造》（岩波書店，2012）来看，是引自日文版的第 25 页。

弗洛伊德的这一想法曾经反映在《摩西和一神教》中。弗洛伊德认为，摩西及其神被杀以后会以"向被压抑的东西的复归"的方式再现。实际上，这一假说与历史事实并不相悖。因为如果摩西的教导是指生活在沙漠中的游牧民社会的伦理，即独立性和平等性的话，那就可以说，这是在人们所定居的迦南（巴勒斯坦）地区发展起来的专制国家（祭祀、官僚制和农耕共同体）的统治下"被杀的"，也就是说，这是在迦南地区被"压抑"的。当然，迦南地区的人即使定居下来也没有放弃过去的生活，相反是在恢复过去的生活。这只是在"低层次"上的恢复。但正是这种状态才是"压抑"的完成形式。

摩西及其神是作为"向被压抑的东西的复归"而出现的。也就是说，曾经的游牧民时代的伦理在"更高层次上的复归"与共同体的传统和祭祀相反，它是通过预言家而作为神的语言，换句话说，是作为被强制性的东西而出现的。尽管它曾经出现在过去，但是它还会出现在前面（未来）。在这个意义上，布洛赫所说的"还未意识到的东西"就应该是"向被压抑的东西的复归"。

现在，要区别"向失去了的东西的复归"和"向被压抑的东西的复归"这两种复归形式是困难的，因为两者常常重合。布洛赫正是因为想对这两者都进行讨论，才写了那本厚厚的《希望的原理》。但是，为了避免混淆这两者，我认为需要交换方式的观点。简单地说，这是在低层次上直接恢复，还是在高层次上恢复交换方式 A 的问题。前者是民族主义，而后者则是共产主义。

注释

[1] Ernst Bloch. *Das Prinzip Hoffnung*，Bd. I. Frankfurt am Main，1959. 日文版为：エルンスト・ブロッホ. 希望の原理：第 1 卷. 白水社，1982：25。

[2] Karl Marx. Friedrich Engels. *Die Deutsche Ideologie*，in：*Marx Engels Werke*，Bd. 3. Dietz Verlag Berlin，1959. 马克思恩格斯文集：第 1 卷. 北京：人民出版社，2009：539.

[3] 马克思从 1843 年开始对黑格尔的《法哲学原理》进行批判。参见：Karl Marx. *Kritik des Hegelschen Staatsrechts*//MEGA² I- 2. Dietz Verlag Berlin，1982。

[4] Karl Marx. Friedrich Engels. *Die Deutsche Ideologie*//Ma-

rx Engels Werke，Bd. 3. Dietz Verlag Berlin，1959. 马克思恩格斯文集：第 1 卷. 北京：人民出版社，2009：539.

［5］G. W. F. Hegel. *Grundlinien der Philosophie des Rechts oder Naturrecht und Staatswissenschaft im Grundrisse//Georg Wilhelm Friedrich Hegel Werke* 7. Suhrkamp，1986. 黑格尔. 法哲学原理. 范扬，张企泰，译. 北京：商务印书馆，1961.

［6］Ernst Bloch. *Das Prinzip Hoffnung*，Bd. I. Frankfurt am Main，1959. 日文版为：エルンスト・ブロッホ. 希望の原理：第 1 卷. 白水社，1982：25。

第3章　马克思主义哲学和共产主义 *

[美] 詹姆斯·劳洛 著　张建华 译　欧阳康 校

一、马克思的共产主义观的本质

　　当前的"全球化"，连同世界资本主义经济日益增加的不稳定性，有助于解释为什么在 1998 年，马克思和恩格斯的《共产党宣言》[1] 发表 150 周年时引起了人们的广泛兴趣。由英国著名的马克思主义历史学家埃里克·霍布斯鲍姆作序的新版《共产主义宣言》（这是该著在英语世界的称谓），成了这一时期的畅销书。[2] 1998 年 5 月在法国巴黎召开的纪念《共产党宣言》发表 150 周年研讨会上提交的论文汇集成了 12 卷本的文集。1997 年，专门刊登未来学研究文章的《纽约客》杂志则把"下一位大思想家"的称号授予了马克思。

　　在《纽约客》上发表的一篇题为《卡尔·马克思的回归》的文章中，作者约翰·卡西迪（John Cassidy）强调《共产党宣言》的远见卓识，认为它瞥见了 150 年之后将会受到处在危机之中的资本主义制度支配的世界。"'全球化'是 20 世纪晚期的时髦词儿，常常挂在所有人嘴边，从江泽民到托尼·布莱尔都对此津津乐道；但是马克思在 150 多年前就预言了它的大部分后果。"卡西迪还谈到，哈佛经济学家达

　　* 原载：欧阳康. 当代英美哲学地图. 北京：人民出版社，2005：627－684. 收录时略有删减。

尼·罗德里克在其《全球化已经走得太远了吗?》中指出,"雇佣童工,企业避税,美国许多工厂破产,等等,这些都是全球化的面貌。他并没有直接地提到马克思,因为对任教于常春藤联盟高校的经济学家来说,引用马克思的观点对他的职业前途没有什么好处,但是他得出的结论是,如果疏忽全球化的挑战,就可能导致社会的瓦解"[3],用马克思自己的话来说,就是会引发"阶级斗争"。

卡西迪认为,马克思的真正遗产受到了遮蔽,因为他的思想被等同于 20 世纪共产主义政治体制的命运。然而,我们不应该主要以马克思的共产主义观念遭受到的失败来判断他。对于资本主义的发展变化的分析,才是马克思的真正遗产和他的研究工作的旨趣所在。卡西迪断言,马克思的首要兴趣并不是在于共产主义(或社会主义),而且他实际上就这个主题所言无多。

这种观点显然是有道理的。马克思致力于"政治经济学批判"分析资本主义的著作,包括他生前没有发表的文稿,可谓卷帙浩繁。与此相比,他论述独特的共产主义生产方式的著作则极少。仔细爬梳《共产党宣言》来寻找马克思对共产主义的明确构想,可以找到的也不过是第二部分的那一段谜一般的结束语:"代替那存在着阶级和阶级对立的资产阶级旧社会的,将是这样一个联合体,在那里,每个人的自由发展是一切人的自由发展的条件。"[4] 退一步说,认为马克思对于共产主义并没有特别的兴趣,这一看法似乎是悖谬的。对于没有包含多少共产主义论述的《共产党宣言》,人们应该说什么呢? 但是或许问题并没有被适当地表述。对马克思的著作进行量化考察,寻找他对于独特的共产主义社会的讨论,这种做法或许涉及某种误解,即误解了马克思本人如何理解共产主义的本质。事实上卡西迪自己的文本意味着,马克思关于共产主义的构想同那种遮蔽了马克思的真正遗产的东西非常不同;卡西迪写道,"资本主义无疑没有被共产主义所取代,但同样确定的是,资本主义也并没有在马克思所目睹的那种狄更斯式的形式上继续存在。在马克思逝世后的一个世纪里,工业化国家的政府采取了大量改革措施来改善劳动人民的生活水准:劳工法、最低限度工资法、社会福利和保障、平价住房、公共卫生体系、遗产税、累进所得税,等等。如果在马克思的时代,这些措施就会被贴上'社会主义'的标签;马克思甚至在《共产党宣言》里描述过许多这样的措施,而且,难以理解,不采取这些措施,资本主义怎么还能存活下来"[5]。

在《共产党宣言》的纲领中所列出的"改良措施"可以使我们清晰地看到马克思心目中的共产主义社会所具有的一些方面。例如，共产党提出的第十条纲领就是："对所有儿童实行公共的和免费的教育。"因为今天的发达资本主义国家都给儿童提供免费的公共教育，所以一般不再把这项措施称为"共产主义的"观点。无论如何，如果马克思认为这就是共产主义，那么，就不能说马克思的共产主义观念已经失败，我们必须认为它已经是极为成功的，至少在这个特殊方面是如此。

在第二条提案中，共产主义的幽灵呈现出真实而又更加——至少对我们来说——常见的形式："征收高额累进税"。直到最近，在新自由主义或者说向真正资本主义的返回取得胜利的时期，这项提议在发达资本主义国家一直都被认为是一个既成的事实。如果这些措施确实是马克思会称为共产主义的措施，那么必须认为，发达资本主义社会在很大程度上实现了马克思所设想的共产主义的某些重要方面，正是在此意义上，它们的确是"发达的"。与其说马克思的遗产已经被苏联自封的共产主义遮蔽了，不如更准确地说，它已经被20世纪资本主义的主要发展证明了。事实上，马克思的文本有更多的地方谈到"共产主义"的本质，尽管我们不再把诸如免费的公共教育这类事物称作"共产主义的"，因为它们已经变成了发达资本主义社会通常的组成部分。一种更新了的、对于马克思思想的后苏联式的理解，应当引导我们去考虑，马克思在把免费的公共教育称作"共产主义"措施的时候是否在理论上得到了辩护。如果得到了辩护，那么资本主义的继续存在和演变就有赖于它对共产主义要素的融合能力。这样的话，继续存在下来的社会就不应当不加限定地称作资本主义社会。从某种理论的角度来看，它可以被称为"混合的资本主义"社会——由资本主义和共产主义要素组合而成的社会，而以资本主义要素为其主导成分。于是，"现代资本主义"就会是一个"矛盾的"社会，一个对立面的辩证统一体，表现有阶级斗争的本质——马克思认为这种阶级斗争导致共产主义的出现。既然从数量上来说，《共产党宣言》实际文本的大部分篇幅都涉及的是现代社会两大对立阶级之间的斗争，因此共产主义的主题就以这种方式逐渐在马克思著作中占据了中心位置。

《共产党宣言》把共产主义定义为资产阶级和无产阶级之间的阶级斗争的产物。资本主义是表现资本家利益的经济制度，正如共产主义表现工人阶级的利益。但这并不意味着工人必须等到废除了资本主义之后才能在任何情况下使自己的利益得到实现。以工人为基础的共产主义经济可以在资本主义本身的范围内得到部分实现。按照《共产党宣言》的观点，当存在劳动人民的统一阵线的时候，都会出现这些发展趋势。工人与资本家之间的阶级斗争的发展变化包括这样的极端倾向：既趋向资本家之间的联合与竞争，也趋向工人之间的联合与竞争。工人之间的竞争削弱他们发挥政治影响的能力，工人之间的周期性竞争波动破坏他们的组织力和政治力量。不过，马克思坚持认为，这些分裂时期所产生的结果，是劳动阶级的组织力量"总是重新产生，并且一次比一次更强大、更坚固、更有力"。这种阶级联合"利用资产阶级内部的分裂，迫使他们用法律形式承认工人的个别利益。英国的十小时工作日法案就是一个例子"[6]。

十小时工作日法案将女工和童工的工作日限制在十个小时。不可低估这项法案对于马克思的共产主义构想来说所具有的重要意义。1864 年，马克思在致国际工人协会的演讲中提到这项法案的通过。"资产阶级政治经济学第一次在工人阶级政治经济学面前公开投降了。"①他将"资产阶级政治经济学"等同于"供求规律的盲目统治"，与此相对照，他把"工人阶级政治经济学"的实质规定为社会预见指导社会生产所构成的。这一点毫无疑问是马克思所说的共产主义的一个重要方面。我们应当把这个概念同《共产党宣言》用来描述共产主义的概念相联系，后者把共产主义描绘成"这样一个联合体，在那里，每个人的自由发展是一切人的自由发展的条件"。就这两个概念来说，前一个表述目标，后一个表述达到那个目标的手段。社会预见应当为了什么目的而控制社会生产？目的就是要促进每个人的自由发展。人们怎么可能谈论那些在工厂和矿井中遭受着奴役、没有任何教育机会的童工的"自由发展"呢？

我们应当注意的要点是，马克思在这里并没有把指导社会生产的社会预见概念等同于某种替代性的社会，在那里，国家用中央计划来取代市场。指导社会生产的、共产主义的社会预见，已经在资本主义范围内以各种各样的方式出现了。当一个社会为了促进它的公民的自由发展而自觉地努力调节自发或自由市场的时候，马克思理解的共产

---

①　原文作者没有标出引用的页码。参见：马克思恩格斯选集：第 3 卷. 北京：人民出版社，2012：8。

主义就显现出来了。马克思以堪与狄更斯相媲美的语言提到那些为"供求规律的盲目统治"辩护的卫道士，他们"屡次预言，并且不停地重复说：对于工时的任何立法限制都必然要为不列颠工业敲起丧钟；不列颠工业像吸血鬼一样，只有靠吮吸人血，其中也有儿童的血，才能生存。古时杀害儿童是崇拜摩洛赫的宗教的神秘仪式，但它只是在一些极隆重的场合下举行，大概一年不过一次；同时摩洛赫并没有表示专爱吃穷人的儿童"①。马克思继续说道，在现代资本主义社会，金钱上帝不但更挑剔，而且更加贪婪，每天都大量地吞噬可怜的儿童。他因此做出结论说，十小时工作日法案具有世界-历史的意义："资产阶级政治经济学第一次在工人阶级政治经济学面前公开投降了。"在《资本论》中——人们认为这部作品主要是研究资本主义，只是稍微触及共产主义——马克思将这项法案称为"社会对其生产过程自发形态的第一次有意识、有计划的反作用"[7]。因此，就马克思理解的共产主义而言，亲资本主义的政府，诸如19世纪的英国议会，可能并且的确制定了共产主义的法规。

　　如果说有什么事物代表了19世纪资本主义所具有的狄更斯式的本质的话，这就是对童工的依赖。因此，卡西迪引用的哈佛经济学家罗德里克的结论具有重要意义。这一结论认为，对童工越来越多的依赖，是当代全球化的产物。这表明了马克思关于现代社会组织的两个对立面又联系在一起的原则，即资本主义和共产主义之间起伏变化的竞争的看法。工人之间的分化浪潮，例如当前阶段的"全球化"产生的分化，导致重申关于资本主义（一旦机会出现，它就随时会返回到狄更斯描绘的资本主义）的纯粹政治经济学。在"全球化"的目前阶段上，来自第三世界国家的贫穷而没有保护的工人在狄更斯描绘的条件下工作，他们在世界范围的工业生产中发挥着更大的作用，并因此而直接同核心资本主义国家的工人相竞争。核心资本主义国家有国家法规自觉地调节自由劳动力市场，但是这些法规对许多"外围的"国家没有任何效力。不受节制的全球资本就是从这些国家开始自发地发动一场世界战争，来使它自己摆脱由国家层面上的社会预见所强加的限制。因而，我们看到，由于缺少具有某种"共产主义"性质的国际压力和

---

　　① 原文作者没有标出引用的页码。参见：马克思恩格斯选集：第3卷. 北京：人民出版社，2012：8。

国际立法，资本主义就在全球层面上自然而然地返回到 19 世纪类型。这一点为这个事实所表明，即童工问题再次成为一个显著的政治议题。

自由而无节制的市场旗帜，"供求规律的盲目统治"的旗帜，在过去的 20 年里一直高高飘扬。随着国际分工对于国际规模上的工人之间竞争的强化，在过去曾经使自由市场服从于自觉控制的国家法规被削弱了。因此，同未受节制的全球化相伴发生的，就是消解过去 150 多年里"社会预见指导的社会生产"所取得的成就。这些发展证明，马克思在 150 多年前对资本主义和共产主义的动态关系的理解是准确的。这一过程的新阶段可以从目前存在的要求限制和消除童工的国际性压力上显示出来，从不断增强的、要求制约金融资本自由流动的疾声呼吁上显示出来。于是我们将会期望看到支持"社会预见指导的社会生产"的新力量。在许多方面，诸如在至关重要的世界生态条件问题上，世界人民的社会预见有史以来第一次在全球水平上正开始发挥影响。

马克思关于共产主义的构想是什么？是苏联的国家指令性经济吗？如果是，那么苏维埃制度在同资本主义秩序的竞争中遭受失败而崩溃，就似乎证明了这种观点，即认为马克思关于共产主义的本质方面的思想实际上没有什么重要意义。于是，马克思的研究工作可以是对于资本主义的卓越批判，但是没有提供任何可行的替代性方案来代替遭到批判的制度。那些责难社会主义或共产主义思想的当代批评家颇有说服力地论证说，资本主义尽管有其可能的负面特征，但是没有任何可行的选择来代替它，所以它是所有可能世界之中最好的世界。如同弗朗西斯·福山依据黑格尔的思想而提出的那样，随着共产主义的死亡，资本主义已经被证明是"历史的终结"。[8]

可是，如果资本主义只有通过向共产主义做出周期性的，而且或许是进步性的妥协——由于受到劳动人民和富有人道主义意识的人们的压力，资本主义就把共产主义的某些方面融合进来——才得以保持活力，那么我们看待资本主义和共产主义的本质就有了完全不同的理论视角。我们就会不得不结束下述这种做法，即完全把马克思的共产主义构想等同于那些论述某个被认为是在资本主义之后才到来的独特社会的文本。这种视角没有把握住马克思考虑共产主义社会的方法具有的独特本质。马克思的兴趣并不在于给未来的食谱写下烹饪法。之所以如此，并不是因为他对共产主义不感兴趣，也不是因为他对共产主义的兴趣是第二位的或边缘性的，而是由于他认为共产主义是对资本主义本身范围之内发展着的态势的表达。

二、"辩证的"与"虚无主义的"共产主义观

为了理解马克思的共产主义构想，有必要区别两种颇为分殊的哲学构想和（或）进路："辩证的"与"虚无主义的"。在哲学层次上，马克思的共产主义构想是"辩证的"而不是"虚无主义的"。[9] 马克思不是"虚无主义的"共产主义者，只是全力批判或破坏资本主义而让别人去考虑继之而来的应该是什么。

在《共产党宣言》那个时代，有一个声音记录了虚无主义精神，它来自米海伊·巴枯宁："让我的朋友们去建设吧，"巴枯宁在他写给伊芙婕尼亚·萨利雅丝伯爵夫人的信中说，"我只想破坏，因为我确信，使用腐烂的材料在腐肉上进行建设只能是徒费劳动，而崭新的活材料，连同新的有机体，只能由于大破坏才出现……"[10] 《共产党宣言》驳斥"德国的"或"真正的"社会主义带有的那种纯粹主义的反资本主义的虚无主义，这种社会主义把德国资产阶级日益勃兴的反抗君主专制的运动当作它的一个好机会，"用诅咒异端邪说的传统办法诅咒自由主义，诅咒代议制国家，诅咒资产阶级的竞争、资产阶级的新闻出版自由、资产阶级的法、资产阶级的自由和平等，并且向人民群众大肆宣扬，说什么在这个资产阶级运动中，人民群众非但一无所得，反而会失去一切"[11]。

《共产党宣言》表明，这些抽象的、虚无主义的口号无法反映当时在德国发生的追求进步的现实运动。马克思看待资本主义的方式不是虚无主义的。相反，他在资本主义那里看到了——如果不是"历史的终结"的话——人类发展中的一场重大运动。如果说阿基米德是在外太空寻找支点来移动世界，那么马克思就是在资本主义范围内发现了他批判和改变资本主义的阿基米德点。在他的辩证的方法看来，共产主义是在资本主义范围内发展的。马克思在 1845 年的《德意志意识形态》中写道："共产主义对我们来说不是应当确立的**状况**，不是现实应当与之相适应的**理想**。我们所称为共产主义的是那种消灭现存状况的**现实的**运动。这个运动的条件是由现有的前提产生的。"[12] 在近 30 年之后，马克思在论及巴黎公社的时候仍然坚持认为，工人阶级"不是

要实现什么理想，而只是要解放那些由旧的正在崩溃的资产阶级社会本身孕育着的新社会因素"[13]。拒绝某种共产主义的"理想"而肯定在现存世界之中的共产主义具有的现实性，这是马克思的一贯主张。

在1880年，恩格斯用他的《反杜林论》中的材料编写了一本小册子，其标题是《社会主义从空想到科学的发展》。这个标题表达了他和马克思对于各种可供选择的社会主义或共产主义构想之间所存在的差别的理解。恩格斯批判了那种把共产主义当作现实世界的替代物来看待的、空想的唯心主义的理解。与此对照，他为通向社会改造的"科学的"方式进行了辩护，这种科学的方式就是对现实的社会过程进行经验的研究。恩格斯所为之辩护的科学方法论并不是经验主义的，而是辩证的。在社会科学的辩证构想之中，经验上的现象性或"现存的事物"并不是都有同样的重要性或"现实性"。某些现存的现象由于同旧的社会结构发生冲突并且是新的社会结构的预兆，从而拥有"未来学的"前景。

恩格斯采用了黑格尔的格言，"凡是现实的都是合理的，凡是合理的都是现实的"。恩格斯表明，黑格尔的观点并不是在哲学上对专制制度祝福，而是颠覆了现存的现实。黑格尔在他的《逻辑学》中说明，一切"实存"的东西并不是"现实的"或"实在的"（德语 wirklich）。恩格斯解释说，"法国的君主制在1789年已经变得如此不现实，即如此丧失了任何必然性，如此不合理性，以致必须由大革命（黑格尔总是极其热情地谈论这次大革命）来把它消灭"[14]。

三、马克思的共产主义观与黑格尔的辩证法

有必要详细探讨黑格尔自己有关合理的事物的现实性概念的说明。上文提到的黑格尔的格言出现在《法哲学原理》的"序言"部分，在那里，黑格尔通过把这句格言同康德对"实然"与"应然"的分割相对立来阐明其意义。他写道，"当［抽象的知性］带着它的应当转向琐碎而短暂的外部对象、制度和条件等等对一定时代和地域来说或许有着巨大相对现实性的事物的时候，它可以是正确的，而且在这情形里它可以找到很多东西不符合普遍正确的规定。因为有谁不能聪明地看到在他的环境之中的很多东西都在事实上不是它应该是的样子呢？但

是这种聪明错误地认为这些对象及其'应该'在哲学科学的感兴趣的范围内有其位置。因为科学必须仅仅同理念打交道，而理念却并非无能的以至于仅仅应该存在而不是现实地存在；因而，哲学必须同那些对象、制度、条件等等只是肤浅的外在的东西所具有的现实性打交道"[15]。

黑格尔清楚地表明，他的要点并不是说，由于现存社会中的一切事物都是"合理的"，现存社会就没有任何东西可以批判了。有大量的事物应该受到批判。问题是，你的批判建立在什么基础之上？它是基于某种外在于现存秩序的"应该"吗？换言之，是基于只在批判家的头脑里才实存的、非现实的东西吗？在这种情况下，特殊的批判家似乎是无用的或者是"无能的"鼓吹者，他们提倡某种仅仅在思想中实存的理想。抑或是，这种道德批判本身就是对于现存秩序之中发生的现实变化的某种无意识的反映，是对于出现在现存秩序本身之中的"理念"的反映？

针对纯粹的道德主义批判，黑格尔坚持强调现实的"理念"。这种现实的理念不是无能的"应该"，而是在现实世界中实际发展着的力量。只需要肤浅的智力就能够发现这个对象或那个制度、某种状况并不是它应该是的那样。任何人运用"抽象的知性"——这种认识方式操弄"应该"和"是"等等诸如此类的对立范畴——都可以做到。相反，辩证的"理性"或"科学"将"应该"与"是"相联系，并辨认隐含的或现实的"理念"，各种有先兆的或者是过时的对象、制度或条件，都只是理念的表面显示。把"实然"同"应然"对立起来的那些肤浅的批判家没有看到，他们自己关于应该完成的事物的理解如何是现实的"理念"——在世界之中现实地起着作用的社会组织原则或某种新的力量——的反映。正是这种隐含的"理念"——比如，用恩格斯所举的例子来说就是 18 世纪法国发生的新的革命发展——塑造着各种各样的、同旧制度的延续性格格不入的对象、制度和条件。

黑格尔本人用哲学史上的例子来说明这种辩证分析和批判的原理。他说，柏拉图的《国家篇》就是"空虚理想的著名例子"。不过，这种评价是肤浅的。更深刻的分析表明，《国家篇》"本质上也无非是对希腊伦理的本性的解释"。柏拉图构造了他对理想国家的幻想，反对正在形成的、威胁着希腊传统秩序的原理或"理念"。这竞争的"理念"在现存的世界中有着现实的力量，并且有可能破坏现存世界的稳定。黑格尔说，那个正在形成的新原理引起了这种普遍的意识，即意识到了在社会中存在的、企图超出现存秩序的界限但是又尚未实现的渴望。柏拉图利用这种渴望来对抗鼓舞了这种渴望的发展原理。结果，"他最沉重地损害了伦理深处的冲动，即自由的无限的人格"[16]。

黑格尔的这一段文字和分析有着重要的意义，不仅作为黑格尔运用辩证方法论的实例而言是如此，更是由于这里强调的特殊的观点：关于"自由的无限的人格"的观点。柏拉图表达出来同时又力图去压制的东西，恰恰就是马克思所说的"每个人的自由发展"。马克思曾经明确地要求将黑格尔的哲学转换成清晰的语言。当他作为一名带有批判意识的新闻记者而开始其职业生涯的时候，就力图将黑格尔的理论原则变成实践。在为《莱茵报》撰写的评论"出版自由"的一系列文章中，他谴责书报检查制度导致德国的富有生机的哲学——他指的是黑格尔的哲学——不再讲平易的德语，而被迫用难以理解的神秘形式来呈现它的观念。[17] 对柏拉图来说，摆脱了束缚的个人的"无限"自由是有害的、破坏性的力量，理想的或合理的国家"应当"抑制这种力量。柏拉图主张，应该为理想国家的守卫者或统治阶级提供共同生活的必需品，禁止他们接触金银和拥有私人财产："至于金银，我们一定要对他们说，你们的灵魂中已经有了来自诸神的金银，所以不再需要凡人的金银了，你们不需要把神的金银同世俗的金银混在一起，使之受到玷污，因为世俗的金银是罪恶之源，心灵深处的金银是纯洁无瑕的至宝……"[18]

通过把黑格尔的分析转换成平易的语言，我们就可以在柏拉图的理想国中看到对梭伦的法律的外推，它防止贵族将债务人变成奴隶并赋予小农阶级政治权利和经济保证。不过，梭伦的法律在防止自由地追求财富方面依然是没有效力的，既然它只为雅典人废除了奴役制度，给奴役其他人留下了可能性，给雅典贵族经济力量的继续积累留下了可能性。按照黑格尔的看法，这种对自由的限制表达了古希腊的基本原则，即只有一些人是自由的。[19] 最终，财富的"自由代理人"——阿尔基比亚德为其典型——背叛了他们的城邦。在《会饮篇》里，柏拉图试图证明，像阿尔基比亚德这样的叛国者完全不像人们一直认为的那样，是苏格拉底的真正追随者。在《申辩篇》里，苏格拉底针对"败坏青年"——比如教唆阿尔基比亚德——这一指控，依然强调这一原则而为自己抗辩："财富不会带来美德（善），但是美德（善）会带来财富和其他各种幸福，既有个人的幸福，又有国家的幸福。"[20]

因而，在传统希腊社会的母体中，一种即将削弱这个社会的新的社会原则正在发展。柏拉图的哲学事实上是凭借这种自由人格的新原则来建造路障阻挡它的发展。苏格拉底和他的学生柏拉图认识到，对于财富的个人主义的追求正在削弱希腊城邦的根基。然而，苏格拉底鼓励思想自由，鼓励批判希腊社会"长者们"的意见和习俗，因此，黑格尔在《历史哲学》中认为，苏格拉底事实上又是上述原则的同谋。黑格尔的结论是，从陈旧的"有限的"个体性形式——他认为传统希腊秩序同这种形式的个体性是一致的——到新的"无限的"个体性形式，就这一历史的承续而言，苏格拉底运用的独立反思性的思想方法含蓄地站在了新的、反希腊原则的一边。所以说，旧秩序的代表判定苏格拉底正在"败坏青年"，这一裁决本质上是正确的。

> 苏格拉底的原则对雅典国家表现出诸多革命的方面；因为这个国家的特性就是，它的生存方式就是按照习惯道德而塑造的，换句话说，思想和现实生活有一种不可分离的联系。当苏格拉底想要把他的朋友们引上反思的道路时，那种谈话总是带一种否定的语气；他使他们意识到他们不知道什么是"正确的"。但是由于苏格拉底说出来了那个正在逐渐得到承认的原则，他被判处了死刑，这个判决一方面显示出了无可指责的公正性——就是说，雅典人民处死了他们绝对的敌人，但是在另一方面又显示出了高度的悲剧性——就是说，雅典人将无可奈何地发现这个事实：他们所深恶痛绝于苏格拉底的东西，早已根深蒂固地存在于他们自己中间，结果他们必须和苏格拉底一同被宣判为有罪或无罪。[21]

柏拉图对个体性的自由发展做出的共产主义限制，是作为表面上无能的道德理想而提出来的，但是黑格尔认为，事实上柏拉图的理想根深蒂固地存在于现实的历史力量之中。黑格尔批判柏拉图的国家，而不是批判他同时代的德国，但是批判的要义毫无疑问也打算适用于德国。人格的自由发展是现代世界的基本原则。那些把自己的"价值"观强加给社会的国家抑制了这一原则。黑格尔认为他自己的哲学延续了苏格拉底哲学具有的反思性的、理论上的自由，拒绝柏拉图想要在实践层面上窒息这种个体性的企图。因此，黑格尔自己的"理想的"

国家始于每个社会成员的自由发展。古代社会的原则是"有些人是自由的",与此相反,现代的"理念"则是所有的人都是自由的,"人作为人是自由的"[22]。《法哲学原理》一开始就假定所有人都是自由的。他们的自由的直接表达,就是一切人都拥有财产权以及与此相伴随的、奴役制的非法性。

在肯定共产主义是建立在"每个人的自由发展"基础上的时候,马克思追随黑格尔并拒绝柏拉图的反个人主义的共产主义。在柏拉图和黑格尔、马克思之间的这种对立被卡尔·波普尔忽略了。波普尔在其《开放社会及其敌人》中把柏拉图、黑格尔和马克思一并看作极权主义理论家。可是,马克思和黑格尔都拒绝柏拉图的观点,即使自由的个体性从属于家长制规定的社会利益。对马克思来说,现代共产主义不可能是建立在压制自由的个体性基础上的制度,不能像柏拉图和亚里士多德那样,将自由的个体性看作破坏社会凝聚力的洪水猛兽。马克思支持关于共产主义的现代的、辩证的构想,认为共产主义社会依赖于个体自由的完整发展。所以,针对批判者们指责共产主义者鼓吹柏拉图式的"公妻制",马克思在《共产党宣言》中回敬说,这种指责是在曲解共产主义观念即主要的生产工具应当成为社会财产。既然资产者本质上是把妇女当作生产工具,所以就认为上述共产主义观念也会用于妇女身上。"他们想也没有想到,问题正在于使妇女不再处于单纯生产工具的地位。"[23] 因而,针对批判者们责备共产主义者剥夺人们的财产,《共产党宣言》反过来指出,事实上大资本家的企业已经吞并了小资产者的企业,大经济农场已经剥夺了大部分自由农。不是共产主义,而是资本主义正在把社会的大部分人变成没有财产的无产阶级。

如同马克思所描绘的那样,现代共产主义是一场在新的基础上重新占有丧失的或者说是异化的财产的运动。同古代的或柏拉图式的共产主义相反,这种共产主义试图反对人们自由追求财富,现代共产主义正是这种追求的产物。热情拥护希腊精神的汉娜·阿伦特曾经写道,"我并不赞同马克思对资本主义的极度担忧。如果读一下《共产党宣言》最初的段落,就会知道它是对资本主义的最大赞扬"[24]。

在《资本论》中,马克思辩证地揭示出了"新事物在旧形式中的萌芽"。新事物即共产主义社会的萌芽正在资本主义的中心发展;这些萌芽就是工人自己拥有协作工厂。在资本主义内部超越资本主义的第一个重大步骤，就是工人以协作为基础而重新占有财产，"使联合起来的生产者"成为"他们自己的资本家"[25]。用来实行这一步骤的手段不是通过武力或国家没收私有财产，而是通过成立资本主义银行。在三大卷的《资本论》中，马克思最明确地描绘共产主义新社会的段落居然出现在论述信用的章节！

因此，共产主义不是自诩的改革家或革命家从某些"理想"——某些道德的或实用主义的价值，诸如人道主义、理性和效率——推演出来的东西。它是在资本主义内部、在它自己的发展过程中产生出来的。[26] 去理解共产主义，不是去把它当作本质上与资本主义分离开的东西而同资本主义相对照。去理解共产主义，就是去理解资本主义本身，因为资本主义的动态变迁或演化包括着共产主义的出现。

对于资本主义消失之后而到来的截然不同的社会制度，马克思的确着墨不多。不过，这并非因为马克思的更大的兴趣是批判资本主义而不是描绘他认为"应当"取代资本主义社会的共产主义社会。[27] 真正的原因在于，马克思根本不是以这种方式来看待资本主义与共产主义之间的差别的。对马克思来说，去研究资本主义，同时就是去研究实际的共产主义。与唯心主义和空想家的虚无主义途径相反，理解共产主义唯一的科学道路，就是辩证地理解资本主义，把它理解成一个在其"母体"中孕育着共产主义的发展过程。因而对马克思来说，把西方资本主义过去 150 年发生在资本主义社会中的诸多发展，都看作共产主义性质的，这本来就不会存在什么理论上的困难。

四、对黑格尔与马克思辩证法关系的三种理解及其批判

上述分析表明了马克思自己的思想发展和黑格尔的辩证哲学之间的紧密联系。由于包括"每个人的自由发展"，《共产党宣言》的共产主义构想是对黑格尔关于人类发展的辩证理论的重新加工。只要个人的发展是孤立的或者是"原子化的"，这些孤立的个人构成的相互依赖的网络就会妨碍自由发展。黑格尔针对这一问题而提出的解决办法是肯定地评价公民或政治生活的普遍层面。但是，黑格尔的这个解决办法是非辩证的，如同斯多葛主义是非辩证地逃避主奴关系矛盾，或者说，如同彼岸的宗教是逃避日常生活苦难。这些想象的解决丝毫没有

触动它们声称正在解决的问题。

这种诠释，即把马克思的哲学解释成黑格尔辩证法的延续，是一场激烈论战的主题。其中的一种倾向可以称为"新黑格尔派的新康德主义"，它强调主体性意识是一种否定性的力量，能够消除人类活动的异化、物化或拜物教后果。1922 年，乔治·卢卡奇在他的《历史与阶级意识》中提出，受压迫的无产阶级的主体性阶级意识必定反抗并消除他们的劳动所创造的"物化的"或异化的世界。[28]

20 世纪 50 年代晚期，让-保罗·萨特在《寻求方法》[29] 中提出了类似的理论，强调主体性意识在反抗有意识的活动造成的异化产物方面的否定性潜能。萨特认为，与传统的"马克思主义者"（从恩格斯开始）秉承的决定论立场相反，马克思肯定个人的选择自由的首要性。在任何马克思主义的"历史规律"中可以找到的明显的决定论，都源于自由的异化。人类创造出了一种弗兰肯斯泰因式的怪物即物的异化世界。现代资本主义的这个异化世界是进行自由选择的个人追求稀缺商品而产生的。

针对黑格尔关于异化的辩证理论，萨特写道，"确实，在马克思看来，黑格尔把对象化和异化混淆起来，前者是人在宇宙中简单的外在化，后者则使他的外化转而反对人"[30]。如果没有了异化要素，个人就能够在他们的外在表现中认识到他们自己。"任何辩证的戏法都不能从中变出异化来。"有人认为异化是对象化具有的必然特性，针对这种观点，萨特提出，异化来自彻底的自由。个人自由地选择了按照匮乏即某种形式的缺乏或虚无来解释世界，因而个人就力争独占财富并反对其他人获得财富。这种不受强迫的自由选择把人们卷入相互作用的关系构成的强迫性网络之中，后者则反过来作为一种表面上独立的力量影响人类创造者。因此，需要重申人的自由，需要一场革命来反抗人的自由创造出来的非人的、对象化的世界。[31] 萨特的存在主义的马克思主义在本质上是"虚无主义的"，因为它主张彻底否定物化的或拜物教化的资本世界。他的《存在与虚无》阐明了这种历史观点的理论基础。在那里，萨特强调他反对黑格尔的"存在"与"非存在"概念。萨特认为，对黑格尔来说，在"存在"的核心存在着固有的否定性，马克思称之为黑格尔的"否定的辩证法"——它导致"来自内部"的改变和发展。相反，萨特认为"自在的存在"是纯粹的肯定性，因此，所有的否定必定都来自虚无或虚无化的力量，而虚无则是在存在之外而与之否定地联系。萨特拒绝黑格尔的观点，即认为对象在新的实在性——在更高的统一中既"消除"又保留（aufhebung）最初对立的范畴——上综合地克服矛盾。[32]

与此类似，赫伯特·马尔库塞相信，发达资本主义有能力通过"发送商品"来协调内部对立，因此，马尔库塞在其《单向度的人》中否认资本主义有任何内部的辩证否定之可能。他主张，为了否定现代资本主义的异化世界，就需要一种"大拒绝"，这种大拒绝从审美和伦理方面获得支持以抵制肤浅的时尚或商品拜物教。20世纪60年代以学生为基础的反文化运动就是这种虚无主义的"大拒绝"的实例。马尔库塞反对黑格尔的通过矛盾的内在发展观，他呼吁回到"是"与"应该"的康德式对立。这种否定性的"应该"或许是"无力的"，马尔库塞说，但是与发达资本主义消化它自己内部矛盾的能力相比，这种"应该"至少保留了一个批判的空间。[33]

当代马克思主义哲学的另一个主要倾向则抨击这种将主体性意识置于首要地位的观点，并强调上文中被描述为拜物教的、物化的或者是异化的客观社会结构。路易·阿尔都塞以"理论上的反人道主义"为立场，反驳诸如萨特等学者所坚持的存在主义的马克思主义的"人道主义"，它强调异化的历史情境之中的个体行动者是幻想的。阿尔都塞在他的《保卫马克思》和《阅读〈资本论〉》以及有关著作中提出，马克思的主要贡献就是界定了历史科学的基础概念。与此类似，弗洛伊德则是创造性地界定了人类心理学的理论"大陆"。在这两个科学的学科或"大陆"之间，任何自觉行动者的个体中心，诸如萨特的"自为的存在"，都丧失了本体论上的合法性。萨特式的个人意识，正如卢卡奇关于阶级意识的新黑格尔主义本体论一样，都是意识形态和复杂的心理学机制的产物。这样的构想和可能的经验不仅什么都说明不了，相反，它们本身必须由它们作为构成要素而处于其中的结构性配置来说明。

尽管阿尔都塞既反对马克思在《1844年经济学哲学手稿》中的"人道主义"立场，也反对萨特的人道主义，但是阿尔都塞依然和萨特一起消除马克思晚期哲学的任何黑格尔主义的根据。[34] 历史唯物主义科学是奠定在彻底的理论"断裂"基础之上的，这个断裂就是同黑格尔的彻底决裂，尤其是同黑格尔的目的论的历史观彻底决裂。阿尔都塞宣称，在马克思思想发展过程中发生的这一理论上的决裂出现在

1845 年。因而，马克思早期著作中的"人道主义"属于前科学的黑格尔派意识形态。至于马克思本人的真正哲学理论，它还没有被接近于新的历史科学的理论工作创造出来。阿尔都塞认为，就在马克思本人宣称他对黑格尔有所欠债的地方，恰恰证明为巩固新的历史科学所必需的哲学视角在发展上的滞后：

> 马克思在他的理论实践和科学研究中把"被给予的东西转变成认识的方法，正是马克思主义的辩证法。而且正是这一方法以实践的状态包含着对马克思和黑格尔的关系问题的解决，包含着有关著名的颠倒"的真相问题的解决。这个颠倒是马克思给我们的提示，在《资本论》第二版跋中，马克思提请我们注意，他清算了他同黑格尔辩证法的关系。所以，对于马克思并不感到需要因而没有写出的这部《辩证法》，我们今天可能会感到遗憾，尽管我们明明知道我们拥有这部《辩证法》，知道它在哪里：在马克思的理论著作之中，在《资本论》之中，等等——是的，而且这当然是重要的。我们可以在那里找到它，但是它并不是以某种理论的状态而存在的！[35]

阿尔都塞在这个段落中涉及的是马克思未完成的计划，即写部简短的论述辩证法的著作，也涉及马克思在《资本论》中关于他与黑格尔的关系的看法。在该文中，马克思承认他自己是黑格尔"这位大思想家的学生"。同时他还做出了下述强烈的批评："我的辩证方法，从根本上来说，不仅和黑格尔的辩证方法不同，而且和它截然相反。在黑格尔看来，思维过程，即甚至被他在观念这一名称下转化为独立主体的思维过程，是现实事物的创造主，而现实事物只是思维过程的外部表现。我的看法则相反，观念的东西不外是移入人的头脑并在人的头脑中改造过的物质的东西而已。"马克思强调他与黑格尔的对立，但是也强调同黑格尔的连续性："辩证法在黑格尔手中神秘化了，但这决没有妨碍他第一个全面地有意识地叙述了辩证法的一般运动形式。在他那里，辩证法是倒立着的。必须把它倒过来，以便发现神秘外壳中的合理内核。"[36]

阿尔都塞在马克思的这段话里看到的只是一个对"颠倒"的隐喻性肯定，这一肯定没有任何理论上的明确意义。他强调马克思声明他的辩证法与黑格尔的辩证法是对立的。所以阿尔都塞的结论认为，当马克思论述辩证法的著作缺席之时，我们就没有任何明显的、在理论上得到详细阐述的马克思的辩证法，而只有这个辩证法在《资本论》文本之中的含蓄体现。可是，马克思并没有仅仅提出他的辩证法和黑格尔辩证法之间的差别或对立。如果有对立的话，这也并不意味着不存在连续性和统一性。马克思并不是彻底决裂的理论家。辩证对立的本质就是"对立面的统一"。因而，就在马克思形容他的辩证法是与黑格尔辩证法截然相反的时候，他明显地宣称，要理解辩证法的运动或作用的一般规律，就有必要阅读黑格尔。黑格尔已经"全面地有意识地"叙述了这些规律。或许这就是为什么马克思并没有感到有什么迫不及待的紧迫性要求他写一部著作来论述他自己的辩证法——如果我们接受了阿尔都塞的解释的话，马克思的这一忽视就是不可理解的。

对马克思而言，黑格尔已经绘制了辩证法的主要轮廓。需要修正的东西，就是辩证法的一般规律被整合成唯心主义世界观的方式——在这种世界观之中，"观念"作为"创造主"而独立于现实的生命过程。但是这恰恰是马克思在30多年前对康德和费希特的"唯心主义"哲学做出的同一个黑格尔式的批判！如同我们已经看到的那样，马克思逐渐理解到黑格尔同他自己的辩证法的基本轮廓不一致。最终，在黑格尔的《法哲学原理》中，社会对象并不是从它自己的内部矛盾中发展自己，却"应该"是由外在的"观念的东西"支配的。马克思于1843年和1844年对黑格尔的国家理论做出的批判，其本质就在于此。

阿尔都塞自己对马克思的辩证法的理解，保留了彻底决裂的"虚无主义"，这种虚无主义在萨特的存在主义的否定性和马尔库塞的"大拒绝"那里都是显而易见的。黑格尔与马克思之间的对立被夸大，付出的代价则是他们之间的连续性和统一性。阿尔都塞在《资本论》中看到的东西不是关于资本主义和共产主义之间的"对立面的统一"的理论，而是一刀两断的决裂：一方面是现实的世界，全然是资本主义的组织结构；另一方面是某种新的结构性组织，由某种同资本主义的断裂而产生出来。阿尔都塞紧紧抓住列宁的隐喻不放：俄国革命包括斩断帝国主义链条的最薄弱环节。关于斩断链条的意象在本质上就是虚无主义的。阿尔都塞不是把共产主义革命理解为推动已经在资本主义内部浮现出来的那个过程，而是强调对资本主义的捣毁（breakdown）。

在马克思主义哲学的当代诠释中，第三个重要的趋向就是较晚发展起来的"分析的马克思主义"。在《卡尔·马克思的历史理论：一个辩护》这部开创性著作中，英国哲学家 G. A. 柯亨将马克思的历史著述放在概念检查的显微镜下面，目的是辨别那些清晰明白的而且在哲学上可辩护的概念。柯亨似乎追随阿尔都塞，认为马克思拥有一个独特而可辩护的历史"理论"，而且这个历史理论颇具现实的解释力。[37] 他把这个解释性理论同黑格尔的"历史哲学"及其历史演化"图景"相对立。但是不同于阿尔都塞，柯亨并没有试图去表明在马克思主义那里的任何新哲学的可能性。相反，他详细标明了马克思的思想同当代分析哲学中那些有声望的哲学观点之间的相容性。

在这个意图上，对柯亨来说，特别重要的方面就是他努力把马克思的观点从黑格尔哲学的核心观点中分离开，他基本上认为后者是关于人类意识的自决发展的唯心主义理论。追随着阿尔都塞对黑格尔目的论的批判，柯亨区分开马克思的历史理论和黑格尔的历史哲学。前者凭借其"功能性解释"而容纳诸多解释性的"机制"，后者则是关于历史朝着"绝对知识"进化的"图景"。柯亨批判黑格尔式的马克思主义是一种乌托邦的共产主义理论，因为它把共产主义当作完全"透明的"社会："对透明的人类关系的渴望可能得到部分的满足，因为我们能够把那些可以移除的社会制度，特别是助长着不透明性的市场列为条件。但是在黑格尔-马克思传统中考虑的那种完全透明，对它的希望则是徒劳无益的。"[38] 他引用了马克思在《政治经济学批判（1857—1858 年手稿）》中尖锐地把资本主义和共产主义对立起来的段落：

> 个人的产品或活动必须先转化为**交换价值**的形式，转化为**货币**，并且个人通过这种**物的**形式才取得和证明自己的社会**权力**，这种必然性本身证明了两点：（1）个人还只能为社会和在社会中进行生产；（2）他们的生产不是**直接的**社会的生产，不是本身实行分工的联合体的产物。个人从属于像命运一样存在于他们之外的社会生产；但社会生产并不从属于把这种生产当作共同财富来对待的个人。①

柯亨的说明是："在共产主义社会，个人收回严格意义上是他们自

---

① 这里原文作者没有注明引文出处。参见：马克思恩格斯全集：第 30 卷. 北京：人民出版社，1995：108。

己的、但是凝固在社会结构中的权力。"[39] 凝固的社会结构可以是卢卡奇、萨特和马尔库塞的拜物教化的世界，或者更加"科学地"考虑，是阿尔都塞的结构性的资本主义体系。但是柯亨相信这也就是马克思自己对资本主义的理解。因为它被"凝固了"，它就不可能从内部产生出任何全然是崭新的东西，而只能在被否定之后才可能如此。柯亨于是宣布，马克思关于代替凝固的、拜物教化的资本主义社会的构想是没有任何社会形式或结构的乌托邦构想："可以（没有非常夸大地）说，马克思的自由联合起来的个人构成了对社会的替代，而不是一种社会形式。"[40]

在柯亨对马克思的共产主义构想的解释中，我们看到了类似于我们在阿尔都塞的论证策略那里看到的东西。对对立的肯定排除了这种理解马克思的方式，其哲学基础在这里是"分析哲学的基础，它强调的是概念上的差别，而不是那些截然不同但又相互联系的概念的辩证统一"[41]。在其分析性的途径上，柯亨把资本主义和共产主义仅仅当作两种分离的而且是截然不同的生产方式。随着一个从另一个那里的出现而达到的对立面的统一，则被柯亨省略掉了。柯亨用来理解共产主义构想的分析方法明显表现在他对共产主义的界定方式上，就是把"可以移除的社会制度，特别是市场"列为条件。如果我们消除了市场，我们就得到了共产主义。

可是我们已经看到，马克思发现共产主义已经在资本主义市场内部辩证地发展着。不仅仅是生产力在资本主义市场内部的发展——马克思思想的这个方面得到了柯亨的强调——为未来的共产主义社会做着准备。未来社会已经通过诸如《十小时工作日法案》这样的有意识的社会管理活动浮现出来了。这已经是最初的阶段了，在这个阶段，"社会生产……从属于个人，作为他们的共同财富而受他们的支配"。没有必要为了达到共产主义的最初形式而消除市场——尽管马克思认为共产主义的充分发达形式将会完全消除市场。由于对不受限制的市场生产带有的最具破坏性特征（例如雇佣童工）强行加以自觉控制，共产主义已经在资本主义市场经济内部显现出来了。

来自《政治经济学批判（1857—1858年手稿)》的另一个段落相当明显地表明了资本主义和共产主义之间的这一联系：

> 每个个人以物的形式占有社会权力。如果从物那里夺去这种

社会权力，那么你们就必然赋予人以支配人的这种权力。人的依赖关系（起初完全是自然发生的），是最初的社会形式，在这种形式下，人的生产能力只是在狭小的范围内和孤立的地点上发展着。以**物的**依赖性为基础的人的独立性，是第二大形式，在这种形式下，才形成普遍的社会物质变换、全面的关系、多方面的需要以及全面的能力的体系。建立在个人全面发展和他们共同的、社会的生产能力成为从属于他们的社会财富这一基础上的自由个性，是第三个阶段。第二个阶段为第三个阶段创造条件。因此，家长制的，古代的（以及封建的）状态随着商业、奢侈、**货币、交换价值**的发展而没落下去，现代社会则随着这些东西同步发展起来。[42]

用黑格尔的话来说，正是"自由的无限人格"对财富的追求削弱了古代社会。柏拉图试图用《国家篇》的严格政治体制来阻挡这种破坏性力量。马克思在这里则强调资本主义的个人自由和共产主义的"每个人的自由发展"之间的连续性。从前者到后者之间的过渡，就在于消除那些阻挠自由发展的系统性障碍，这些障碍是由于在相互联系的活动构成的巨大网络之中，利润制度却倾向于把大多数个人局限于某种单一的、孤立的活动上。

马克思写下的这个段落同那种认为共产主义就是使个人从属于共同体的观点相矛盾。这种观点适合于柏拉图的共产主义。每个人的自由发展削弱了古代世界的人的依赖关系。对财富的自由追求使个人摆脱了这种对其他人的直接形式的依赖。可是，在接下来的社会形态中，对于社会条件的依赖呈现出间接的、伪装的外观，既然社会的权力能够被物的形式所掩盖。资本主义的商品生产使个人摆脱了直接的人的依赖关系，可是又使他们从属于以非人格的形式即物的形式、货币形式出现的社会力量。共产主义意味着个人使他们自己摆脱这种间接的、对于在非人格的物的形式下的社会权力的依赖。在供求规律的盲目统治之下，个人的劳动力本身就被当作物来对待。系统性的失业，"失业者的后备大军"的产生，则导致了工人之间的竞争状态，马克思说这种状况把"工人钉在资本上，比赫斐斯塔司的楔子把普罗米修斯钉在岩石上钉得还要牢"[43]。我们已经理解了，第三个阶段即共产主义社会是在第二个阶段内部出现的。工人们能够在占据优势的资本主义社会之中不同程度地战胜这种彼此竞争状态，产生了《十小时工作日法案》的工厂立法就是一个实例。

马克思不但是在19世纪70年代肯定了这种辩证的方法，而且在1839年也是如此。他对黑格尔辩证法的批判首先就是黑格尔没有遵循他自己的方法论。最终，黑格尔的国家理论延续了"唯心主义的"传统，将应然与实然、观念与现实、在天上从世界之外创造世界的诸神（他们有政治上的代表，同样有宗教上的代表）与世界本身之内的诸神相对立。一旦人们通过创造出直接形式的彼此之间的联合而重新占有他们异化的社会力量，这些神灵就是普普通通的、现实的人本身。

由于不理解这一辩证的方法论，柯亨把马克思的共产主义构想解释成了无社会组织的个人主义的乌托邦理想和绝对知识。在他的整个著作之中，柯亨都轻蔑地对待通常被他放在惊慌的引号里的"辩证法"观念。[44] 在属于"分析的马克思主义"的另一部作品即《科学的马克思》一书中，达尼尔·里特尔通过分隔开马克思和黑格尔来继续为马克思"辩护"："尤其是，我将反驳那些认为马克思的研究依赖于可疑的方法论观念（例如，黑格尔的辩证推理）的指责……"[45] 对里特尔来说，辩证逻辑预先排除了科学客观性，就是一种先天思辨的建构。

五、马克思反对市场吗？

综上所述，20世纪马克思主义哲学的三大主要思潮——存在主义-人本主义的马克思主义、结构主义的马克思主义和分析的马克思主义——找到了一个契合点：它们都坚持把马克思和黑格尔分隔开，仿佛这是一项必要的但又尚未完成的哲学任务，甚至连马克思本人都没有充分完成这项任务。当然，也有不少哲学家强调黑格尔的辩证法和马克思的辩证法之间的复杂联系。其中重要的作家包括：E. V. 伊连科夫、吕西安·塞弗、罗伊·巴斯卡、I. 梅扎罗斯、贝特尔·奥尔曼以及托尼·斯密斯。这是第四种倾向，它更赞成去理解黑格尔和马克思之间积极的而且是有理论吸引力的联系。例如托尼·斯密斯写道，"从实质上看，《资本论》中的社会理论同黑格尔的社会理论很不相同。但是，马克思的分析也运用了黑格尔《逻辑学》中三段论的理论框架"[46]。

在《共产主义的视角》一文中，吕西安·塞弗强调了马克思的这一看法，即共产主义是现存世界的现实运动。[47] 但是这个看法在辩证法专家们中间并不常见。罗伊·巴斯卡在他的《辩证法：自由的搏动》中写道，"现实主义的残余，连同伦理的社会学的还原论，使［马克思］（及其大多数后来的马克思主义者）感受不到需要一个威廉·莫里斯类型的环节、肯定的具体乌托邦来同马克思否定的解释性批判站在一起"[48]。换言之，由于马克思过于强调他以纯粹否定的方式批判"目前的"社会，所以他没有充分重视去描绘一幅代替资本主义的那个社会的肯定性画面。

巴斯卡正在评论的是人们认为马克思没有做的事情，即除了他的资本主义批判之外，马克思并未投入更多的精力去描绘代替资本主义的共产主义社会。于是，尽管巴斯卡支持辩证法，但是在共产主义的产生这一问题上，他把马克思说成是"虚无主义者"，尽管马克思没有用任何伦理的"理想"（由于社会学的还原论）来阐明代替资本主义的那个共产主义社会。但是，只需读一下马克思关于《十小时工作日法案》的论述及其对摩洛赫宗教的谴责，我们就可以找到我们或许想要的全部伦理学。这样的伦理学无论如何都不是以某种"无力的应当"的形式而提出来的，而是被认为表达了在资本主义自身范围内出现的新的共产主义原则。因此，我们也在那里发现了一个具体的概念，它涉及共产主义所包括的东西。除了其他方面以外，共产主义社会就是这样的一种社会：它自觉地决定反对制度性地雇佣童工，并且为了这个目的而形成市场生产的规则。由于工人阶级的政治影响日益增强，以及像狄更斯这样的人道主义者的抗议，这样的"乌托邦"——自然是举步维艰地——出现在资本主义的心脏，反抗相反的倾向，即供求规律的盲目统治。

在《市场社会主义：社会主义者之间的争论》一书中，三位学者同贝特尔·奥尔曼展开冗长的争论，争论的问题就是马克思是否主张过某种形式的"社会主义市场"。奥尔曼乐于引用梅扎罗斯的观点，后者将"市场社会主义"称为"术语矛盾"。按照梅扎罗斯的看法，当生产的等级制组织要求从工人那里榨取剩余价值的时候，"资本"甚至在没有"资本家"的情况下也会继续存在。后资本主义的市场社会——在这一社会中，工人成为他们自己企业的主人或者对企业进行控制——依然会受到"资本"的统治。梅扎罗斯认为："资本是一种控制力量，你不可能控制资本，你只有通过社会的新陈代谢关系所构成的整个复合体的改变才能消灭它，你不可能只是摆弄它。不是它控制你，就是你消灭它，中间不存在任何妥协的地方，而这就是为什么从一开始就不可能想象市场社会主义观念可以发挥作用。"[49]

奥尔曼认为马克思的共产主义"景象"是"与马克思对资本主义的分析内在地联系在一起的"[50]。意味深长的是，奥尔曼谈到了共产主义"景象"同资本主义的"分析"之间的"内在联系"，而不是共产主义和资本主义之间的内在联系。如果共产主义同资本主义是在客观含义上"内在地联系着的"，那么共产主义就必须在某种含义上内在于资本主义。但是奥尔曼拒绝这个观点，因为他的理论将资本主义视为异化的、拜物教化的制度。奥尔曼宣称，共产主义对于马克思而言是一种现实的可能性而不是乌托邦理想。正是在这个意义上，共产主义是"现实世界的一个必要组成部分"，尽管它"尚待实现"，但是这意味着，它不是在现实世界中被实现的，无论是得到多么初期的或是萌芽状态的实现。奥尔曼批判戈尔巴乔夫在苏联推行的市场改革措施，他预言——他的预言被证明是准确的——这些改革措施最终将会以资本主义而告终。[51] 他在 1990 年发表在苏联的一篇文章中说，"像戈尔巴乔夫说的那样，他不得不领会到，市场来到的时候，人们不能半推半就"。因此，按照奥尔曼的看法，对市场的任何让步都必定以资本主义的诞生而告终。

问题是，这个预言的准确性是不是依据蕴含在这个宣称中的基本原理。如果是，那么就不得不批判马克思，因为他说共产主义的目标就是"解放那些由旧的正在崩溃的资产阶级社会本身孕育着的新社会因素"。也许某个共产主义社会可能会产生资本主义社会，但是相反的情况必定也是实情。可是，如果资本主义和共产主义完全是相互排斥的，如果只有对立而没有对立面的统一，那么你就不可能有一个孕育着共产主义的资本主义了。市场或"资本"的任何存在就只会无可避免地产生更多的资本主义，或者是以市场社会主义的形式产生出更多的"资本"。在《共产党宣言》以及后来的作品中，马克思都认为，在很大程度上受"资本"统治、同样受资本家统治的社会里，"社会"依然有可能在不同程度上自觉地控制市场生产，比如说《十小时工作日法案》那样的情况就是如此。因此，梅扎罗斯的说法"你不可能控制资本"，就显得颇为过分，至少作为对马克思观点的表述而言是这样。

六、共产主义的辩证产生过程

恩格斯在 1847 年的《共产主义原理》中提出，共产主义政府应当创造一个新型的市场社会。共产主义政党的纲领之一就是："一部分用国家工业竞争的办法，一部分直接用纸币赎买的办法，逐步剥夺土地所有者、工厂主、铁路所有者和船主的财产。"[52] 无产阶级革命不是带来一个用暴力没收资产阶级财产的政治制度。无产阶级国家将购买某些但不是全部资本主义的企业。它将采取累进税制和高额遗产税。它用这些基金来购买企业也创造企业。

所有这些措施都预先假定了市场背景。充分尊重市场生产的经济逻辑得到了奉行甚至得到了改进。无产阶级国家将主要通过工人所有的国营企业同资本主义企业之间的竞争来获得财产。这是因为共产主义企业——工人们在那里感到他们是在为自己而工作——会比资本主义企业更有效率，而且能够在公正地建立起来的市场竞争中赢得胜利。

这样一个市场体系无论如何都不是按照资本主义原则发挥作用的。对资本主义环境的实质性改变蕴含在《共产主义原理》提出的第四项措施之中："在国家农场、工厂和作坊中组织劳动或者让无产者就业，这样就会消除工人之间的竞争，并迫使还存在的厂主支付同国家一样高的工资。"[53] 无产阶级政府的直接目标并不是消除竞争本身，而是消除工人之间对高于他们的劳动价格的竞争。这种在工人之间的竞争、在受到雇佣的和失业工人之间的竞争，才是马克思所描述的竞争：它把"工人钉在资本上，比赫斐斯塔司的楔子把普罗米修斯钉在岩石上钉得还要牢"[54]。因此，尽管在为了出售产品而进行的生产之中的市场关系没有被结束，但是被结束的东西，或者处在结束过程中的东西，是劳动市场，是在人的时间、精力和技能方面的市场。通过成为他们自己的生产手段的所有者，工人们将不再把他们的劳动能力作为商品来出售，不再服从市场力量的压制，尤其是同其他工人的竞争而产生的压制。

恩格斯设想，在共产主义革命之后的长时期内人们将继续为某种类型的市场而生产。[55] 在他阐述共产主义者取得了权力之后想要实现的观念的时候，恩格斯明确地宣布："共同经营生产不能由现在这种人来进行"[56]。这是由于狭隘分工的缘故，而分工一部分是技术造成的后果，另一部分则是生产的资本主义组织的产物。对生产进行共产主义的社会管理——这种社会被认为是充分发达的社会，其前提条件是工人们变得有能力自己管理生产。在他们能够理解生产过程的整个范围之前，工人们不可能做到这一点。由于分工的狭隘性，在目前完全不可能做到对生产进行社会管理。没有任何建议提到国家应该在这期间通过"消除市场"来管理社会事务。因此，市场生产将会继续存在很长时间。

只有个人的"全面的"发展才会使"生产的社会管理"成为可能。只有当存在"每个人的自由发展"的时候，自由社会才是可能的。但是这不是应该同现实世界相对照的乌托邦理想。它是恩格斯发现的、已经在目前的世界之内逐渐地产生着的现实："就是现在的工业也越来越不能使用"那些束缚在狭隘规定的职业上的个人了。目前的经济生活条件"已经"需要不同类型的个人了。因此，共产主义的基本前提，即工人阶级共同管理他们自己的劳动，正在通过今天的工业中的技术发展而形成。硬币的另一面也是存在的：随着劳动性质的改变，工厂劳动的资本主义等级制组织失去了它的技术基础。

马克思的《资本论》详细描绘了这些发展。亚当·斯密在关于别针厂的报告中详尽描绘的早期制造业阶段提供了起点。每一个工人都被牢牢地钉在一个重复性的而且差不多是不用动脑筋的活动上。这个分析没有什么改变地被黑格尔所采用。可是，马克思强调，就在关于制造业的方法论导致了机器生产的时候，新的可能性正在出现：在机器生产中，许多机械性操作是由机器来完成的，而不是由人来实行的。伴随着机器生产，工人同工业劳动的新关系被引进来了。工人不再被固定在一个狭隘的功能上面，而是变成了机器操作者，能够相对容易地从一种职业转到另一种职业。尽管仍然是"机器的附属物"，但是工人变得能够掌握更大范围的整个工厂的运转。马克思指出了技术的第三个阶段，在此阶段，科学越来越被整合到生产中，自动化操作更全面地代替机械性劳动。创造性劳动的范围以及对它的需要，也因此越来越扩大。

因此可以在技术上讲，我们正在走向马克思在 1875 年的《哥达纲领批判》中论述的共产主义社会的可能性："在共产主义社会高级阶段，在迫使个人奴隶般地服从分工的情形已经消失，从而脑力劳动和体力劳动的对立也随之消失之后；在劳动已经不仅仅是谋生的手段，而且本身成了生活的第一需要之后；在随着个人的全面发展，他们的生产力也增长起来，而集体财富的一切源泉都充分涌流之后，——只有在那个时候，才能完全超出资产阶级权利的狭隘眼界，社会才能在自己的旗帜上写上：各尽所能，按需分配！"[57] 每个人的自由发展最终意味着联合起来的个人自由地发展他们的创造兴趣。得益于相当程度上的自动化生产，机器大规模地代替不用动脑筋的劳动。由于物质的充裕，一切人的基本需要都能轻易地得到满足。个人将在前所未有的程度上自由发展他们的创造兴趣，无需担心如何一天一天或一年一年地继续生存。不是被束缚于作为满足生存需要的手段的劳动上，人们将不受限制地自由发展他们的兴趣和天赋。

不过，把注意力放在技术发展方面，好像这是个自发过程，仅仅这样做是不够的。必须说明进入技术改变的动机是什么。为此，我们必须再次返回到《十小时工作日法案》。与资本主义的末日先知相反，《十小时工作日法案》并没有摧毁资本主义。但是它的确将这种新的更高形式的发展强加给了资本主义。不是把工作日的数量上的增加看作产生利润的主要源泉，资本家被迫——通过引入对这种外延性的盈利方法的各种限制——更加一贯地依赖于使用新机器。马克思用《资本论》的很大一部分来区分他说的"绝对剩余价值"——通过让工人更长时间、以更高的强度和更快的速度劳动来榨取利润的外延性办法——和"相对剩余价值"，主要包括挫败竞争的资本家而迫使他采用新技术。从绝对剩余价值到相对剩余价值的这一发展，是由强加在资本主义劳动市场上的限制来推动的，它开始于《十小时工作日法案》。

这样我们就得到了一个内在发展的辩证过程，这个过程有几个阶段。（1）外延性发展的自由市场资本主义使工人们精疲力竭甚至死亡，但是也导致社会反抗，或者导致一系列社会反抗。结果，社会有意识地把一些限制强加于这个过程，在某种程度上用社会预见来控制社会生产。（2）作为达到这种程度上的社会调节的结果，更为集约性的发展、以技术为取向的资本主义形式成为获取利润的主要方式。（3）经济冲突的这个结果同一系列技术发展阶段相互交织在一起，这些阶段是从手工制造到机器生产，再到自动化的扩大应用，以及日益需要以科学为基础的技能。（4）因此，受过更多教育的劳动力成为"发达资本主义"的实际必要条件。（5）有助于上述过程的技术上的基本原理削弱了对劳动的等级制组织，工人们变得有能力——事实上是日益需要他们——自己做出基本的生产决策。(6)这一发展的逻辑结果应该是工人所有的或工人控制的企业的出现。

上述最后一点，先行阶段的辩证产生过程，在《资本论》第三卷论述资本主义信用制度的性质的章节中得到了证明。马克思提到工人拥有的合作工厂的出现，他写道："工人自己的合作工厂，是在旧形式内对旧形式打开的第一个缺口……"[58] 资本主义信用制度的发展给工人提供了经济手段来购买他们自己的工厂。

这一分析表明了对《共产党宣言》中考察过的那些过程的深化。《共产党宣言》提出，应当由工人自己的国家通过赎买一些资本家企业来创造出非剥削性的企业。到了1864年已经明显可以看到，工人们能够直接购买他们自己的工厂。在《共产主义原理》和《共产党宣言》中，恩格斯和马克思曾经主张"国家市场社会主义"，在这一形式的社会主义中，工人自己的国家建立企业来同资本主义的企业竞争。但是工人运动中发生的事件很快在"合作的市场社会主义"方向上超越了这个模型。共产主义的基本原则，即生产者的自由联合原则，在马克思看到的他那个时代出现的工人合作工厂中更加明显了。

从这一描述可以明显看到，恩格斯和马克思拒斥了黑格尔的观点，即认为国家"应该"解决社会生产活动本身的性质产生出来的那些问题。他们并不主张国家应当通过建立一套"中央计划"来代替市场生产从而控制工业。这甚至不是一个受到驳斥的可能性。恩格斯适度地建议，通过提供公共教育，共产主义国家将会促进在现存社会中发生的过程：在现存社会中，生产需要受到更多教育的工人。工人控制的国家依旧是有助于推动这一发展的必要手段，特别是通过消除资本主义国家容易产生的那些障碍。不过，随着转向"合作的市场社会主义"，国家在经济层面上直接介入的必要性减少了。悖论的是，与亚当·斯密相比，恩格斯和马克思甚至更不是"中央经济统治论者"。亚当·斯密曾经提出过，国家"应当"为儿童提供公共教育制度。可是，在斯密提供的论证上，国家"应当"为了抵消自由市场的消极后果"应当"实行干预。《共产主义原理》和《共产党宣言》都要求为教育提供公共基金。在以人道主义为根据的任何道德诉求下面，则是需要这种教育的现代工业的出现。免费的公共教育这一"共产主义的"要素，并不是被硬加给资本主义的，也不是提出来与它并置对立的。任何对道德的"应该"的诉求，都在社会的内在发展中有其基础。公共教育的共产主义原则对现代社会的发展来说变得必要了。不过，这意味着资本主义为了它自己的生存与"发展"而内在地需要共产主义的出现。这种"发展"导致人们越来越认识到，资本主义的框架不再是必然的，而且变得越来越有碍于这个过程。

马克思在《资本论》中提到《十小时工作日法案》的时候写道，工厂立法的制定，"是社会对其生产过程自发形态的第一次有意识、有计划的反作用。正如我们讲过的，它像棉纱、走锭纺纱机和电报一样，是大工业的必然产物"[59]。如果有人指望在《资本论》中找到以经济危机理论形式出现的、对于"资本主义矛盾"的清晰描述，那么将会感到失望。就像对待他的"辩证法"那样，马克思似乎没有时间来详尽论述这个据说是关键的问题。我们已经提到过一个可能的理由来解释马克思为什么没有写他的"辩证法"。马克思的确不需要写这部"辩证法"，因为它本质上也已经存在于黑格尔的著作中了。马克思之所以没有花费专门的精力来表明资本主义如何不运转，这是它固有的危机倾向，乃是因为马克思实际上是在努力说明资本主义事实上如何确实在运转。资本主义必然激发那种能够而且终将代替它的新社会出现，在这个意义上，资本主义的确在运转。因此，三大卷《资本论》可以当作关于共产主义在资本主义内部的辩证产生的理论来阅读。

注释

[1] K. 马克思，F. 恩格斯. 马克思恩格斯著作集：第 1 卷. 477–519（Karl Marx, Frederick Engels. *Collected Works*, Early volumes were published by Progress Publishers, Moscow, beginning in 1975, Later volumes were published by International Publishers, New York）.

[2] K. 马克思，F. 恩格斯（埃里克·霍布斯鲍姆撰写序言）. 共产主义宣言：纪念《宣言》发表 150 周年现代版（*The Communist Manifesto: A Modern Edition on the 150th Anniversary of the Manifesto*. London and New York: Verso Books, 1998）.

[3] J. 卡西迪. 卡尔·马克思的回归. 纽约客（The Return of

Karl Marx. *The New Yorker*. October，1997：251).

[4] 卡西迪并没有提到这一定义。对共产主义的更著名定义，即"各尽所能，按需分配"，是马克思在 1875 年写的《哥达纲领批判》中提出来的，并没有打算公开。人们或许会问，为什么来自偏僻之处的共产主义定义是如此著名，而《宣言》对共产主义的定义本身却在很大程度上被人们忽视了呢？我认为这是由于《宣言》的定义不适合共产主义的右翼批评者（他们声称，代替资本主义的社会是家长式统治的国家制度）。另外，共产主义的传统捍卫者们也许怀疑《宣言》的定义容易让人过多地想起资本主义的个人主义。本文的目的就是要表明，资本主义和共产主义之间的连续性和差别都反映在了《宣言》对共产主义的定义中。

[5] J. 卡西迪. 卡尔·马克思的回归. 纽约客（The Return of Karl Marx. *The New Yorker*. October，1997：254).

[6] K. 马克思，F. 恩格斯. 著作集：第 6 卷. 493（*Collected Works*，published variously in Moscow，New York and London，1976）；另参见：马克思恩格斯选集：第 1 卷. 北京：人民出版社，2012：410。

[7] K. 马克思. 资本论：第三卷（*Capital* vol. Ⅰ. London：Penguin Classics，1972）. 另参见：马克思恩格斯文集：第 5 卷. 北京：人民出版社，2009：553。

[8] F. 福山（Francis Fukuyama）. 历史的终结与最后的人（*The End of History and the Last Man*. New York：Avon Books，1992).

[9] J. 劳洛（James Lawler）. 马克思的社会主义理论：虚无主义的和辩证的（Marx's Theory of Socialisms. Nihilistic and Dialectical// Louis Patsouras，ed. *Debating Marx*. Lewiston，NY：EmText，1994).

[10] N. 皮尔莫娃，B. 伊特格尔，V. 安托诺夫. 俄国与西方：19 世纪. 95（*Russia and the West*：*19th Century*. Moscow：Progress Publishers，1990).

[11] K. 马克思，F. 恩格斯. 著作集：第 6 卷. 510（*Collected Works*，published variously in Moscow，New York and London，1976）；另参见：马克思恩格斯选集：第 1 卷. 北京：人民出版社，2012：427-428。

[12] K. 马克思，F. 恩格斯. 著作集：第 5 卷. 49（*Collected*

Works，published variously in Moscow，New York and London，1976)；另参见：马克思恩格斯选集：第 1 卷. 北京：人民出版社，2012：166。吕西安·塞弗说，这是 "《德意志意识形态》中非常激进的段落"，参见：塞弗. 共产主义的视角：社会主义和革命新论. 9（*The Communist Perspective*：*New Studies in Socialism and Revolution*，translated and edited by Carl Shames. Berkeley：Center for the Study of the Individual，1992)。

[13] K. 马克思，F. 恩格斯. 著作集：第 22 卷. 335（*Collected Works*，published variously in Moscow，New York and London，1976)；另参见：马克思恩格斯选集：第 3 卷. 北京：人民出版社，2012：103。

[14] K. 马克思，F. 恩格斯. 著作集：第 26 卷. 358（*Collected Works*，published variously in Moscow，New York and London，1976)；另参见：马克思恩格斯选集：第 4 卷. 北京：人民出版社，2012：222。

[15] 黑格尔. 法哲学原理. 20，注释 22（*Elements of the Philosophy of Right*，edited by Allen W. Wood. Cambridge and New York：Cambridge University Press，1991)。

[16] 黑格尔. 法哲学原理. 20（*Elements of the Philosophy of Right*，edited by Allen W. Wood. Cambridge and New York：Cambridge University Press，1991).

[17] 马克思写道："当时著作界中唯一还有生命跳动的领域——**哲学思想领域**，已不再说德国话，因为德意志的语言已不再是思想的语言了。精神所用的语言是一种无法理解的神秘的语言，因为被禁止理解的事物已不能用明白的言语来表达了。"K. 马克思，F. 恩格斯. 著作集（*Collected Works*，published variously in Moscow，New York and London，1976)；另参见：马克思恩格斯全集：第 1 卷. 北京：人民出版社，1956：45。

[18] 柏拉图. 对话集. 661；国家篇：Ⅲ. 416E-417（*The Collected Dialogues*，ed. by Edith Hamilton and Huntington Caims. New York：Pantheon Books，1961)。另参见：柏拉图全集：第 2 卷. 王晓朝，译. 北京：人民出版社，2003。

[19] 黑格尔. 历史哲学. 18（*The Philosophy of History*，in-

troduction by C. J. Friedrich. New York：Dover Publications Inc.，1956）。

［20］柏拉图. 申辩篇. 30B. 另参见：柏拉图全集：第 1 卷. 王晓朝，译. 北京：人民出版社，2002。

［21］黑格尔. 历史哲学. 270（*The Philosophy of History*，introduction by C. J. Friedrich. New York：Dover Publications Inc.，1956）。

［22］黑格尔. 历史哲学. 18（*The Philosophy of History*，introduction by C. J. Friedrich. New York：Dover Publications Inc.，1956）。

［23］K. 马克思，F. 恩格斯. 著作集：第 6 卷. 502（*Collected Works*，published variously in Moscow，New York and London，1976）；另参见：马克思恩格斯选集：第 1 卷. 北京：人民出版社，2012：418。

［24］M. 希尔. 汉娜·阿伦特：公共世界的发现. 334-335（Melvin Hill，ed. *Hannah Arendt：The Recovery of the Public World*. New York：St. Martin's Press，1979）。

［25］马克思. 资本论：第三卷. 440（*Capital*，vol. Ⅲ. Moscow：Progress Publishers，1966）；另参见：资本论：第三卷. 北京：人民出版社，2004：498，499。

［26］这并不否认其他非西方的和非资本主义的发展道路（或许通向其他形式的共产主义）的可能性。马克思在同俄国"民粹派"领导人维·伊·查苏利奇的通信中为这些可能性做了辩护。在谈到关于"我所谓的理论"的诸多误解的时候，马克思写道，《资本论》所论述的"这一运动的'历史必然性'**明确地**限于**西欧各国**"。马克思没有制订任何必然性来要求农村公社占有优势的俄国遵循西欧的发展道路。"由此可见，在'资本论'中所作的分析，既不包括赞成俄国农村公社有生命力的论据，也不包括反对农村公社有生命力的论据，但是，从我根据自己找到的原始材料所进行的专门研究中，我深信：这种农村公社是俄国社会新生的支点"（马克思恩格斯全集：第 19 卷. 北京：人民出版社，1963：268，269）。马克思也把印度和中国包括在那些农村公社依旧没有受到什么触动的民族之中。更为广泛的讨论，参见：J. 劳洛. 列宁与俄国的社会主义过渡（*Lenin and the Socialist Transition in*

Russia. *Research in Political Economy*，vol. 15，1996：157-193)。

　　[27] 在写给《资本论》的"第一个互联网版本"（CD 光盘，纽约："每月评论"出版社，1998）的"序言"中，B. 舒尔茨（Burt Schultz）像 J. 卡西迪一样，认为马克思研究的是资本主义而不是共产主义："《资本论》不是为社会主义改造提供的菜谱，也不是为社会主义制度下的经济描绘的乌托邦蓝图。它是对资本主义在动态变化中的系统研究。"

　　[28] 在 1967 年写的"序言"中，卢卡奇把他以前的著作归因于含蓄地认识到"马克思直接承接黑格尔"，同时也归因于通过用"总体性"范畴代替经济的优先性而产生出来的对马克思思想的黑格尔式扭曲。卢卡奇特别提到，在写他以前的著作时，历史化的新康德思想通过狄尔泰和海德格尔而得到突出。查理斯·里兹在他的《赫伯特·马尔库塞：艺术与高级学识——反对晚期资本主义的文化逻辑》（*Herbert Marcuse：Art and Higher Learning：Against the Cultural Logic of Late Capitalism*. New York：SUNY Press，1999）中直接将卢卡奇自己的著作同这种历史化的（新黑格尔派的）新康德主义联系在一起。

　　[29] 这是萨特的《辩证理性批判》法文本的导论部分。不过在英文版中没有这一部分。

　　[30] 让-保罗·萨特（Jean-Paul Sartre）. 寻求方法. 13（*Search for a Method*. New York：Vintage Books，1963）。

　　[31] J. 劳洛. 让-保罗·萨特的存在主义的马克思主义. 15-20（*The Existentialist Marxism of Jean-Paul Sartre*. Amsterdam：B. R. Gruner，1976）。

　　[32] 让-保罗·萨特. 存在与虚无. 44-48（*Being and Nothingness*. New York：Washington Square Press，1971）。

　　[33] H. 马尔库塞（Herbert Marcuse）. 单向度的人. 133，255，257（*One Dimensional Man*. Boston：Beacon Press，1964）。关于马尔库塞与卢卡奇的这一联系，参见：查理斯·里兹（Reitz Charles）. 艺术、异化和人文科学（*Art，Alienation & the Humanities：A Critical Engagement with Herbert Marcuse*. New York：State University of New York Press，1999）。对这一倾向也有重要意义的是把海德格尔的许多观点同他关于对象化的解释相融合。里兹引用了 M. 弗拉克林

的文章《赫伯特·马尔库塞的优美灵魂》(The Beautiful Soul of Herbert Marcuse". *Telos*，No. 6，Fall，1970)。里兹写道："弗兰克林的论文尤其强调马尔库塞的姿态具有的反黑格尔的性质，他认为马尔库塞有意识地把黑格尔和马克思主义的经典哲学具有的辩证性质转向那种形而上学的或二律背反的（康德的）概念，即认为矛盾和悖论具有永恒性。"

[34] 针对"人道主义的"主体主义和"反主体主义的"结构主义对马克思的解释，塞弗详细批判了它们的不足之处。参见：塞弗. 马克思主义理论中的人和人格心理学. 161–167 (*Man in Marxist Theory and the Psychology of Personality*. New Jersey：Humanities Press，1978)。塞弗以大量的文本为依据，论证了马克思早期的"人道主义的"和"黑格尔主义的"著作同他晚期著作的连续性。针对阿尔都塞，塞弗表明了马克思仍然继续依据对人的本质的理解。但是，从1845年开始，马克思的思想中对人的理解有一个转折，从"共同中心的"理解转向了"不同中心的"理解。

[35] 阿尔都塞. 保卫马克思. 174 (*For Marx*. New York：Vintage Books，1970).

[36] 马克思. 资本论：第一卷. 103，102 (*Capital*，vol. Ⅰ. London：Penguin Classics，1990)；另参见：资本论：第一卷. 北京：人民出版社，2004：22。

[37] G. A. 柯亨 (G. A. Cohen). 卡尔·马克思的历史理论：一个辩护. 27 (*Karl Marx's Theory of History：A Defence*. Princeton：Princeton University Press，1978).

[38] G. A. 柯亨 (G. A. Cohen). 卡尔·马克思的历史理论：一个辩护. 343 (*Karl Marx's Theory of History：A Defence*. Princeton：Princeton University Press，1978).

[39] G. A. 柯亨 (G. A. Cohen). 卡尔·马克思的历史理论：一个辩护. 129 (*Karl Marx's Theory of History：A Defence*. Princeton：Princeton University Press，1978).

[40] G. A. 柯亨 (G. A. Cohen). 卡尔·马克思的历史理论：一个辩护. 133 (*Karl Marx's Theory of History：A Defence*. Princeton：Princeton University Press，1978).

[41] 关于马克思的方法论中的分析与综合之间的关系，参见：

E. V. 伊连科夫（E. V. Ilyenow）. 马克思的《资本论》中的抽象与具体的辩证法（*The Dialectics of the Abstract and the Concrete in Marx's Capital*. Moscow：Progress Publishers，1982）。来自这本书和其他论述马克思与黑格尔之间关系的诸多材料，可以在以下网址找到：http://werple. net. au/～andy/index. htm。

[42] K. 马克思，F. 恩格斯. 著作集：第 28 卷. 95（*Collected Works*，published variously in Moscow, New York and London，1976）；另参见：马克思恩格斯全集：第 30 卷. 北京：人民出版社，1995：107-108。

[43] K. 马克思. 资本论：第一卷. 645（*Capital*，vol. Ⅰ. New York：International Publishers，1972）；另参见：资本论：第一卷. 北京：人民出版社，2004：743。

[44] 柯亨写道："那些赞成'辩证的'语言的人也许会说：一个黑人是且不是一个奴隶，一台机器是且不是资本。但是这些都是含糊其词的。正确的路线就是尽可能清楚地表达马克思的区分。我们将批判他的表述，目的是为了澄清他的观点。"参见：柯亨. 卡尔·马克思的历史理论：一个辩护. 89（*Karl Marx's Theory of History*：*A Defence*. Princeton：Princeton University Press，1978）。

[45] D. 里特尔（Daniel Little）. 科学的马克思. 9（*The Scientific Marx*. Minneapolis：University of Minnesota Press，1986）。

[46] T. 斯密斯. 辩证的社会理论及其批判者. 16（*Dialectical Social Theory and its Critics*. Albany：State University of New York Press，1993）。

[47] L. 塞弗. 共产主义的视角：社会主义和革命新论. 9（*The Communist Perspective*：*New Studies in Socialism and Revolution*，translated and edited by Carl Shames. Berkeley：Center for the Study of the Individual，1992）. 这是一部编译著作的标题，原著名为：*Communism*：*Quel Second Souffle?*（Paris：Messidor/Iditions Sociales，1990）。

[48] R. 巴斯卡（Roy Bhaskar）. 辩证法：自由的搏动. 345（*Dialectic*：*The Pulse of Freedom*. London：Verso，1993）。

[49] I. 梅扎罗斯（Istvan Mészáros）. 超越资本. 981（*Beyond Capital*. New York：Monthly Review，1995）。

[50] B. 奥尔曼（Bertell Ollman）. 马克思的共产主义观. 98

(Marx's Vision of Communism//Bertell Ollman. *Social and Sexual Revolution*. Boston：South End Press，1979).

［51］B. 奥尔曼. 辩证的探究. 116 (*Dialectical Investigations*. New York and London：Routledge，1993).

［52］K. 马克思，F. 恩格斯. 著作集：第 6 卷. 350 (*Collected Works*，published variously in Moscow，New York and London，1976)；另参见：马克思恩格斯选集：第 1 卷. 北京：人民出版社，2012：305。

［53］K. 马克思，F. 恩格斯. 著作集：第 6 卷. 350 (*Collected Works*，published variously in Moscow，New York and London，1976)；另参见：马克思恩格斯选集：第 1 卷. 北京：人民出版社，2012：305。

［54］K. 马克思. 资本论：第一卷. 645 (*Capital*，vol. Ⅰ. New York：International Publishers，1972)；另参见：资本论：第一卷. 北京：人民出版社，2004：743。

［55］S. 摩尔 (Stanley Moore) 没有在《共产党宣言》中找到支持下述观念的证据，即市场生产将走向终结。他认为马克思在写《哥达纲领批判》的时候就这一个问题改变了想法。参见：S. 摩尔. 马克思反对市场 (*Marx versus Markets*. University Park，Pennsylvania：The Pennsylvania State University Press，1993)。我批判了摩尔的观点，参见：作为市场社会主义者的马克思. 52 (Marx as Market Socialist//Bertell Ollman，ed. *Market Socialism：The Debate Among Socialists*. New York and London：Routledge，1991)。

［56］K. 马克思，F. 恩格斯. 著作集：第 6 卷. 353 (*Collected Works*，published variously in Moscow，New York and London，1976)；另参见：马克思恩格斯选集：第 1 卷. 北京：人民出版社，2012：307。

［57］K. 马克思，F. 恩格斯. 著作集：第 24 卷. 87 (*Collected Works*，published variously in Moscow，New York and London，1976)；另参见：马克思恩格斯选集：第 3 卷. 北京：人民出版社，2012：364-365。

［58］K. 马克思. 资本论：第三卷，440 (*Capital*，vol. Ⅲ. Moscow：Progress Publishers，1966)；另参见：马克思恩格斯全集：

第 46 卷. 北京：人民出版社，2003：499。

　　[59] K. 马克思. 资本论：第一卷. 480（*Capital*，vol. Ⅰ. New York：International Publishers，1972）；另参见：马克思恩格斯全集：第 44 卷. 北京：人民出版社，2001：553。

第4章 对"好生活"概念的论证：1844 年马克思的问题^{*①}

[美] 丹尼尔·布鲁德尼 著 刘英 编译

在本文中，我要谈的是在 1844 年马克思的著作——《詹姆斯·穆勒〈政治经济学原理〉一书摘要》和《1844 年经济学哲学手稿》中所涉及的关于好生活的问题。这一问题与马克思以真正的共产主义社会作为他所提出的好生活概念的基础的能力有关。

要理解马克思的问题的性质，我们有必要先就路德维希·费尔巴哈对基督教和哲学的分析做一概述。使马克思陷入困境的，是他的费尔巴哈式的对概念的论证和对费尔巴哈式的哲学的拒绝，以及与之相联系的他关于好生活的观点和按马克思自己的观点来看资本主义条件下的现实生活——普通人的日常劳动生活——能够展示给我们的事物所受到的限制。在陈述费尔巴哈的观点后，我将叙述 1844 年马克思关于好生活的观点，并考察他提出的需要论证的问题的性质；最后，我将强调说明（非常简短地），马克思实际上能够（也应该）接受将哲学作为对好生活问题的一个可能的解决方法。

  ＊ 原载：马克思主义与现实，2005（4）：33-42。文献来源：Daniel Brudney. Justifying a Conception of the Good Life: The Problem of the 1844 Marx. *Political Theory*，2001，29（3）：364-394。
  ① 该文原译为《马克思对幸福生活概念的论证》，此处编者采用了原文的全名，并统一修改为"好生活"。——编者注

一

1. 费尔巴哈的《基督教的本质》首次发表于 1841 年。费尔巴哈的著作对基督教持反对态度，但切入的角度不同。他认为，如果人们将福音故事，实际上也包括整个的基督教教义当作要加以解读的信息，他就会在这些故事和这种教义中发现对一定的人类能力的理想化描述和一定的人类愿望的表达。

我们先来谈愿望。费尔巴哈给出的最佳例证是关于个人不死的愿望。基督教的吸引力就在于，它能给我们带来特别需要但又觉得无法得到的东西。

至于能力，如果"人类"被用来指过去、当前和将来的物种，那么基督教教义揭示了人类的一定能力。费尔巴哈的观点是，我们关于上帝的概念是拟人化的。我们塑造上帝时是将我们自己的理想，特别是知识、力量等能力的极端形式投射于上帝身上，而事实上，这些能力正越来越多地被作为整体的人类所拥有。

2. 所以，费尔巴哈对基督教故事和教义的解读，实际上是对这些故事和这种教义的破译。这样，人们就需要一个理由，说明费尔巴哈的破译比其竞争者更有说服力。费尔巴哈的想法是，读者接受了他的解释，就会认识到促使他们去相信正统的解释的心理根源，而一旦意识到这一点，他们就不会去肯定正统的解释，而将肯定费尔巴哈的解释。实际上，他这样做就会启发读者自己潜在的无神论思想。

根据我的解读，费尔巴哈是在试图造成一种转变。我理解他是一个与信仰主义者相对立的无神论者，对于他来讲，上帝的存在，或者更确切地说，上帝的不存在的直接经验是至关重要的。

然后，费尔巴哈要求比经过考虑的判断——他设想的也就是在这些问题上一个证明所能够提供的一切——更多的东西。他要求绝对的确信，更确切地说，一种在实践中即在日常生活中打消所有对上帝不存在的怀疑的确信。

这样，费尔巴哈认为，感觉认识包含一种具有这样的实践力量的确信。无论一个人在哲学领域中可能做什么，他在日常生活中是不会怀疑在他眼前存在的事实的。对于真诚的信仰者，费尔巴哈认为，上帝的存在不是被推断出来的。它是在这个世界中被感知的。费尔巴哈希望出现的外貌是，每一个事物不是充满神的光辉，而只有单纯的物质世界。他希望上帝不存在就像一个人眼前的事物一样明明白白。

3. 费尔巴哈坚持的立足点是，非信仰者不仅仅要保持特别的确信，而且要生活在一种特别的生活中。

费尔巴哈认为需要超越与感性事物的关系问题，这种关系包含一种信念——物质世界是一个只适合于我们较低级的本质的领域，一个仅仅对以后的纯粹的精神存在做试验和准备的领域。他似乎是要求我们明白无误地去感觉我们作为实体的人的基本本质、我们的具体体现。我们作为物质存在，在一个纯粹物质的世界中应该有"在家"的感觉。

把自己单纯视为物质世界中的一个物质，看来可能是一种深刻的醒悟（韦伯可能会这样说）。费尔巴哈则认为它具有启发作用，因为在一个人可以看到的事物中有其他人存在，而且在意识上，他们对这个人来说会有一定的共鸣。一个人可以与人类相等同，而且使作为人的类生活场所的物质世界成为他的取向。

费尔巴哈认为，信仰不需要证明，人性宗教应该也不需要证明。基督徒在物质世界中看到上帝的存在。费尔巴哈的人本主义者也会感知到一些具有重大意义和价值的事物，亦即人。而且物质世界作为我们（也就是，我们人）生活的地方，由于这一原因，也会被当作——会（在意识上）被感知为——具有意义和价值。在某种意义上说，这个世界仍然是引人入胜的。

4. 费尔巴哈提出了一个对基督教的解释。但他凭什么认为他的读者将接受它呢？他的目的是推动一个转变。但他为什么相信他的读者必将会被转变呢？

费尔巴哈的回答是，他的读者实际上已经明显地接受了他的解释，已经几乎完全被转变了。他认为，他告诉他们的，仅仅是他们已经相信却没有胆量去承认的东西。费尔巴哈在试图促使人们认识到这一事实。

这样，费尔巴哈不担心（事实上似乎是忘记了）在他的观点中可能存在的自然发生的谬误——如果存在一个足够的信仰基础（令人信服的论据，丰富的宗教经历），那么对信仰的心理冲动就是没有意义的。因为他不是在试图去说服没有被说服的人，而是向能动者揭示他们半压抑的和反宗教的信仰。原则上，人们能感受到费尔巴哈所指出的心理冲动，并且在这种情况下仍然可以是一个基督徒。实际上，他坚信人们不会那样。

5. 因此，对费尔巴哈来讲，基督教并不是这一时代仅有的精神疾病。哲学，在某种意义上同样也是成问题的。所以，在 1843 年他出版了《关于哲学改造的临时提纲》和《未来哲学原理》，进行这些哲学分析的目的，就是要同对基督教的分析做类比。

这些著作不是严肃的学术论文。实际上，它们读起来更像是宣言。其中很少争辩，重要的论点也是草率做出的。人们会认为费尔巴哈在从事一般的学术格斗，竭力推出一种哲学立场而反对另外一种，但是做得相当不尽如人意。我不这样解读费尔巴哈。撇开宽容的原则不谈——作为学术著作，《关于哲学改造的临时提纲》和《未来哲学原理》写得很差——不这样做有三个理由。

第一，费尔巴哈坚持认为，哲学的分析方法与基督教的分析方法是相同的。第二，我不为费尔巴哈分析的尖锐性辩护，但他在哲学上并非无知。第三，费尔巴哈曾经明确地告诫他的读者，不要仅限于寻章摘句。他提出："真正的哲学不是创作书而是创作人。"

根据最后一点，我们也要考虑费尔巴哈关于哲学研究主题的叙述。对费尔巴哈来讲，存在物是什么，仅仅是物质世界中的物质存在：存在物是什么，就是能够被直接地和在表面上看到的、能够被感觉所记录的存在物。不同的是，黑格尔用了大量的篇幅来解释存在物是什么。

当然，如果正确地理解费尔巴哈的观点，那么，他的观点是真正深刻的。而重要的是，他正确地坚持用它抓住存在物是什么的问题，"存在于其真实性和总体性中的真实"，包含一些超过单纯智力的事物：一个人必须是一定类型的人，换句话说，是"一个真实的和完整的存在"。

我不否认费尔巴哈有其自己的"哲学"。《关于哲学改造的临时提纲》和《未来哲学原理》两部著作的标题本身就明确体现出是这样的。但是这里的哲学类型与一般的不同。就哲学类型而言，费尔巴哈的《关于哲学改造的临时提纲》和《未来哲学原理》与洛克和休谟之间存在着差别，就像与黑格尔的《逻辑学》或《精神现象学》之间存在着差别一样。

6. 所以，《关于哲学改造的临时提纲》和《未来哲学原理》与为维护一个哲学立场而不顾一切地反对另一个立场的做法是不同的。

下面我们探讨外部世界的存在问题。费尔巴哈根据感觉是哲学的官能的观点，引申出更多的东西。最直接的是，他将感觉看作自然科学的工具，通过这一工具我们了解了物质世界的真实状况。同时费尔巴哈还引申出更多的思想，特别是他还指出，感觉的表达是可信的。如果是这样，那么外部世界就是存在的。

实际上，费尔巴哈已经消除了外部世界是否存在的问题，或者至少已经把它作为一个需要用抽象理论来回答的抽象问题加以消除。他所反对的是，将与世界中的实际行动相分离的抽象理论著作看作掌握关于各种重要事物（例如存在的性质）的真理的途径。

费尔巴哈确实认为存在深刻的真理。我理解的费尔巴哈的观点是，作为一个"唯物主义者"，与其说是接受一种理论主张，不如说是考虑一个人如何与世界相联系。如果一个人与感性事物有正确的联系，这个人就将是一个实践中的唯物主义者，并且认识到他自己的实践唯物主义就是"解决"哲学问题。

按照费尔巴哈的观点，现代哲学家说抽象思维是通向真理的途径，正如现代基督教所说的基督教教义是通向真理的途径一样。费尔巴哈认为，在实践中，在日常的实际生活中，能动者既没有将宗教教义也没有将哲学抽象作为他们的行动指南。感觉是哲学的官能——在这里"看见也即思考"，能动者不是在将感觉的表达当作理论主张真实性的凭证这个意义上，而是在下述的意义上：如果能动者将他们在物质世界中的实际生活（通过感觉而过的生活）当作他们真正和基本的生活，那么例如存在的本质这样的哲学问题，就会用感觉的表达来进行明确和彻底的回答，从而预先阻断了进一步的思考。如果是这样，通向哲学抽象的航班就永远不会起飞。

二

1.《基督教的本质》出版于 1841 年。它立即形成了一种冲击。在这一部分和下一部分中，我将探讨 1844 年马克思关于人的好生活的观点（其中隐含着他对资本主义的批判，因为资本主义是和这种生活不能相容的），探讨他对可以用来论证这一观点的手段的费尔巴哈式解释，以及通过这些手段来论证这一观点的问题。

2. 马克思的观点中包含许多成分，我的叙述不能不有所选择。我将集中讨论以下几个论点：

（1）人的好生活主要包括从事一定种类的活动，即改造物质世界以体现一个人的个性，并在不断提高的物质水平上维持自己和其他人的存在。这是我们借以实现我们的本质的中心活动，我认为这也就是 1844 年马克思所指的一个人的好生活。马克思将这种活动叫作"人的类活动"。

（2）这一活动的正确结构包括生产者和消费者之间的一种特别关系。

（3）对论点（1）和（2）的论证来自共产主义社会中能动者的实际生活。在她日常的实际生活中，这样的一个能动者能够"认识到"（1）和（2）的真实。

（4a）在资本主义社会中，能动者的实际生活不能提供充分的理由来相信论点（1）和（2）。

（4b）在资本主义社会中，能动者的实际生活不能提供充分的理由来相信论点（3）。

我比较明确地认为马克思持有（1）至（3）的论点，也存在一些文字证据证明他也持有（4a）的观点；在很大程度上，我认为马克思既承认论点（4a），也承认论点（4b）。

在这一部分，我讨论了论点（1）和（2）；在第三部分，我将涉及论点（3）、（4a）和（4b），同时也将研究马克思对哲学的拒绝。我将以这样一种思想作为结论，即归根结底马克思并没有足够的理由（即使是根据他自己假设的前提）反对将哲学作为一种论证他关于好生活的观点的方法。

3. 论点（1）认为有一种特定的活动，这种活动是好生活的中心。这种特定的活动与那些通常为这一作用而被挑选出来的活动有所不同。马克思的思想是，人是与物质世界互动的最基本的生物。赋予哲学研究或宗教奉献以特权，就是对这一点的否定。而赋予政治权威的行使特权，就是给予对其他人群进行控制之权。1844 年马克思确实曾经关注过人类的合作，其要点是要控制某些事物，但这些事物是指物质世界。马克思赞赏人类力量之间的合作实践，通过这种合作实践人类的力量采取一种物质形式，在物质世界之中（作为改造物质世界的结果）被客体化。

马克思对改造物质世界的强调引出了一个问题。这种活动是为维护一个人自己和整个人类的生存而改造物质世界，还是一个人在生存获得保障以后所从事的改造活动？

保证生存的劳动是必要劳动，必要劳动有两个相关的含义。第一，它是一个人必须去从事的劳动。第二，这种劳动的内容是受限制的：一个人必须生产食品、衣服和房屋。一个人可以从克服自然需要中获得一种特殊的满足。

那么哪种活动是好生活的中心呢？什么是人的类活动呢？

1844 年马克思的文章指出了两个方面。一方面，他驳斥了早先的学者，而且马克思还宣称，工业的历史和工业的已经产生的对象性的产业存在，是一本打开了的关于人的本质力量的书，而且在通常的、物质的工业中包括了人的本质力量。这种评论看起来像是对必要劳动作为人的类活动的认可。另一方面，当他提出动物只是在直接的肉体需要的支配下生产，而人甚至不受肉体需要的支配也进行生产，并且只有不受这种需要的支配时才进行真正的生产时，马克思看起来也认可了非必要劳动。

为什么总的来说应该认为，马克思在 1844 年的文章中是倾向于将必要劳动当作好生活的中心活动，我觉得有两个理由。

第一，马克思坚持认为他的解释与传统的解释不同，而传统的解释是赞同必要劳动不属于好生活的范围的。第二，1844 年马克思的许多著作中都包含了对资本主义社会中劳动的批判。这一批判针对的是工人必须干活以挣得工资的劳动，而这种劳动明显是进行基本消费品的生产，是对人类生存所必需的劳动。

4. 论点（2）的意思是，人类的好生活不仅要求一个人要从事某种特殊类型的活动，而且在从事某种活动的过程中，这个人与其他人的关系具有一种特殊性质。按照马克思的观点，好生活的中心活动是改造物质世界，改造自然，生产物质产品。然而人类的绝大多数已经一直在从事这种活动了，而马克思并不认为这种活动总能导致好生活。

所要求的关系包括两个方面，一个是客观的，一个是主观的。客观方面又包含两个部分。能动者在改造物质世界时，也就是说，在生产商品时，必须彼此合作。马克思在其 1844 年的著作中抨击了分工（在后来的著作中更尖锐），但马克思肯定地认为，共产主义将改变分工，使得没有人再被判定去过那种令人窒息的、不断重复的劳苦生活。

那么，适当的人类关系的第一个客观要求是，能动者联合起来生产产品。第二个客观要求是，能动者是在互相为别人生产，即他们不是仅仅为他们自己的使用而生产。能动者 A 要（与其他人联合起来）生产某种能动者 B 要使用的产品，能动者 B 也要（与其他人联合起来）生产某种能动者 C 要使用的产品。在共产主义条件下，产品将不以利润为目标来进行贸易，但是产品将通过某种途径最终由能动者来消费，而不是由产品的初始生产者来消费。

这两个客观要求是通过产业资本主义而得到真正的满足的。然而主观方面的要求并没有得到满足。更具体地说，主观要求包括如下内容：

a. 一般能动者，包括生产者和消费者，相信改造物质世界是人类实现他们本质的途径，即人的类活动。

b. 在生产中，一般生产者把生产将被其他人使用来提高他们（消费者）自己的要求的产品当作中心目标；生产者在为别人生产，而不仅仅是挣工资。

c. 一般生产者相信，消费者相信改造物质世界是人实现他们本质的途径，即人的类活动，也就是说，生产者相信（a）由消费者来满足。

d. 一般消费者相信，（b）得到了满足。

e. 一般生产者相信，（d）得到了满足。

这些要求等于是认为，一个能动者实现其本质的条件，不仅仅是她要从事人的类活动，对人的类活动有正确的信任，而且她要（正确地）相信其他人也认可并重视她对这种活动的参与，她需要其他人对她的活动（被描述为"人的类活动"）的认可和重视。这样，只有当能动者 B、C 等对人的类活动以及能动者 A 作为生产者的活动有一定的信任，而且 A 相信他们都有这种信任时，能动者 A 才能够实现她的本质。

应该注意到，对于其他人来说，仅仅相信一个人从事生产对其他人确实有用的物品是不够的。资本主义能够满足这一条件：当 A 早晨去工厂时，其他能动者相信她将生产其他人将会使用的物品。然而，此外能动者还必须相信：（i）这种生产活动是人的类活动，而且（ii）A 的生产活动的中心目标是生产为其他人使用的某些物品。实际上，如果她将她自己的活动看作被认可和被重视的，那么，A 就必须相信，必须假设，对于她个人来讲，要求（a）和（b）已得到满足，即要（a）一般地已由消费者加以满足，而且她必须相信消费者一般相信（b）已得到满足（也就是说，她必须相信（d）已得到满足）。

这样，对一般生产者来说，如果要使他们的活动被认为是被认可的和被重视的，那么，不仅仅（a）和（b）必须得到满足，而且生产者必须相信（a）由消费者加以满足（因而（c）必须得到满足）；还有，消费者必须相信（b）已得到满足（因而（d）必须得到满足）；而且生产者必须相信（d）已得到满足（因而（e）必须得到满足）。在第三部分中，我指出，根据马克思的解释，在资本主义条件下的能动者多半不可能对满足这些要求持有必要的信任和目标。

然而在共产主义条件下，以上所列的主观的和客观的要求都会得到满足。在这里我想集中讨论"证实"的关系（关于"补充"的关系的一些意见，见第三部分第 2 点）。请注意下面的内容：第一，这里的证实看起来像是一种最终的证明或认可：可以说它完成了一种特别的活动，认可它已经取得完美的成果。第二，这里的证实是不可比的。第三，这种证实只能是观念上的。第四，在其他人的"爱"中被证实的理念，可能不包括个人喜爱的感情。

最后，对好生活的解释还存在相反的观点，那就是个人主义者的解释，他们的根据是，能动者在原则上可以靠自己过上好生活。1844年马克思的观点则不是这样。马克思认为，能动者需要其他人，她为其他人生产，在其他人身上她可以看到证实她作为生产者的本质。从概念上讲，能动者是不能独自过上好生活的。

三

1. 1844 年马克思的观点是，好生活就在于从事一定种类的活动，即改造物质世界（论点（1）），同时还要与其他人形成一定种类的关系（论点（2））。马克思的这种观点是需要论证的。

马克思认为，正确的论证产生于共产主义社会的实际生活中。在这里，他是纯粹的费尔巴哈主义者。马克思与费尔巴哈持相同的观点，即对人类本质以及人类好生活内容的观点的正确论证产生于实践，即通过过一定种类的生活。在共产主义社会中，一个人实际上将被改造，过一种不同的生活，而在这种不同的生活中，论点（1）和（2）的真实性将是"可以通过感觉直观的"，是不证自明的（正如费尔巴哈认为上帝的不存在也是不证自明的一样）。马克思就是以此作为对论点（1）和（2）的正确论证的。这也就是论点（3）的内容（见第二部分第 2 点）。

　　2. 马克思对论点（1）和（2）所期望的论证来自共产主义，但是，如果马克思能够以此时此地的条件来论证他的观点，那无疑就更好了。马克思所期望论证的来自能动者的实际生活，所以，从此时此地的情况出发的论证尝试，看起来可能适合于我们此时此地的现实生活，适合于资本主义条件下能动者的现实生活。

　　遗憾的是，对于马克思来讲，此时此地的实际状况可能与他的观点相左。对于大多数人来讲，拥有好生活首先应该拥有闲暇时间。大多数人会反对论点（1）（从而使论点（2）也成了问题）。

　　现在我们来讨论论点（1），即必要劳动是好生活的中心活动这个观点。在资本主义条件下，能动者的经历与这个观点是大相径庭的。所以能动者的实际生活状况使他们有充分的理由反驳论点（1）。

　　我们假设一个人找到了一份收入很不错的工作，干起活来也感到愉快。假设这个人生产某种产品，他知道其他人将使用这种产品来满足他们的基本需要，还假设生产某种产品供其他人使用是他活动的中心目标。甚至我们还可以假设，这个人相信他的工作是好生活的中心组成部分。

　　这个人的经历实际上可以是对论点（1）的某种证明（虽然这在资本主义条件下非常特殊，对接受这一论点提供充分的理由）。但是这对论点（2）将起不到证据的作用。论点（2）引出了马克思的一个独特的观点。论点（2）强调的是，共产主义社会生产者和消费者关系中的结构性"友谊"，以及为了实现他们的本质而形成的共产主义的紧密的相互依存。这正是马克思的观点区别于单纯对诚实的劳苦工作进行赞美的地方。

　　首先，从生产者一端开始，生产者和消费者之间关系的适当形式要求人们相信以下内容，即消费者不仅相信一定的活动（物质生产）是好生活的中心，是人的类活动，而且还相信在生产中，生产者将生产其他人使用的产品作为中心目标。然而在资本主义社会中，用第二部分第 4 点中所列各项要求的用语来说，要求（a）和（b）是不能得到满足的；而且，一般能动者不相信条件（a）和（b）会得到满足。这样，生产者不相信（a）由消费者来满足，即（c）没有得到满足，而且消费者不相信（b）由生产者来满足，也就是说，（d）没有得到满足。再假设（看似合理的），生产者不相信（d）得到满足，所以（e）也没有得到满足。这样，对于能动者来说，所有实现他们本质的主观要求都没有得到满足。

所以，在资本主义社会中，对于任何生产者来讲，对消费者的信任持有必要的信任是荒谬的，特别是对消费者相信生产者本身的信任和目标持有必要的信任更是荒谬的。甚至我们幸运的工人这样做（即使她作为个人能够满足（a）和（b）），也是荒谬的。对于我们幸运的工人来讲，相信其他人会通过必要的途径来认可和重视她的活动，是荒谬的。所以，作为一名生产者，如果她认为，她和其他能动者（她所生产产品的潜在消费者）是处于必要关系之中，这也是荒谬的。因此，如果她认为，她的生产经历是支持马克思关于生产者和消费者之间的特别关系对好生活至关重要（论点（2））这一观点的一个证据的话，这也是荒谬的。在资本主义条件下，没有一个人的生产经历可以作为支持这个观点的证据。

在消费者一端也存在相似的问题。对于1844年的马克思来讲，实现一个人的本质的一部分，是由其他人通过他们为别人的使用而生产物品来"补充"的。马克思强调指出生产某种满足其他人的需要的东西对共产主义社会工人的重要性。然后消费者将（马克思的思想看起来是这样）把生产者看作实际上是特意帮助她达到她个人的目的和完成她个人的计划的，从而在一定意义上（也可能通过某种延伸），是帮助补充了她。

从消费者的观点来看，这里至关重要的条件是，一个人在利用物品时必须带有一定的信任，即这物品的存在既不纯属偶然，也不是看不见的手和自私相结合的产物，而是其他能动者带有一定目标的活动的结果，这种目标就是一个人（无论如何是某个人）利用这种物品来进一步深化一个人自己的（或某人的）目的。但是在资本主义条件下，人们知道（b）是不能得到满足的。这样，在资本主义条件下，一个人也不会（理性地）相信，他已经经历了所希望的生产者和消费者的关系中属于消费者的这一组成部分。

当然，某个人会赞同论点（1）和（2）。在资本主义条件下相关的概念明显是适用的，所以我认为对于证实这些论点来讲，没有概念性的障碍。但是，如果按照马克思的解释，这样做是不合理的。

3. 现在我们来探讨"感性意识"。马克思坚持认为，目前存在的感性意识并没有准确地告诉我们人的基本特点。他说，实际上，这些特点在当前是"不能理解的"，这是因为它们同"实际生活的一切明摆着的事实"相矛盾。但是在共产主义条件下，实际生活中明摆着的东西将会改变。而这样一来，一个人的感觉将成为哲学的准确的器官，它们将准确地告诉我们人类的本质是什么，而它可能包括显示论点（1）和（2）的真实性。

现在我已经注意到，一个能动者能在共产主义社会到来之前就接受马克思关于好生活的观点（虽然她在资本主义条件下的经历不能对这样做提供足够的理由）。这一点是否保证她能在现实中去"理解"马克思观点的实质呢？她能在现实中向共产主义的感性意识改变吗？

让我们从第二个问题开始。正统的马克思主义者说不可能。正统的马克思主义者所根据的是一个与 1844 年马克思的观点不同的形而上学理论。1844 年马克思关于感性意识的观点与费尔巴哈的"与敏感……事物的关系"十分相似。这代表一种普通的取向，对世界的一个基本立场。而这看起来是不容易改变的。如果要改变它，看来就要在一个人的生活方式中出现深刻的变革。

1844 年马克思的共产主义，在许多方面与资本主义之间并不存在很大差别。另外，在关于世界的许多其他信念以及技术方面都应该是十分近似的。从许多方面来看，由资本主义向共产主义的转变将比早先世界历史中的演变温和得多。所以，除了一个人将如何着手这样做的问题可能是令人费解的，我们还不清楚，此时此地为什么人们不能获得共产主义的感性意识。

现在让我们假设一个人能够获得共产主义的感性意识。这就把我们带回到了第一个问题上。马克思认为，在资本主义条件下，一个人和物质世界的关系，和自然的关系，就是仅仅把它作为可以从中提取满足需要之物的对象：人与感性事物之间的关系，实际上纯粹是操纵性的和工具性的，纯粹是利用的问题。然而在共产主义条件下，虽然能动者也将继续改造自然，来为人类提供需要之物，但她与自然的关系已有很大不同。马克思表达得相当晦涩的思想是，人对世界的利用将是一个和谐关系，而不是一个单纯的工具性的关系。所以，一个人

的共产主义的（和谐的）感性意识将与资本主义的（工具性的）感性
意识非常不同。

现在，假设能动者还处于资本主义条件下，却在某种程度上改变
了她的感性意识。那么，她的感性意识将与她所处的社会的感性意识
相矛盾。她对世界的取向将与她的同伴不同。而且，马克思强调，共
产主义的感性意识将与能动者目前实际生活的需要相矛盾。

当然，能动者仍然能够相信她已经改变的意识是正确的，虽然它
与其他人的不同，只有她的意识是正确的。费尔巴哈和马克思都认为，
其他人必须与能动者的感性意识相互证实。但是如果能动者改变了感
性意识，那么其他人就不能与它相互证实，因为他们与此不同。所以，
马克思认为，能动者没有理由认为她的改变是一个认识上的进步；相
反，她却有理由认为这不是一个进步。

在共产主义社会中，一个人会相信他的共产主义的感性意识的表
达；而在资本主义社会中，共产主义的感性意识将不是如此。

对于 1844 年的马克思来讲，在资本主义条件下，由资本主义信念
和意识向共产主义信念和意识转变的困难，不是形而上学的。一个人
相对的信念可以变化，也许一个人的感性意识同样可以变化，虽然引
起这种变化肯定是困难的。然而，在这一点和前一点中，我已经说明，
按照 1844 年的著作，这样的信念变化不能来源于 1844 年马克思所期
望的那种对论点（1）和（2）的论证，而且这样的意识变化也不能提
供这种论证。

4. 那么对于马克思自己而言，在资本主义条件下能动者的实际生
活（他们的必要劳动的经历和他们的感性意识）是不能论证他关于好
生活的观点的。根据马克思自己假定的前提，我们就会得到论点
（4a）。假设也没有充分的理由去接受论点（3），即我们的现实生活没
有给我们理由去接受一个我们现在并不具有的立场，这一立场表达的
是与当前的信念不一致的信念，而这会是认识好生活的正确途径。这
样我们也会得到论点（4b）。

对问题进行论证的困难来自马克思对费尔巴哈观点的坚持，认为
能动者的实际生活是获得真理的途径（实际上是倾向于一种广为接受
并在实际上适用的对日常生活的信念），在这方面，还包含了当前实际
生活中存在的缺点。哲学家经常撇开实际生活的内容，完全脱离开普
通人的信念对有关好生活的解释论辩（其内容就在于研究哲学）。难道

马克思不能采取类似的方法来维护论点（1）和（2）吗？

如果一个人已经持有关于好生活观点的论证标准，以及关于这一标准可以论证的事物看来合理的假设，他就能接受观点（1）和（2）。当然，这个人需要一个理由来接受这一标准，但在这里问题仍然是，哲学家就不能对此提供帮助吗？如果说能动者只能获得某种高度理想化的和当前非常稀少的甚至是不存在的立场，那么，大家知道，哲学家毕竟会通过旁征博引将能动者的只是记录的东西形成为关于好生活观点的论证标准。

马克思会拒绝任何此类来自哲学的帮助。为什么？

作为一位哲学家，黑格尔是马克思明确的批驳对象。在这方面，马克思的批判是直言不讳的。他认为，黑格尔把人的本质弄错了。他不能对好生活给出正确的解释。

不过，其他哲学家也提出过另外的解释。我们为什么认为马克思对哲学理论的排斥，正像费尔巴哈那样是可以涵盖一切的呢？

原因是马克思相信，寻求抽象理论来回答某些类型的问题，是资本主义社会生活的标志。他认为，这种问题被当作抽象问题提出，只是因为在我们的生活中，问题的答案并不是直接和清晰的，不能像它们在共产主义社会中那样。

这里的观点就是，哲学问题被当作抽象问题提出，只是因为我们目前的生活是存在问题的。马克思断言，在共产主义条件下，"主观主义和客观主义，唯灵主义和唯物主义，活动和受动……失去它们彼此间的对立，从而失去它们作为这样的对立面的存在"。这样就不需要通过抽象理论来解决这种对立了。

费尔巴哈在"人类的需要"和"哲学的需要"之间进行了区分。费尔巴哈认为，只有很少（如果有的话）的标准哲学问题涉及人类的需要。马克思的观点是，它们之所以这样，只是因为我们生活的条件被扭曲。一旦条件改变，这些问题也将不再存在。像费尔巴哈一样，马克思从未反对一种探讨某些问题的方法——后退到学习研究，而不考虑哲学在此问题中的"地位"。

在共产主义条件下，通常的哲学问题将不再不可理解。我认为1844 年马克思不相信（而且他也不需要和不应该相信），人们是不能将这些东西推断为感觉和精神之间的关系的。人们对在改造物质世界过程中感觉和精神（感性活动和精神活动）相互交织的知觉，似乎就可以称得上是一个足够的解决了。这种知觉具有某种力量，这种力量将防止这一问题出现（正像费尔巴哈所认为的那样，即如果一个人能够感觉到他对基督教的分析的力量，那么对出现奇迹的可能性的严肃认真的考虑就会被"排除"）。人们会看到，人类的需要也将无需去满足。

※　　　　※　　　　※

在结论中，我想提出的问题是，实际上马克思是否必须坚决放弃从哲学上为论点（1）和（2）辩护（暂且不谈论点（3））。也就是说，让我们假设 1844 年马克思对某些问题的哲学思考，包括关于好生活的哲学思考，是一个异化了的社会的标志这个看法是正确的。再假设这样的问题在共产主义条件下是不存在的。这是否会使马克思坚持认为，在此时此地，哲学不能为接受他的好生活的观念提供足够的理由呢？假定这种显示——能动者在共产主义社会的实际生活中的直接知觉——是使人们相信论点（1）和（2）的最佳途径，那么理性——哲学——在此时此地是否可以成为可接受的另一种选择呢？费尔巴哈想使人们直接地、彻底地确信他的观点是真实的；马克思也希望获得这样的确信。但即使哲学争辩不能保证做到这一点，对于马克思来讲，是否它肯定不仅不是最优的选择，而且实际上是错误的判断呢？

我将考察以下四个论点，它们说明为什么用哲学的方法讨论 1844 年马克思关于好生活的观点是错误的。

i. 研究哲学会使人认为（错误地认为）这种活动是好生活的中心。

ii. 哲学是抽象的思维。它不能提供很好的理由使人相信好生活的核心是一些非抽象的事物——改造物质世界。

iii. 哲学是抽象的思维。通过这样一种途径得出的与世界联系的观点必然是错误的。

iv. 当前能动者从事哲学研究这一特别活动，只是因为他们持有一个不正确的感性意识。所以，哲学研究这种活动不可能是一条切实可行的通向真理的道路。

所有这些观点都是没有说服力的。关于（i），它肯定不是普遍正确的。关于（ii），可以肯定地说，人们没有必要从一开始就假设所有这样的尝试注定会失败。关于（iii），马克思从来没有反对数学研究，但是深奥的数学研究也是远离实际生活的。现在假设，通过抽象思维可以获得关于命题 P 的真实性，那么（iii）就成为这样一种观点，即哲

学不能获得充分理由去相信马克思所说的好生活。但事实上这就是
(ii)，而正确的反应将仍然是尝试通过哲学找出充分理由去接受马克思
的观点。

关于（iv），这种观点在某些情况下有说服力。现在假设：（a）具
有错误的感性意识 S，就不可避免地从事一项活动 T；（b）从事活动
T，就导致无神论并因而导致对好生活持某种别的——某种错误的——
信念。

让我们假设——这显然不是真的，与（a）类似的情况：具有资本
主义的感性意识的能动者，不可避免地从事某项活动，不过，与（b）
类似的情况——从事这种活动不可避免地导致对好生活持错误的信
念——只适用于如果这种形式的抽象思维确实不可避免地导致这样一
种错误的信念。在这里，正确的反应将仍然是尝试通过哲学找出充分
理由去接受马克思的观点。

因此，尽管哲学被认为并不是理想的论证方法，但是事实表明它
不应从本质上受到怀疑。而由于此时此地还不存在更理想的方法，
1844 年马克思似乎有理由尝试通过哲学来论证他关于好生活的观点。

第二编　理论筹划

第5章　关于共产主义的理念 *

[法] 阿兰·巴迪欧 著　王逢振 译

今天我想说明一种概念如何发生作用，我把它称作"共产主义理念"（the Idea of Communism），由于多种原因，我希望具有说服力。毫无疑问，这种建构最复杂的部分也是最一般的部分，是它包括对理念是什么的解释，而不仅仅是对政治的真理的尊重（就此而言，理念是柏拉图那种"理想"的现代版本，确切地说，是"善的理念"）。为了更清晰地说明共产主义理念，我基本上暂不明确论述这种一般性。[1]

"共产主义理念"要发生作用必须有三个基本的因素——政治的、历史的和主体的。

首先是政治因素。这关系到我所说的真理，政治的真理。关于我对中国文化革命的分析（政治的真理，如果曾经有过的话），英国一家报纸的评论家说——只注意我对中国历史这一插曲肯定的解释——"很容易感到通常英国经验主义中的某种傲慢，它向我们［《观察家》的读者］灌输反对纯粹抽象暴政的思想"[2]。他所谓的傲慢的基本依据是，今天世界的主要规则是"没有任何理念的生活"。因此，为了令他满意，我一开始会说，毕竟政治的真理可以用纯经验的方式来说明：它是一种具体的特定时间的顺序，其中出现了一种新的集体解放的思想和实践，形成存在并最终消失。[3] 可以举一些这样的例子：从1792年到1794年的法国革命；从1927年到1949年的中国人民解放战争；

---

* 原载：马克思主义与现实，2016（6）：170-176。文献来源：A. Pendakis etc., ed. *Contemporary Marxist Theory*：*A Reader*. Bloomsbury Academic，2014。

从 1902 年到 1917 年的俄国布尔什维克运动；从 1965 年到 1968 年的中国"文化大革命"。① 说过这些之后，我这里是从形式或哲学方面谈真理的过程，自《存在与事件》以来，我一直在这种意义上使用这一术语。我很快会再回到这个问题。但当下我们应该注意的是，每一个真理的过程都规定一个真理的主体，这种主体——即使在经验上——也不能被归纳为个体。

现在谈历史因素。正如政治顺序的时间框架所清晰表明的，真理的过程刻写在整个人性的生成之中，采取由空间、时间和人类学支撑的地方形式。"法国人"或"中国人"这样的名称是这种地方化经验的标志。它们清楚地表明，为什么拉扎鲁斯谈论"政治的历史模式"而不只是谈论"模式"。事实上，真理也有一个历史维度，虽然真理终归是普遍性的（按照我在《伦理学》或《圣保罗：普世主义的基础》中所用这个术语的意思）或永恒的（如我在《世界的逻辑》或《第二次哲学宣言》中所用的那样）。具体而言，我们将会看到，在特定真理（政治的，但也是爱情的、艺术的或科学的）内部，其承载的历史包括各不相同的真理的相互作用，因此处于整个人类时间的不同节点。具体讲，一种真理对在它之前创建的真理产生反作用。所有这一切需要真理具有跨越时间的可能性。

最后是主体因素。这里的问题是，作为纯粹的人类动物，明显不同于其他主体的个体，如何能够决定[4] 变成一种政治真理过程的组成部分。一句话，如何变成这种真理的斗士。在《世界的逻辑》中，并以一种更简单的方式在《第二次哲学宣言》中，我把这种决定说成一种融合：个人的身体，以及它在思想、情感和潜能方面发生作用所必需的一切，诸如此类都变成另一个身体，即真理的身体的因素，亦即在一个特定世界里真理形成过程中的物质存在。正是在这个时刻，他或她才可以超越个体主义（或动物性——它们是一回事）确立的范围（自私、竞争、限定……）。就他或她可以这样做的情形看，虽然他们仍然保持原来的样子，但通过融合却可能变成一个新的主体的活跃部分。我把这种决定、这种意愿称作主观化。[5] 我把"理念"称作这三种基本因素的抽象的总体化：真理的过程、历史的归属和个人的主观化。这里可以立刻对理念给以正式界定：理念是对真理过程与历史再

① 上述事件的时间范围与我国通行说法有出入，原文如此。

现之间的相互作用的主观化。

就这里与我们相关的情形而言，我们会说，理念是一种可能的理解，即个体可能认为他或她对单一政治进程的参与（他或她成为一种真理的身体）在某种程度上也是一种历史的决定。由于这种理念，作为新主体的一个因素的个人认识到他或她属于历史的运动。大约有两个世纪（从巴贝夫的"平等社区"到 20 世纪 80 年代），"共产主义"这个词在解放或革命的政治领域是个最重要的理念名词。一个共产主义者无疑是一个特定国家的共产党的战士。但是，一个共产党的战士也是一切人类历史发展中千百万个代理人之一。在共产主义理念的语境里，主观化把政治进程的地方归属和人类走向集体解放的庞大的象征领域联系在一起。在市场上散发广告同样等于登上了历史舞台。

因此，十分明显，"共产主义"不可能完全是一个政治名词。因为对于它支持其主观化的个人，它有效地把政治进程与它本身不同的东西联系了起来。它也不可能完全是一个历史名词。这是因为，在缺少实际政治进程的情况下（我们将会看到，政治进程包含一种不可或缺的偶然因素），历史只不过是一种空洞的象征。最后，它也不可能完全是一个主观或意识形态名词。因为主观化在政治和历史之间、在单一性和把这种单一性变成一个象征整体之间进行运作，而没有这种象征形式的物质性，它不可能取得决定性的地位。"共产主义"一词具有一种理念的地位，其意思是，一旦融合发生，此后在政治主观化的内部，这个术语就表示政治、历史和意识形态的综合。这就是为什么最好把它理解为一种运作而不是一个概念。共产主义的理念只存在于个体和政治进程的边界，作为那种依据对政治的历史投射进行主观化的元素。共产主义的理念使个体变成政治的主体，同时又构成他或她对历史的投射。

如果只是为了走向我的朋友斯拉沃热·齐泽克[6] 的那种哲学境域，我想把一般理念和特定的共产主义理念的运作，以拉康的三种主体秩序——真实的、想象的和象征的——进行形式化的阐发，也许有助于说明问题。首先，我们假定真理的过程本身是真实的，理念以这种真实为基础。其次，我们允许历史只是以象征的方式存在。实际上，它不可能出现。为了出现，属于某个世界就成为历史必需的前提。不过，作为被断言是人类发展过程的总体性，历史没有任何能够确定它所属的实际存在的世界。历史是一种根据事实构成的叙事。最后，我们承认主体化只能是想象的，它把真实投射到某种历史的象征之中，这主要是因为没有任何真实本身可以被象征化。在一个给定的世界里，真实是存在的，处于非常具体的条件之下，对此我在后面会返回来论述。但是，正如拉康一再申明的，真实可能被象征化。因此真理过程的真实性不可能"真正"被投射到叙事象征的历史之中。它只能以想象的方式这样做，但这并不是说——远远不是——这样做没有用途，也不是否定的和无效的。相反，它处于理念的运作之中，个人从中找到了"作为一个主体"[7] 的构成能力。因此我们会做出下面的断言：理念在虚构的结构里揭示出真理。就共产主义理念的具体情况而言，当它阐发的真理是一种解放的政治后果时，它会发生作用，因此我们要求"共产主义"在历史的象征秩序里揭示这种后果。换言之，共产主义理念是想象的运作，据此个人的主体化把政治真实性的片段投射到历史的象征叙事之中。正是在这种意义上，人们可以正当地说这种理念是（如像可能预期的那样！）意识形态的。

当前，至关重要的是要明白"共产主义者"不再是表明一种政治的形容词。整整一个世纪的规模和力量具有史诗性质的经验，都需要用来理解这种真实和理念之间的短路所产生的某些短语，因为这些短语都被误解了，例如"共产党"或"共产主义国家"——"社会主义国家"这一短语试图绕过去的一种矛盾修辞。马克思主义始于黑格尔的长期影响，在这种短路中十分明显。事实上，在黑格尔看来，对政治的历史揭示并非一种想象性的主体化，而是真实性本身。这是因为，按照他对辩证的构想，辩证的关键原则是："真实是它自己的变化过程"，或者——与此相似——"时间是概念在那里的存在"。结果，遵循黑格尔的哲学遗产，我们有理由认为，在"共产主义"的名义下，对革命政治后果的历史书写，或对集体解放迥异的片段的历史书写，揭示了它们的真理：根据历史的意义向前发展。这种潜在的真理对其历史意义的屈服，必然使我们可以以共产主义政治、共产主义政党和共产主义战士的"真理"讲话。但显而易见的是，今天我们需要避免任何这样的说明。为了对抗这种做法，我多次不得不坚持历史并不存在，以便与我的真理概念保持一致，并坚持说它们没有意义，尤其没有历史的意义。但我必须澄清这种看法。当然，不存在任何历史的真实性，因此这种看法是正确的，超验地正确，它不可能存在。世界之间的不连续性是现象的规律，因此也是存在的规律。然而，在有组织的政治行动的实际条件下，真正存在的是共产主义的理念，它是一种与知识分子主体化相联系的运作，并在个体层面上把真实的、象征的和意识形态的结合在一起。我们必须回到这种理念，使它脱离任何表语的用途。我们必须拯救这种理念，但也必须使真实摆脱任何与它的直接融合。只有最终被奇怪地标明为共产主义的那种政治后果，才能通过共产主义的理念恢复为个人主体变化的潜力。

因此，我们必须以真理开始，以政治的真实性开始，以便根据其运作的三重性来说明理念：政治的真实性，历史的象征性，意识形态的想象性。

让我先以非常抽象的、简单的形式提出几个我常用的概念。

我把一个"事件"称为正常的身体和语言秩序的突然中断，例如它对任何特定境遇的存在（参照《存在与事件》或《哲学宣言》），或它在任何特定世界里的出现（参照《世界的逻辑》或《第二次哲学宣言》）。这里值得注意的是，事件不是境遇所隐含的可能性的实现，它也不依赖世界的超验的规律。事件是新的可能性的创造。它不仅处于客观可能性的层面，而且处于可能的可能性的层面。对此另一种说法是：对于某种境遇或某个世界，从这种境遇的虚构性或这个世界的合法性的有限的观点看，事件为本不可能实现的可能性铺平道路。如果我们这里记着拉康所说的真实等于不可能，那么事件固有的真实方面立刻会显现出来。我们也可以说，事件是真实作为其未来可能性的显现。

我把一个"国家"或"境遇的状态"称作强制的体系，它限制多种可能的可能性。由于相同的原因，我们会说，在一个特定的境遇里，根据对可能事物的正式规定来看，国家规定那种境遇特有的不可能性。国家永远是对可能性的限制，而事件是无限的。例如，关于政治可能性，今天的国家包括什么呢？是的，包括资本主义经济、宪制政府、关于财产和继承的法律（在司法意义上）、军队、警察……通过所有这些体系、所有这些机制，当然也包括阿尔都塞所说的那些"意识形态国家机器"——这些可以通过它们的一个共同目的（即防止共产主义理念表明某种可能性）加以限定——我们可以看到，国家如何经常以强制的方式组织和保持可能与不可能之间的区分。很明显，由此可以得出这样的结论：事件只能在国家力量减少的程度上发生。

我把"真理过程"或"真理"称为一种在特定境遇（或世界）里

正在对事件后果进行组织的活动。人们立刻会注意到，一种基本的偶然性，事件起因的偶然性，参与到真理之中。我把"事实"称为国家存在的后果。人们会注意到，内在的需要总是在国家一边。因此非常明显的是，真理不可能完全由事实构成。真理中的非事实因素是其导向的作用，这种情况被称作主观性。我们还会说，真理的物质"身体"，就其受主观导向而言，是一种特殊的"身体"。如果大胆使用一个宗教的隐喻，我会说，真理的身体由于涉及在其自身内部不可能归纳为事实，所以它可以被称作光荣的身体。关于这个身体，由于它属于政治里新的集体主体，属于由大量个体构成的一种组织，我们会说它分享政治真理的创造。就世界上的国家而言，我们会谈到历史的事实。由历史事实构成的历史本身，决不会从国家的权力中被削减。历史既不是主观的也不是光荣的。应该说，历史是国家的历史。[8]

于是，我们现在可以回到我们的主题：共产主义理念。对个人而言，如果一种理念是主观的运作，由此一种具体真实的真理以想象的方式被投射到象征的历史运动之中，那么我们可以说一种理念呈现的真理就像是一种事实。换句话说，理念以真理的真实性的象征呈现某些事实。这就是共产主义理念如何使革命的政治及其政党刻写在具有历史意义的再现之中，而它的必然结果则是共产主义。或者，它如何变得能够谈论"社会主义的祖国"，即等于通过扩大权力把对可能性——明显脆弱——的创造象征化。理念是在真实与象征之间进行调解的运作，它总是为个体呈现某种处于事件与事实之间的东西。这就是关于共产主义理念的真正地位无休止的争论为什么不可能解决的原因。按照康德对"理念"一词的用法，是否规定性的理念没有实际的效果，但能够为我们的理解设定适当的目标？或者，是否它是一个必须通过新的后革命的国家对世界的行动在时间中实现的日程？是否它是一个乌托邦，一个也许极其危险甚至是罪恶的乌托邦？或者，它是历史上理性的名称？这类争论永远不会结束，其明显的原因是，对理念的主观运作并非那么简单，而是非常复杂的。它包含作为其实质条件的解放政治的后果，但它预设一系列适合象征化的历史事实的安排。它不要求事件以及它组织的政治后果可以被归结为事实，因为这等于使真理的过程服从于国家的法律。但它也不要求事实不适合任何历史书写记录真理的明显特征（这句话的修辞是拉康式的文字游戏）。在真理形成过程中，理念是对一切难以捉摸的、不稳定的、短暂的事物的历史定位。但如果它承认这种偶然的、难以捉摸的、不稳定的、短暂的维度，那么它只能如此。这就是为什么共产主义理念有责任回答"正确的理念来自哪里？"的问题，按照毛泽东的做法，"正确的理念"（指在某个境遇里构成真理的道路）来自实践。很明显，"实践"应该被理解为真实性的唯物主义名字。因此可以恰当地说，象征历史上正确（政治）理念的"真正"形成过程的理念，即共产主义理念，归根到底来自实践的理念（来自真实的经验），然而又不能归纳为实践。这是因为，它不是关于存在的方案，而是对发生作用的真理的揭示。

　　所有前面的叙述表明并在一定程度上确证，为什么最终可能走向极端，揭示解放政治的真理被它们的对立面遮蔽，就是说，被国家遮蔽。既然它是真理过程和历史事实之间的一个（想象的）意识形态的关系问题，为什么对于把这种关系推向它的极限犹豫不决？为什么不说它是事件和国家之间的一个关系问题？《国家与革命》是列宁最著名著作的标题。在这本著作里，国家与事件确实至关重要。然而，在这一点上，列宁遵循马克思，而谨慎地说，革命成功之后，国家将不得不成为逐渐消失的国家，成为过渡到无国家的组织者。因此我们这样说：共产主义理念可以把一种真正的政治，在削减国家权力的情况下，投射到"另一个国家"的修辞之中，条件是权力的削减在于这种主观化的运作之内，表明"另一个国家"也被削减国家的权力，被削减它自身的权力，其实质是逐渐消亡的国家。

　　在这种语境里，必然会考虑和支持各种政治中一些专用名字的重要性。确实，它们的重要性既引人注目又自相矛盾。一方面，解放的政治其实本质是无名大众的政治；它是没有名字的那些人的胜利[9]，是那些国家极不重视的人的胜利。另一方面，它一直通过专用名字加以区分，这些名字在历史上限定它、再现它，而且比对其他类型的政治更有力量。为什么有这么一长串专用名字？为什么有这种光荣的革命英雄的殿堂？为什么有斯巴达克、托马斯、罗伯斯庇尔、杜桑·卢韦杜尔、布朗基、马克思、列宁、罗莎·卢森堡、毛泽东、切·格瓦拉，以及其他许多名字呢？其原因是，所有这些名字——在个体的掩饰下，在完全是单一性的身体和思想的掩饰下——历史地象征着一个时期珍贵的、作为真理的政治后果的作用网。真理躯体的难以捉摸的形式主义，在这里很容易读作经验主义的存在。在这些名字里，普通的个人发现了光辉的、与众不同的个人，觉得他们是对他或她自己个体性的调解，可以证明他或她能够扩展个体性的局限。无名的千百万勇士、反叛者、战斗者的行动，虽然本身无法再现，但却被联合起来，在专用名字简单有力的象征里被看作一个整体。因此，专用名字包含在理念的运作当中，我前面刚刚提到的那些名字，都是共产主义理念在其不同阶段的构成因素。所以我们可以毫不犹豫地说，赫鲁晓夫对"个人崇拜"的谴责，确切地说是针对斯大林的，是使人误入歧途的做法，在民主的幌子下，它预示了共产主义理念的衰落，我们在后来几十年也看到了这点。事实上，赫鲁晓夫是在维护曾经领导斯大林主义国家的那个群体，因此关于这个问题并没有触及任何要害，当谈到斯大林时期实施的恐怖时，他只是对专用名字在政治主观化中的作用进行了抽象的批判。结果他自己为后来十年出现的反革命人文主义的"新哲学家"铺平了道路，由此提供了一个非常值得珍惜的教训：即使反思的政治行动可能需要清除某个特定专用名字的象征作用，这种作用本身也不可能被完全取消。因为理念——特别是共产主义理念，因为它直接关系到人民的大多数——需要这种限定的专用名字。

让我们尽可能简单地做个概括。真理是政治的真实性。历史是个象征的地方，即使作为保留专用名字的所在也是如此。共产主义理念的意识形态运作，是把政治的真实性以想象的方式投射到象征性的历史虚构之中，包括在它的掩饰下通过一个专用名字对无数大众的行动的再现。这种理念的作用就是要支持个人融入真理过程的训练，使个人有权以他或她自己的眼光，超越只是残存的国家主义的限制，从而变成真理身体的组成部分，或者可以进行主观化的身体。

现在我们要问：为什么必须诉诸这种模糊的运作？为什么事件及其后果也不得不在事实的掩饰下——常常是粗暴的——伴随着不同的"个人崇拜"被揭示出来？对解放政治的这种历史挪用的原因是什么？

最简单的原因是：普通的历史，个人生活的历史，被限制在国家的范围之内。一个生命的历史，既不能决定也不能选择，本身是国家历史的一个部分，其传统的参与方式是家庭、工作、故乡、财产、宗教、习俗，等等。对不同于上面所有这些的那种英勇但属于个人的特殊规划——作为真理的过程——其目的也在于与每个人分享；它不仅想表明自身是个例外，而且还表明此后每个人都可能实现这种特殊规划。这是理念的作用之一：把例外投射到普通个人的生活之中，填充只以一定程度的特殊性存在的东西；说服自己周围最近的人——丈夫或妻子，邻居或朋友，以及同事——相信，真理在形成过程中这种奇异的例外也是存在的，我们不是注定要生活在受国家限制的规划之中。当然，归根结底，只有真理过程中原始的或战斗的经验，才会迫使这个人或那个人进入真理的身体。但是，使他或她到达这种存在的地方就是要发现理念的介入——使他或她成为真理之重要事物的观察者，因此也是部分的参与者——共享理念，这几乎总是需要的。共产主义理念（无论它被赋予什么其他名字都无关紧要：没有理念可以由它的名字限定）能够以不成熟的国家语言谈论真理的过程，因此根据各种力量的情况，国家规定一个时期内什么可以改变或不可以改变。这样看，最平常的行动就是使人参加一个真正的政治集会，远离他们的家，远离他们事先确定的、存在的参照系，例如在一家来自马里的工人的旅店里，或者在一家工厂门口。一旦他们来到政治活动发生的地方，他们就会决定是参加进去还是撤退。但为了使他们去到那个地方，理念——有两个世纪，或许自柏拉图以降，一直是共产主义理念——一定已经改变了他们在再现、历史和国家中的秩序。象征必然以想象的方式支持从真实的创造性逃避。寓言的事实必然使真理的脆弱性意识形态化和历史化。在光线昏暗的房间里，四个工人和一个学生所进行的平常而重要的讨论，必然被暂时扩大到共产主义的某些方面，于是它既是本来的样子，又是即将成为的样子，亦即局部真理构成的某个时刻。通过象征的扩展，一定可以看到"正确的理念"来自这种实际上看不见的实践。这一在偏僻郊区的五人集会，在对其危险的真正表达中一定是永恒的。所以真实必须在虚构里加以揭示。

第二个原因是，每一个事件都是令人惊讶的。假如不是这样，那就意味着它是可以预见的一个事实，因此会被写进国家的历史，而这是相互矛盾的。这个问题可以用下面的方式表示：我们怎么能使自己为这种惊讶做好准备？这一次问题确实存在，即使我们当前已经是过去事件造就的斗士，即使我们被纳入某个真理的身体。承认了这点，我们就是在调配新的可能性。但是，即将发生的事件会把当下仍然不可能的东西——甚至我们也觉得不可能——变成某种可能。为了能够预见——至少在意识形态上或思想上——新的可能性的创造，我们必须拥有一种理念。理念当然包含新的可能性，我们作为它的战士的真理过程已经表明了这种可能性，它们是真正的可能性，但理念也包含其他可能性的形式的可能性，我们尚未对此有什么怀疑。理念总是断言新的真理可能历史地出现。既然强使不可能成为可能是通过削减国家的权力实现的，那么可以说，理念会断言这种削减过程是无限的。形式上总有可能的是，国家在可能与不可能之间划分的界限可以再次转换，不论它以前的转换多么彻底——包括当前我们作为战士参与其中的转换。这就是为什么今天共产主义理念的内容之一是国家的逐渐消亡，虽然在任何政治行动中它一定是个明确的原则，但它也是一个永恒的任务，因为创造新的政治真理总是会改变国家主义的（因而也是历史的）事实与事件的持久后果之间的分界线。

考虑到这点，现在我将通过转向共产主义理念的当代影响来结束。[10] 按照当前对共产主义理念的评价，这个词的功能不再是描述性的形容词，如在"共产主义政党"或"共产主义政权"里那样。政党的形式，例如社会主义国家的政党，不再适合为这一理念提供真正的支持。此外，在20世纪60年代和70年代的两次重大事件中，这个问题第一次发现了否定的表达。这两次事件分别是中国的"文化大革命"和1968年法国的"五月风暴"。后来，对新的政治形式——全都属于没有政党的政治群体——也进行了试验并仍在进行试验。[11] 但总而言之，现代资产阶级所谓的民主国家形式——全球化的资本主义是它的基石——可以吹嘘在意识形态领域里再无对手。近30年来，"共产主义"一词要么被完全遗忘，要么实际上等同于罪恶的事业。这就是为什么政治主体的境遇到处都变得缺少凝聚力。没有理念，广大群众必然陷于混乱。

然而，有许多迹象表明，这一反动时期即将结束。历史的悖论是，在一定程度上，我们更接近19世纪上半叶探讨过的问题，而不是从20世纪继承下来的问题，正如在大约1840年那样，今天我们面对的是一个纯属愤世嫉俗的资本主义，可以肯定，这是一种理性的社会组织唯一可能的选择。到处隐蔽的情况是，穷人应该为他们的困境负责，非洲落后，未来属于西方世界"文明的"资产阶级，或者属于选择遵循相同道路的人，例如日本。今天，与那时的情形正好相似，甚至在富裕国家也可以找到不少极端贫穷的地区。不仅在社会阶级而且在国家之间，存在着可怕的、日益加剧的不平等状况。在第三世界的农民、失业者以及所谓发达国家的贫穷工人与"西方的"中产阶级之间，主体的政治鸿沟并未消除，他们所受的教育是一种处于憎恨边缘的冷漠。正如当前的经济危机及其独特的口号"拯救银行"清楚地证明的，政治权力比以往任何时候都更加只是资本主义的代理。革命发生了分裂，组织涣散，广大工人阶级青年成为虚无主义的绝望的牺牲品，而大多数知识分子奴性十足，缺乏独立精神。与所有这些明显相对的是，虽然像马克思和他的朋友在 1848 年发表著名的《共产党宣言》那样孤立，但我们越来越多的人在贫穷的工人大众当中正发展新型的政治进步组织，并努力以各种可能的方式支持在现实中重新出现的不同形式的共产主义理念。正如在 19 世纪初期，共产主义理念的胜利一直延伸到整个 20 世纪。最重要的是它的存在以及它被阐发的方式。首先，为共产主义假设提供一种有力的主体性存在，是我们今天要努力以自己的方式完成的任务。我坚持认为，这是一项令人激动的任务。通过把知识构成（总是全球性的和普遍性的）与真理片段（地方性的和单一性的，然而可以普遍传播）结合起来，我们可以在个人的意识里复活共产主义假设，甚至复活共产主义理念。我们可以开创这种理念存在的第三个新纪元。我们可以做，所以我们必须做！

注释

[1] 理念的主题在我的作品里是逐渐出现的。当然，20 世纪 80 年代后期它就已经出现，在《哲学宣言》里，我就设想我要做的是一种"多重性的柏拉图主义"，这就需要重新探究理念的性质。在《世界的逻辑》里，这种探索被表达为一种原则："真实的生活"是由按照理念的实际生活构想的，与当代民主的物质主义的原则相对立，后者要求我们没有任何理念地生活。在《第二次哲学宣言》里，我更仔细地探究了理念的逻辑，提出了理念过程的概念，因而也提出了作用或运作的概念，以及理念的价值。我通过从多方面赞同柏拉图的作用支撑自己的观点。例如，近两年我的研讨课的标题就是《为了今天，柏拉图！》；我的电影计划是《柏拉图的一生》；我的全译本《共和国》——重新定名为《公共主义》，分为 9 章，即将出版。

[2] Rafael Behr. A Denunciation of the "Rat Man". *Observer*, 1 March 2009.

[3] 拉扎鲁斯（Sylvain Lazarus）的著作 *Anthropologie du nom* (Seuil, 1996)，对这种政治做了有力的论述。他把这些后果称为"政治的历史模式"，它们由政治和思想之间特定类型的关系限定。我对真理过程的哲学思考明显与此不同（在拉扎鲁斯的思想里，事件和一般

性的概念完全缺失）。在《世界的逻辑》中，我解释了为什么我的哲学事业仍然与拉扎鲁斯的思想兼容，因为他根据从政治立场本身出发的思考提出了一种政治思想。同样明显的是，这种模式的时间框架对他也非常重要。

[4] 在决定、选择、意志里，理念包含个体的信奉，这点在彼得·霍华德（Peter Hallward）的作品里越来越明显。它告诉人们，在法国和海地革命里这些范畴最为明显，因此对它们的参照在他的作品里不断出现。

[5] 在我 1982 年出版的 *Théorie du sujet* 里，由主观化和主观过程所形成的这一对具有重要的作用。这进一步表明，我逐渐返回到那本书的某些辩证的直觉，正如布鲁诺·波斯特尔斯（Bruno Bosteels）在其著作中所论及的那样（包括他对本书的翻译）。说得更普通一些，主观化永远是一个过程，通过这个过程，个人根据他们的生命存在及其生活经历决定真理的所在。

[6] 齐泽克也许是今天唯一独特的思想家，他一方面可以开辟尽可能接近拉康的道路，另一方面又坚定有力地为回归共产主义的理念进行辩护。这是因为他的真正的导师是黑格尔，他对黑格尔进行了全新的解释，因为他不再使解释从属于总体性的主题。今天在哲学里有两种拯救共产主义理念的方式：一种是不无遗憾地放弃黑格尔，但是在对他的著作进行反复思考之后（我是这样做的）；另一种是提出一个新的黑格尔，一个不为人知的黑格尔，齐泽克是这样做的，他依据的是拉康的理论。

[7] "像主体"那样生活可以采取两种方式。第一种像是"流芳百世"那样生活，根据亚里士多德的一则格言翻译。第二种是地志学的方式：融合实际上意味着个人生活在"真理的主体身体"之内。这些细微差别通过真理的身体理论得到澄清，《世界的逻辑》的结论谈到这种理论，那是一个明确的结论，但我必须承认那个结论仍然过于概括和突兀。

[8] 历史是国家的历史这一论点，是由拉扎鲁斯引进政治思辨领域里的，但他还没有发表整个的后续部分。这里人们也可以说，我在 20 世纪 80 年代中期提出的本体-哲学的概念与之不同，因为出发点不同（数学式的），目的也不同（元政治的）。不过，在一个重要方面可以确认与拉扎鲁斯的论点兼容：从本质上看，没有任何政治真理的过

程可以与国家的历史行动混为一谈。

　　[9] 在所有当前的政治行动里，那些没有"名字"的人，那些没有"地位"的人，以及最终没有"身份"的工人组织的角色，说到底，都是人类解放政治领域中一种否定观的组成部分。朗西埃一开始特别对 19 世纪的这些论点进行了深入研究，突出说明了在哲学领域不属于主流社会范畴的民主的具体含义。实际上，这种看法至少可以追溯到《1844 年经济学哲学手稿》中的马克思，它把无产阶级定义为普通的人，因为它本身不具有资产阶级定义人类所依据的任何特征（我们今天会说，值得尊重的，或正常的，或"经过很好调整的"）。这种看法是朗西埃试图拯救"民主"一词的基础，这在他的著作《对民主之恨》（Verso，1996）中非常明显。我无法肯定"民主"一词是否能轻易地得到拯救，但无论如何，我认为追溯共产主义理念的整个过程不可避免。争论已经开始，并将继续下去。

　　[10] 关于共产主义理念的三个阶段，特别是第二个阶段，即共产主义理念力图成为公开的政治性的（在政党和国家计划的意义上），见我的书《萨科齐的意义》（Verso，2008）。

　　[11] 过去 30 年来，关于新的政治形式曾经有过许多迷人的试验。可以提出下面一些：1980—1981 年波兰的团结工会运动；伊朗革命的第一阶段；法国的政治组织；墨西哥的萨帕塔主义运动；尼泊尔的毛主义者。这个名单并不完整。

第 6 章　共产主义之共者 *

[美] 迈克尔·哈特 著　陆心宇 译

　　2008 年秋季爆发的经济和金融危机在政治想象领域导致了异常迅速的根本变化。就在几年以前，谈论气候变化还在主流媒体中被嘲讽和轻视为夸大其词和杞人忧天，但在此之后，几乎一夜之间，气候变化的事实就变成了近乎众所周知的常识。同样，这次经济和金融危机也重新整合了关于资本主义和社会主义的主流观点。还只是在一年以前，任何对于新自由主义战略的批判都会在主流媒体中被贬低为狂徒妄言，譬如批判其放宽管制、私有化、削减福利制度，更遑论对资本本身的批判了。而在今天，《新闻周刊》在其封面上如此造势："现在，我们全是社会主义者了"，却也只能半带讽刺。资本的规则立刻向质疑敞开门户，从左到右，而某种形式的社会主义或凯恩斯主义的国家调控和管理似乎已成为大势所趋。

　　然而，我们需要朝着这个选项的外边看一看。太多时候，好像我们仅有的选择就是：要么资本主义，要么社会主义；要么用私有财产的规则，要么用共有财产的规则。这样的结果是：对于国家管控的弊端之弥补就是私有化，而对于资本病症的治疗就是公有化，即施加国家调控。我们需要探索另外的可能：既不是资本主义的私有财产，也不是社会主义的共有财产，而是共产主义之共者。

---

　　* 原载：当代国外马克思主义评论（8）.北京：人民出版社，2010：71-86。本文系迈克尔·哈特教授 2009 年 3 月于英国伦敦召开的"共产主义观念大会"上发表的文章。文献来源：Michael Hardt. The Community. *Guardian*，April 10，2009。

我们的政治词汇中的许多概念，包括共产主义和民主自由，都已经被如此滥用到以至于几不可用。事实上，在标准用法中，共产主义已经变得意指与其相对者，即对于经济和社会生活的完全的国家管控。我们纵然可以抛弃这些术语来创建新的词汇，但是这样做的话，我们就会抛却太长的历史，那些曾经维系在这些词汇上的斗争、梦想和热望。我想，还是围绕概念本身斗争来得好些，恢复或者更新它们的意义。在共产主义这边，需要对当今有可能的政治组织形式做一个分析，而在分析之前，考察当代经济和社会生产的本质是必要的。在这篇论文中，我将限于做政治经济学批判之前的工作。

那种认为共产主义对于先前时代的假说不再成立的理由之一是资本构成——包括资本主义生产的条件和产品——转变了。更关键的是，劳动的技术构成也变了。如今，人们如何在工作场合之内和之外并行生产？他们在什么条件下生产什么东西？生产合作如何得以组织？以及，劳动和权力的划分是什么？这种划分凭借性别和种族的界限在地方、区域、全球背景中分裂劳动和权力。在考察现有的劳动构成之外，我们还必须分析财产关系，正是在这种关系下，劳动从事生产。和马克思一起，我们可以说，对于政治经济学的批判，其核心就是对于财产的批判。"从这个意义上说，"马克思和恩格斯在《共产党宣言》中这样写道，"共产党人可以把自己的理论概括为一句话：消灭私有制。"[1]

为了探求存在于财产和共者之间的联系与斗争——这种斗争在我看来是对共者分析和构成的核心——我想读一读马克思《1844 年经济学哲学手稿》中的两段文字。就引述《手稿》而言，我不想把早期的马克思和后期的马克思对立起来，赞美马克思的人道主义，或者做类似的事情。其实，这些都自始至终贯穿于马克思所有著作的论述中。同样，也没有必要来呼吁这位导师更新共产主义的概念。《手稿》提供了一个阅读共产主义之共者的场合，而这一点在今天愈见相关；而且，也提供了度量马克思的时代和我们自己的时代之间距离的机会。

一

文本一，标题为"私有财产的关系"，马克思提供了一个分析方法，突出强调每一时代中占主导地位的财产形式。到 19 世纪中叶为止，他提出，欧洲社会不再被不动产主导支配，比如土地，取而代之的是被流动形式的财产主导支配，这些财产通常是工业生产的结果。这个转型时期被标志为两种形式财产之间的异常酷烈的斗争。在马克思的典型文风里，他嘲讽了两种财产所有者对社会福祉的诉求。土地拥有者强调农业生产率和它对于社会的关键重要性，以及"他的财产的贵族渊源、封建往昔的纪念（怀旧）、他的回忆的诗意、他的耽于幻想的气质、他的政治上的重要性等等"[2]。动产所有者，则针锋相对，抨击不动产世界的褊狭和滞缓，同时又对他自己的赞美引吭高歌。"据说，"马克思这样写道，"动产已经使人人获得了政治的自由，解脱了束缚市民社会的桎梏，把各领域彼此连成一体，创造了博爱的商业、纯洁的道德、令人愉悦的文化教养"[3]。马克思认为，动产从不动产那里攫取经济主导权是大势所趋。"动必然战胜不动，公开的、自觉的卑鄙行为必然战胜隐蔽的、**不自觉的**卑鄙行为，**贪财欲**必然战胜**享受欲**，直认不讳的、老于世故的、孜孜不息的、精明机敏的**开明**利己主义必然战胜眼界狭隘的、一本正经的、懒散的、幻想的**迷信利己主义，货币**必然战胜其他形式的私有财产"[4]。马克思固然对两类财产所有者都加以嘲讽，但是他确实意识到：动产，无论有多么卑鄙，都确实拥有优势来揭露"**劳动**是**财富**的惟一**本质**的论点"[5]。另言之，他的分析突出强调了共产主义事业的潜力在增强。

我想分析的是与之平行的存在于今天的另一对财产形式之间的斗争，而在此分析之前，我要指出：动产对于不动产的胜利平行于利润征服租金而成为主动地占有模式的胜利。在收集租金的过程中资本被视为相对地外在于价值生产的过程，仅仅榨取由其他方式所生产的价值。与此形成对比的是，利润的产生需要资本在生产过程中的参与、施加各种形式的合作、纪律管理体系，等等。到了约翰·梅纳德·凯恩斯的时候，利润有了与租金相当的尊严，所以凯恩斯就能够预测（或开方）"租者的终结"以及由之而来的"无用投资者"的消失，这些都站在组织管理生产活动的投资者一边。[6] 对于发生在资本之中的一个历史运动的构想，即从租金到利润，同样对应于一些分析中所谓的过渡，譬如原始积累和资本主义生产的适当。在这个语境里，原始积累可能被视为一种绝对租金，彻底压榨在别处生产出来的财富。

从租金过渡到利润以及从不动产的主导过渡到流动资产的主导全都是马克思提出的一个更为普遍的断言，即至 19 世纪中叶，大规模工业已经取代农业而成为经济生产的霸权形式。他当然不是在量的意义上做出这个断言的。工业生产在那个时代还只是占据了经济格局的小片，即使在当时工业化进程最大的国家英格兰也是如此。而那时候大多数工人还不是在工厂里苦干，而是在田野里。因而，马克思的断言是就质而论的：所以其他形式的生产都会被迫吸收工业生产的性质。农业、矿业甚至社会本身，都会被迫采纳机械化的管理，等等。汤普森（E. P. Thompson）论述英国的时钟和工作纪律的经典论文是对工业暂时性对于社会整体逐步强制的精彩展示。[7] 在马克思的时代以来的世纪里，工业施加其性质的这种趋势还在以令人诧异的方式继续。

　　时至今日，工业却显然不再把持经济中的霸权地位。这倒不是说，在工厂中工作的人比 10 年或者 20 年或者 50 年前要少了——虽然在某些方面，他们的位置变换了，已到了劳动和权力全球分配的其他方面。重复一次，这个断言主要不是量的，而是质的。工业不再对经济的其他部门和更为广泛意义上的社会关系施加它的影响。这一点在我看来是一个相对没有争议的断言。

　　当人们试图提出另一种生产形式作为工业在这方面的霸权的替代者，则会产生更多的分歧。托尼·奈格里（Toni Negri）① 和我认为非物质的和生态政治的生产正在这霸权位置涌现。就非物质形态和生态政治而言，我们试图整合这些生产，即生产观念、信息、图像、知识、代码、语言、社会关系、情感，等等。这些生产在整个经济中指派工作，从高端到基层，从医护工作者、空乘人员、教育者到软件程序员，从快餐业和呼叫中心工作者到设计师和广告业者。这些生产形式的大多数固然都不是新的，但是在当代，它们之间的贯通性却可能更为清晰，更为关键，而它们的性质更为倾向于对经济的其他部门和社会整体施加影响。工业不得不信息化。知识、代码、图像正贯穿传统生产的诸多部门而变得更为重要。而且，情感和关切的生产在资本剩余价值生产过程中正变得更加关键。这个假说，即认为非物质或生态政治的生产有一种涌入曾为工业所把持的霸权位置的倾向，会有各种各样的直接推论，包括劳动的性别划分、各种国际或者其他地缘层面的劳动划分，但是我无法在这篇论文里就此展开论述。[8]

---

　　① 托尼是安东尼奥的简称，此处所指 Toni Negri 即《帝国》一书的另一位作者安东尼奥·奈格里（Antonio Negri）。

如果我们专注于为这个转型所暗示的两种财产形式的新斗争，那么我们就可以回到马克思给出的各种公式。正如在马克思的时代，斗争发生在不动产（比如土地）和动产（比如物质商品）之间，时至今日，斗争发生在物质财产和非物质财产之间。或者用另一种表述，正如马克思专注于财产的可动性，时至今日，探讨的焦点是稀缺性和可复制性，所以斗争就可以被放在专享财产和共享财产之间。在资本主义经济中，就非物质性和可复制财产而产生的当代焦点可以通过对产权法领域的粗略关注而轻易看出：专利、版权、土著知识、基因代码、种子种质中的信息，以及相关议题都是这个领域里讨论最活跃的话题。一个事实却给财产提出了新问题，即稀缺性逻辑在这个领域并不成立。正如马克思认为动必胜于不动，同样在今天，非物质的胜于物质性的、可复制的胜于不可复制的、共享的胜于专享的。

从这种形式的财产中所涌现出来的主导性是明显的，部分由于它展现并且回到了共者和财产之间如此冲突的中心舞台。观念、图像、知识、代码、语言甚至情感都可以被私有化并且被当作财产来控制，但是管理所有权却更加困难了，因为它们太容易被分享或者被复制。对于这些商品，有一种恒常的压力使之逃脱财产的界限而成为共同的。如果你有一个观点，把它和我分享并不会减少它对于你的有用性，倒是常常会增加它的有用性。其实，为了实现它们的最大生产率，观念、图像、情感都必须成为共同的和共享的。而当它们被私有化，它们的生产率会急剧降低，而且我还会指出，把共者变成公共财产，即使之受制于国家控制和（或）管理，也同样会导致降低生产率。财产正成为资本主义生产模式的一个桎梏。这里出现了一个内在于资本的矛盾：共者愈是被圈起来当作财产，其生产率愈是被降低；而共者的扩张则以根本性和普遍性的方式瓦解生产关系。

有人会说，在颇为广泛的意义上，新自由主义已经被定义为私有财产对抗公共财产的战斗，甚至可能更为主要地，对抗共者的战斗。在这里，分别两种不同类型的共者可能会有些用，而这两种共者都是新自由主义资本战略的标靶。（同样，这也可以被视为对于"共者"最初的定义。）在一方面，共者命名大地和大地的资源：土地、森林、水、空气、矿产等。这非常接近于 17 世纪英国所谓"公"（Commons）的用法。在另一方面，共者同样指人类劳动和创作活动的结果，如我先前所说，比如观念、语言、情感等。你可能会把前者当作"自然的"

共者，而把后者当作"人工的"共者，但是这种自然和人工之间的划分其实很快就会瓦解。无论如何，新自由主义都意在把这些共者的形式私有化。

这种私有化进程的一个主要场景就是采掘业，向跨国公司提供途径来获取塞拉利昂的金刚石、乌干达的石油、立陶宛的稀土、玻利维亚的水权。这种新自由主义对共者的私有化程度已经为许多作者所描述了，包括哈维（David Harvery）和克莱恩（Naomi Klein），他们的方法是标注原始积累或者通过占有权而积累的更新的重要性。[9]

新自由主义对于"人工的"共者的私有化战略则远为复杂和矛盾。这里财产和共者之间的冲突得以充分展开。共者愈是受制于财产关系，如我前面所说，其生产率就越小；然而资本主义的剩余价值生产过程要求私人的积累。在许多领域，对共者进行私有化的资本战略通过一系列机制进行，包括专利和产权，但经常步伐艰难且罔顾矛盾。音乐产业和计算机产业则充满了此类例子。这也同样适用于所谓的生物盗版，即跨国公司以各种方式把共者剥离出来，包括使用来自植物、动物和人类的知识或基因信息，通常是通过专利。传统知识——比如，使用某种地上的草作为天然防虫剂，或者一种植物的治疗功能——被注册知识为专利的公司变成私有财产。附带地说，我会坚持认为盗版是对于这些活动的用词不当。盗版有一个远为高尚的使命：他们偷窃财产。这些公司却偷窃共者，然后把它们变成财产。

然而在总体上，资本达成剥离共者的途径不是通过私有化本身，而是通过租金的形式。有几位当代的意大利和法国经济学家在研究他们称为"认知资本主义"的课题，其中最著名的卡洛·伏赛仑（Carlo Vercellone）指出，在早些阶段有一个从租金到利润的势能运动，让利润成为主导的资本主义占有模式；而如今却有一个反向运动，从利润到租金。[10] 例如，专利和版权在这种意义上产生租金，即确保基于对物质或非物质财产的所有权而获致的收益。这个论述不意味着面向往昔的转身：举例说，从专利产生的收入与从土地所有权产生的收入非常不同。我认为租金对利润逐步形成的优势十分明显，而这个分析的核心洞见是：资本基本存在于生产共者的过程之外。尽管在工业资本那里，在它产生利润时，资本扮演一个内在于生产过程的角色，特别是指派合作方式以及施加纪律模式；而在生产共者的过程中，资本却必须保持相应的外在位置。[11] 资本对生产共者过程的每一次干涉，正如每一次共者被变成财产，都会减少生产率。那么，租金就是一个处理资本和共者之间冲突的机制。鉴于对资源的分享以及对合作模式的决定，生产共者的过程被赋予了一种有限自主权，然而，资本依然能够通过租金施加控制和占有利润。占有，在这种语境里，采取了占有共者的形式。

一方面，在原始积累可以被称为绝对租金的形式的程度上，对于租金的讨论指向新自由主义通过占有而积累的过程。另一方面，它也对金融的当代优势提出了新的启发，后者以相对租金的各种复杂和极为抽象的衍生品为特征。

马哈兹（Christian Marazzi）告诫我们，不要把金融当作虚构的，对立于"实体经济"——这个概念误解了金融和生产都日渐作为非物质财产所主导的程度。他还警告我们，不要因为仅仅对比大致联系于工业生产的生产图像，就把金融轻视为不事生产的。这么看金融会更有帮助，即把它置于从利润到租金的大趋势里，以及相对于生产共者过程资本所具有的相应的外在位置。

现在，我可以做一个总结，并且回顾我对于摘自马克思早年手稿的第一段文本的几点主要阐释，在这段文本中他描述了两种形式财产之间的斗争（不动对可动）以及从土地财产的主导到工业财产的主导的历史过渡。如今，我们也经历了两种形式财产之间的斗争（物质的对非物质的，或者稀缺的对可复制的）。而这种斗争揭露了这种财产和共者之间更深层的斗争。尽管生产共者对于资本主义经济日益关键，资本却不能够干涉这种生产的过程，而必须保持外在，并占有地租形式的价值（通过金融和其他机制）。其结果是，共者的生产和生产率成为一个日益自主的领域，固然还在被剥削和控制，但这种被剥削和控制却只是经由相对外在的机制。就像马克思那样，我也要说资本的这种发展在其本身而言不是善的，而且非物质和生态政治生产所趋向的主导带来了一系列新的、更加严重的剥削和控制形式。然而，看清一点却很重要：资本自己的发展提供了从资本获得解放的工具，而且特别在这里，它导向了共者及其生产循环的日益增强的自主性。

二

这就把我带到了我想探讨的第二段文本，它也来自《手稿》："私有财产和共产主义。"共者的概念有助于我们理解在这篇文章里马克思就共产主义所意指者。他写道，"共产主义是扬弃了的私有财产的**积极表现**"[12]。他之所以总结"积极表现"这个短语部分是为了把共产主义从这个概念之错误的或者朽坏的印象中区分出来。他提出，粗陋的共产主义，通过使私有财产普遍化和延伸到整个共同体作为普遍私有财产，只是把私有财产永久化。当然，这个术语（普遍私有财产）只是一个逆喻：若私有财产现在是普遍的和延伸到整个共同体的，则它不再是真正私有的。在我看来，他是在强调：在粗陋的共产主义之中，尽管私有的属性被剥离了出去，财产依旧在那里。相反，适当地构想好的共产主义则不仅仅是对于私有财产的扬弃，而且是对于财产本身的扬弃。"私有制使我们变得如此愚蠢而片面，以致一个对象，只有当它为我们拥有的时候……才是**我们的**。"[13] 当我们并不拥有某物，而它却仍是我们的，这会意味着什么？若把我们自己和我们的世界不是当作财产来看，这又会意味着什么？马克思正是在这里寻找共者。开放的获致途径和共享的品质是"共者之用"所具有的特征，他们都外在于且敌对于财产关系。我们已经变得如此愚顽，以至于我们只能把世界看作要么是私有的，要么是公有的。我们已经变得看不见共者了。

在大约 20 年之后的《资本论》的第一卷里，当马克思把共产主义定义为资本主义否定的辩证法时，他确实达到了共者（作为对私有财产的扬弃）的一个版本。"从资本主义生产方式产生的资本主义占有方式，从而资本主义的私有制，是对个人的、以自己劳动为基础的私有制的第一个否定。但资本主义生产由于自然过程的必然性，造成了对自身的否定。这是否定的否定。这种否定不是重新建立私有制，而是在资本主义时代的成就的基础上，也就是说，在协作和对土地及靠劳动本身生产的生产资料的共同占有的基础上，重新建立个人所有制。"[14] 资本主义发展势必导致合作与共者之日益增强的核心地位，两者反过来提供了推翻资本主义生产模式的工具，并且构建了替代它的社会和生产模式的基础——共者的共产主义。

　　然而，对于这段来自《资本论》的文本，在其辩证结构之外，我所得到的一点遗憾是：马克思所指的共者是协作和土地及劳动本身的生产资料的共同占有，主要整合了这里所讨论的物质要素，即把不动和可动的财产形式变为共同的。另言之，这个公式没有整合如今资本主义生产的主要形式。然而，倘若我们回顾早年的《手稿》并且尝试过滤掉马克思青春的人道主义，我们会找到一个共产主义的定义以及强调非物质的或者生态政治方面的共者。首先请看共产主义的这个定义，为马克思在撇开粗陋的共产主义之后所提出，**"共产主义是私有财产即人的自我异化的积极的扬弃，因而是通过人并且为了人而对人的本质的真正占有；因此，它是人向自身、向社会的即合乎人性的人的复归"**[15]。就"通过人并且为了人而对人的本质的真正占有"而言，马克思说的是什么？显然，他在一个不同于通常的意义的占有概念上展开工作，把它用在一个现在看来生疏的语境里：不再占有以私有财产为形式的客体，而是占有我们自己的主体性、我们的人性及社会关系。马克思解释这共产主义占有，这非财产形式的占有——以人的感觉中枢为形式，以整个创作和生产能力为形式。"人以一种全面的方式……占有自己的全面的本质。"对此他如此解释，"人对世界的任何一种人的关系——视觉、听觉、嗅觉、味觉、触觉、思维、直观、情感、愿望、活动、爱"。我觉得"占有"这个词在这里多少有点容易误解，以为马克思不是在谈论把捉已经存在的事物，而是在创造新的某物。这是主体性的生产、全新感觉中枢的生产，因而不是真正的占有，而是生产。如果我们回到文本，我们可以看到马克思其实已经把这点说清楚了："在被积极扬弃的私有财产的前提下，人如何生产人——他自己和别人"[16]。在这种解读里，马克思在早年的《手稿》中对共产主义的想法远离人道主义，即远离通向任何预先存在的或者永恒的人类本质的资源。而共产主义的积极内容，即与私有财产的废除所对应者，是对于主体性的自主的人类生产，对于人性——新的看、新的听、新的想、新的爱——的人类生产。

　　这就把我们带回到了我们对于经济中发生的生态政治转型的分析。在工业生产的语境中，马克思达到了一个重要的认识，即资本主义生产的鹄的不仅仅在于创造客体，而且在于创造主体。"因此，生产不仅为主体生产对象，而且也为对象生产主体。"[17] 然而，在生态政治生产的语境中，主体性的生产更加直接和集中。事实上，一些当代经济学家以呼应出现于马克思早年的《手稿》中的公式的术语来分析资本的转型。"如果我们必须仓促猜测接下来几十年出现的模型，"例如罗伯特·波伊尔（Robert Boyer）提出，"我们可能不得不诉诸人生产人。"[18] 马哈兹同样把当前资本主义生产中的转型理解为通向"人为活动的模型"的运动。作为固定资本的生态存在者处于这个转型的中心，而且生活形式之生产正成为附加价值的基础。这是一个人把人的才能、手段、知识和情感投入工作的过程，那些从工作中获得的东西，以及更重要的，那些在工作之外积累的东西都直接生产价值。[19] 这样，头脑和心灵工作的一个显著特点是：不无悖谬的是，生产的客体实际上是一个主体，而且是被定义的主体，比如，为一种社会关系或一种生活形式所定义。这至少能够澄清称这种生产形式为生态政治的理由，因为被生产的是生活的形式。

如若我们在这条新的光线里重新回到马克思，我们就会发现：在他作品中出现的资本主义之演进其实已经为我们提供了分析这种生态政治语境的重要线索。虽然财富在资本主义社会中最初表现为对于商品的大量聚敛，但是马克思揭示出，资本实际上是通过生产商品来创造剩余价值的过程。然而，马克思把这个洞见向前发展了一步，从而发现，资本，究其本质而言，是一种社会关系。或者就此更进一步，资本主义生产的终极对象不是商品，而是社会关系或生活的形式。从生态政治生产的角度来看，我们可以把电冰箱和汽车的生产仅仅视为两个中转站，前者通向创造围绕着冰箱的原子式家庭的劳动和性别关系，后者则通向全都被隔离于各自在高速公路上的小轿车中的个体的大众社会。

我已经突出强调了马克思对共产主义的定义和当代资本主义经济的生态政治转型之间的关联或相似性，两者都指向人性、社会关系和生活形式的人类生产，而人性、社会关系和生活形式则都处在共者的语境中。在这里，我有必要解释一下我如何理解这种关联性以及它为何重要。而在此之前，请允许我向这个混合体再补充一个要素。

对于马克思通向"人生产人"①（像马克思那样使用性别确定的公式）之结论的思想线索的全部的生疏感和丰富性，米歇尔·福柯颇为

_____

① 此处及下文对福柯的引用中，名词"人"对应的原文是法语中的阳性名词 homme，即男人。

欣赏。他提醒我们，不要把马克思的这句话理解为人道主义的一种表述。"在我看来，必须被生产的不是人，如自然的设计，或者如其本质所规定的那样；我们必须生产的是某种尚未存在的以及我们不能够知道它将会如何的东西。"他同样警告我们，不要把这单纯地理解为通常所认识的经济生产的延续："我不赞同那些把这'人生产人'理解为像是价值生产、财富生产或经济使用对象之生产的人。相反，它是对于我们之所是的破坏，是对于完全的他者性的某种事物的创造，一种完全的创新。"[20] 另言之，我们不能够以生产的主体和被生产的客体来理解这种生产。福柯清晰地感觉到（却似乎未完全理解）这种情形的爆炸性：生态政治的过程不仅仅是局限于资本作为社会关系的再生产，而且为一种能够摧毁资本并创造全新的某种事物的自主过程提供潜能。生态政治的生产明显暗示新的剥削机制和资本控制，但是依照福柯的直觉，我们应当觉察到，生态政治的生产如何能够为劳动提供更多的自主权以及提供可能在解放的事业中被施展的工具或武器，特别是在它超出资本关系的界限以及持续诉诸共者的方面。

现在，我们正处于一个理解辨别共产主义理念和当代资本主义生产相似性的理由的位置。并非资本主义的发展正在创造共产主义，或者说生态政治生产立刻或直接带来解放。而是说，通过在资本主义生产中共者的确定性不断增加，包括其观念、情感、社会关系、生活形式，服务于一个共产主义事业的条件和武器正在涌现。另言之，资本正在创造其自身的掘墓人。[21]

我试图在这篇文章中寻求两个要点。第一个要点是对于政治经济学批判的诉求，或者确切地说，对于一切共产主义事业必须从那开始的主张。通过一项不仅对于资本构成而且对于阶级构成的考察——换言之，就是进行追问：在工作场合内外，在工资劳动关系内外，人们如何生产、生产什么以及在何种条件下生产——这样一个分析既有利于我们的分期方法，也揭示了我们当前的环节。我坚信，所有的这些都揭示了共者不断增加的确定性。

第二个要点是把政治经济学批判延展到财产批判。而尤为值得注意的是，共产主义被定义为不仅是对于私有财产的扬弃而且是对于共者的肯定——对于开放和自主的生态政治生产的肯定，对于新的人性的自我监管的持续创造。以最为综合的话来说，私有财产之于资本主义有意义者，国家财产之于社会主义有意义者，就是共者之于共产主义。

综合我的两个论点——资本主义生产日渐依赖于共者，而共者的自主性是共产主义的本质——则表明共产主义事业的工具和武器是可获致的，在今天甚于以往任何时候。现在，面对我们的是组织它的任务。

注释

［1］马克思恩格斯文集：第 2 卷. 北京：人民出版社，2009：45.

［2］马克思. 1844 年经济学哲学手稿. 北京：人民出版社，2000：69.

［3］马克思. 1844 年经济学哲学手稿. 北京：人民出版社，2000：70.

［4］马克思. 1844 年经济学哲学手稿. 北京：人民出版社，2000：71.

［5］马克思. 1844 年经济学哲学手稿. 北京：人民出版社，2000：74.

［6］John Maynard Keynes. *The General Theory of Employment, Interest and Money*. London：Macmillan，1936：376.

［7］E. P. Thompson. Time, Work-Discipline, and Industrial Capitalism. *Past and Present*，1967，38（1）：56-97.

［8］On Immaterial and Biopolitical Production//Michael Hardt and Toni Negri. *Commonwealth*. Cambridge，MA：Harvard University Press，2009：chapter 3.

［9］David Harvey. *A Brief History of Neoliberalism*. Oxford University Press，2005；Naomi Klein. *The Shock Doctrine*. New York：Metropolian Books，2007. 就专注于非洲开采工业而展开的对新自由主义的分析，参见：James Ferguson. *Global Shadows：Africa in Neoliberal World Order*. Durham：Duke University Press，2006。

［10］Carlo Vercellone. Crisi della legge del valore e divenire rendita del profitto//Andrea Fumagalli and Sandro Mezzadra，eds. *Crisi dell' economia gobale*. Verona：Ombre corte，待出版。

［11］Christian Marazzi. *Capital and Language*，trans. Gegory Conti. New York：Semiotext（e），2008.

［12］马克思. 1844 年经济学哲学手稿. 北京：人民出版社，

2000：78.

[13] 马克思. 1844 年经济学哲学手稿. 北京：人民出版社，2000：85.

[14] 马克思恩格斯全集：第 44 卷. 北京：人民出版社，2001：874.

[15] 马克思. 1844 年经济学哲学手稿. 北京：人民出版社，2000：81.

[16] 马克思. 1844 年经济学哲学手稿. 北京：人民出版社，2000：82.

[17] 马克思恩格斯全集：第 30 卷. 北京：人民出版社，1995：33.

[18] Robert Boyer. La croissance. *début de siècle*. Paris：Albin Michel，2002：192.

[19] Christian Marazzi. Capitalismo digitale e modello antropoge-netico di produzione//Jean-Louis Laville（ed.）. *Reinventare il lavoro*. Rome：Sapere 2000，2005：107-126.

[20] Michael Foucault，'Entretien'（with Duccio Tromadori）. *Dits et romador*. Paris：Gallimard，1994：41-95（74）. 英文版为：Michel Foucault. *Remarks on Marx*. New York：Semiotext（e），1991：121-122。此处，福柯在接受访谈中讨论他和法兰克福学派之间的差异。

[21] 此处若是深究对于共者的经济学论述与共者在亚克·汗希尔（Jacques Rancière）的政治概念中的运作方式会颇有意趣。"政治，"他这样写道，"恰恰开始于停止平衡利益和损失并且取而代之地关注共者的部分之划分的时候。"（*Disagreement*. Trans. Julie Rose. Minne-apolis：University of Minnesota Press，1999：5；*Lamésentente*. Par-is：Galillée，1995：24）共者，根据汗希尔的概念，是分享（partage）的中心或专属领域，即分工、分配、共享的过程。"政治，"汗希尔继续写道，"是共者活动的领域，它永远只能是争议的，各种只是党派、信托或授权的部分之间的关系，其总和永远不等于整体。"可能是共产主义，如我在"共者之生产分配"中简单地探求了共者在汗希尔思想中的位置（The Production and Distribution of the Common. *Open：Cabier on Art and the Public Domain*，2009（16）：20-31）。

第7章 共产主义：从现实性
到非现实性*

[法] 雅克·朗西埃 著 林晖 译

共产主义的现实性，这意味着什么？

所谓现实性意味着两件事情。首先，它意味着话题性。比如，鉴于我们此时此地所面对的实际情形，就我们的议程中所做的安排而言，有些东西就是现实的：所提出的某个问题，或是所给出的某个解决方案。其次，它意味着真实性。有些事物是现实的，这就意味着它不仅仅是"处于议程中的"，不仅仅是可能的或是潜在的，而且是指在当下、在这里已经成为真实的，是具有客观效果的。"共产主义的现实性"这样一个语段结构，就表明了共产主义作为对于资本主义的暴力、非正义或非理性的回应，不仅仅是值得的，而且在某种意义上是已经现存的，表明了它不仅仅是一项使命，而且是一项工程。

因此，应该以下面的形式来提出问题：从现实性的上述两层含义中我们可以想到些什么？但是问题在于共产主义本身——我是指我们关于共产主义的观念——已经假定了与之相配的那些东西。事实上，我们对于共产主义的现实性的询问是依赖于两条马克思主义的公理的。第一条公理是：共产主义不是一个理念。它是生活的某种现实形式。民主意味着自由和平等，但却只是体现在法律和国家的分离的个别形式之中，而共产主义则是其可感知的真实性，是嵌入于某种现存的共

---

* 原载：当代国外马克思主义评论（8）．北京：人民出版社，2010：97-105．本文是雅克·朗西埃教授在 2003 年法兰克福大学举行的以"共产主义的现实性"为主题的会议上发表的演讲。

有世界的形式之中的。第二条公理是：这种现实的生活形式并非具有良好意愿的个体的聚合，即试图通过体验集体生活来对抗自私和非正义。它是对于已经现实存在的某种普遍性形式的充分实现。它是某种已经存在的集体性理性力量的完成，如果说这种力量已经存在于与其对立的形式之中，那就是存在于私人利益的特性之中。正如马克思所指出的，人类的集体性力量已经存在，即具体存在于资本主义生产的片面形式之中。我们所需要的，只不过是它们的集体性的和主体性的重新占有的形式。

于是，唯一剩下的问题当然就是"唯一"本身了。但是，据我们所知，这里的困难之所以能够被克服，要归功于另外两条公理。首先，存在着某种物力论，其内在倾向就是将这些集体性力量现实化。在集体性力量之中起作用的那种"未曾分化的"力量，将引发对于资本主义的"私有性"形式的毁灭。其次，更进一步，物力论突破了所有其他形式的共同体，即所有具有"分离的、个别的"形式的共同体，而这些形式常常是由国家、宗教或者传统的社会联系来体现的。通过下面这种方式，"唯一"的问题被推翻了：共产主义所表达的集体性的重新占有，被证实是可能的共同体所具有的"唯一"形式，在所有其他共同体瓦解之后，它依然留存着。尤其是，共产主义的必然性也就意味着政治的不可能性。

在我看来，我们对于共产主义的现实性的态度依然是在照搬所谓现实性的辩证法，即内在于我们关于共产主义的观念之中的这种辩证法。就此而言，共产主义在1847年或是在1917年所具有的现实性，既不过多也不过少。尽管我们就此可以声称共产主义的现实性是能够体现为某种具体的现实性的，但是我们其实并不足以指出，相比之下，资本主义已经取得的成就会是让人无法忍受的或是无意义的。我们必须要证明的是，在以往，在资本主义的内部，共产主义具有更多的现实性，并且在实际上起到了更多的作用。我们必须证明，不论是作为一个可感知的共同世界的物质性有形物，还是作为某种理性的非物质性形式的完成，或是作为物质性有形物和非物质性无形物的结合，共产主义都是现实的。

按照这种方式来进行考察，很快就可以对问题给出一个"特制的回答"，这就是：共产主义已经存在于资本主义的生产之中了，这要归因于这种生产的新的形式。原因可以总结如下：在当今的资本主义生产所生产出来的东西中，物质性的货品越来越少，而用于人类沟通交流的服务或手段却越来越多了。正是因为其生产的物质性要素越来越少，也就越来越多地避免了对货品以及虚假的崇拜物进行占有的状况。资本主义生产正在日益成为全球性网络的生产，这种生产是无形的集体性智识的可感知化的有形物。当今资本主义生产得最多的东西，并非用于私人占有的货品，而是人类交往的网络，在其中，生产、消费和交换不再是相互分离的，而是在同一个集体性工序中相互匹配的。据此，就有可能使得《共产党宣言》中的两种说法相吻合：资产阶级实际上将成为他们自己的掘墓人，就犹如"一切坚固的东西都烟消云散了"。后现代的那些非物质性的所有事物，将构筑起一个可感知的世界的现实性，这个世界也就是集体性智识的表现形式。只要所有其他形式的共同体由于资本主义生产的现实性而变得越来越不可能，上述情况便将越有可能发生。共产主义将比以往更加现实，因为资本主义的网络化的力量会使得民族国家的力量和政治行动的力量都围绕它来展开，并且变得越来越无效。最终，其现实性，在民众的未分离的生活形式中，将成为存在历史的最终表现形式。我们所说的今日的共产主义，必然是本体论意义上的。

尽管我本人并不这么肯定它必然如此，但是我能够肯定的是，它将第一次破除某种特定类型的本体论。它将摆脱我称为本体-技术狡计的思维方式。所谓本体-技术狡计是由两个主要的步骤构成的。第一步，将构成了我们的历史性世界的一系列错综复杂的过程和自相矛盾的东西，等同于对某种本体论决断的实行，等同于对某种涉及存在历史本身的承诺或威胁的实行。第二步，将那种实行的手段，等同于这种或这类技术的操作，在这种操作中，存在的非物质性工序可以与生产的物质性工序相配。一个多世纪以来，在我们这个坚实而乏味的世界中，电子学、放射线照相术、广播、电视、计算机以及移动电话，作为非物质性的人类智识的代表依次出现。但是，其实并不存在什么非物质性的智识，也不存在什么存在历史的法则，这种法则能够让集体性智识力量的分离的实施形式得以合并。全球化的电脑化智识网络是一回事，全球化的资本主义智识则是另一回事，而任何人的智能的社会化也仍然是另外一回事。只要我们自己不是什么非物质性的存在物，我们就会要消耗食物、穿着衣物或是使用电脑，而这就会产生工资低廉的工厂工作、工资低廉的家中工作、"非法"移民的地下工厂等等，并以这些形式来实施资本主义的集体性智识，这些形式要比那种非物质性的人类交往形式实施得更多。非物质性的生产不是资本主义生产的全部，非但如此，而且也没有明显的论据可以将非物质化等同于非商品化。

让我们借用一个艺术实践和人类智识财产领域的例子。30年前，那些概念艺术家就曾经宣称要脱离商品化艺术，即不再创作可供私人收藏的固体艺术品，而只创作那种将观念呈现出来或空间化的特殊艺术形式：一堵墙上的一个洞、穿过一座建筑的一道裂隙、沙漠中的一条路等。在所有这些东西中，智识和艺术财产并没有消失，只不过是艺术财产本身的观念发生了转换。现在，艺术家们日益被看作这种观念的拥有者和卖家，人们也乐意为此埋单。这就意味着，这样智识替代了其产品。但这也意味着私人财产的某种激进化。不是废黜私人占有，非物质化的概念和形象变成了私人占有的最佳避难所，这个避难所的实在性就相当于其自我合法化。

这就向我们展示了，集体性智识的各种不同表现形式并不能相互配合。如果存在着一种共产主义的智识力量，它绝不会是虚拟空间的。那些能够把计算机拆解成小部件并且能够把它们组合起来的人所具有的能力，不仅可以体现在计算机上，而且可以体现在所有集体性生活的事物上。这是任何一个人的能力的集体性的具体化，是没有"资格"通过任何限定性特权（出生、财富、科学等等）来发挥力量的那些人的力量。这是"无限定的"人们的特殊的和自相矛盾的力量。

在很久之前，柏拉图就曾以民主的名义使这种力量蒙上了污名。在《异议》一书中，我曾试图给予"限定性的缺失"一种积极的意义。我尝试性地把假定的民主的"裂隙"等同于政治原则本身，这是由政治赋予意义的，因而是一些不同于国家机构或是权力争夺的东西：某种特殊"总体性"配置，这成为任何集体性事物的补充：无限数量的总体，并非意味着"被排斥"，而只是意味着任何事物。

在这种意义上，政治就是智识的某种特殊的补充物，是对于平等的智识的集体性实施，或者说是对于某种智识的实施，这种智识是任何人都具有的能力。这意味着"集体性智识"的实施，总是有着各种不同的形式，并不存在什么共同的本质可以被贯彻于某种非分离的生活或是某种非分离的共同体之中。平等智识的政治性实施总是处于智识"集体化"的其他形式（军事命令、君主制、圣职、贸易等等）之后。这就意味着它是以各执己见的形式出现的。

我所说的各执己见不是某种利益、观点或是价值之间的冲突，而是指集体性智识的两种可感知的具体实施形式的合并。政治，作为任何人的能力的具体实施，构成了其自身的一个可感知的世界，它成了对由国家权力、军事、经济、宗教或是学术权力构成的可感知的世界的补充，而这些东西则正是集体性智识的私有化的力量，亦即对于集体性智识资源的排他性占有的形式。政治构成了它自己的可感知世界，它对抗着这个世界，并同时又内在于这个世界。它要在这样一种结构中或者说在这样一种各执己见的情况下实现"共产主义的智识"，这种结构构成了一个讨论和实践的网络，但却又是在这样的一个世界之中构成的：这个世界本身是由合并私有化的集体性智识的全部形式建构起来的。政治就是作为一种补充物来运作的，当然这要冒下述风险，即看着这种补充物被其中一个世界所吞噬，主要是被国家权力和攫取国家权力的争斗所吞噬。政治上的各执己见构成了实施某种集体性智识力量的舞台。但是这些舞台从来就不是为了某个具有制度化平等的坚实的世界而搭建的。政治并不能够实现其作为自由和平等的充分补充物的诺言。

我们的共产主义就是作为对于上述"失败"的回应而诞生的。它是作为对于某种共有智识的可感知的共同体的承诺而诞生的，即取代那种具有共有经验的不同世界之间的分离状态。众所周知，共产主义诞生于两场革命之间：1789 年的法国大革命和 1848 年的欧洲革命。《共产党宣言》发表于 1848 年革命这一年。但是其中产生出共产主义观念的理论框架却要被追溯到 50 年之前。那一时期，一些德国诗人和哲学家以他们的使命和他们民族的使命的名义建立起这些理论，用以回应法国大革命的失败。他们认为，法国大革命建立一个自由平等的新世界的使命之所以遭到失败，是因为他们要在法律和国家机构这种"僵死的形式"之中寻找这样一个世界，但这是不可能的。他们没能追溯到问题的根源，从而把自由平等问题建立在它们真正的基础（亦即生活世界的构造）之上。现在，清楚地存在着一种自由平等的新形式，它开启了通向激进化的道路。这就是美学领域。康德式的智性和感性的"自由游戏"或是"平等"，对于形式和质料或是主动者和被动者这类等级体系的颠覆，表明了新的平等类型并不是要简单地废黜国家的权力形式。

　　"审美的自由"，可以被并且确实是被做了相互对立的解释。一种解释把审美领域摆明为一种与经验完全分离的领域，并且刻意保持如此。另一种解释则提出把自由作为一种新的革命的原则。这种革命（实现于生活世界的物质性之中）反对对共有事物做任何分离性的个别化的实施，与作为补充物的和各执己见的政治共同体相反，这是一种真正的共同体。

　　一个真正的共同体的意思就是一个多方同意的共同体。而一个多方同意的共同体，并不是指某种人人在其中都意见一致的共同体。它是指一个在其中理智与理智达成一致的共同体。在这样一个共同体之中，共在的精神性感受被植入了有关日常经验的物质性感觉机制之中。这是一个非分离性的生活共同体，在其中，政治和经济、艺术、宗教甚或日常生活之间，并没有严格的界限。按照美学革命的方案，支配性的根基是相互分离的。因此，自由平等的充分实施也就相当于把集体性智识的各种不同形式重新统一到感知经验的一个相同的形式之中。这表明，集体性智识必须重新配置全部的物质世界，以便于使之转变成它自己的非物质性力量的产品。

　　这在最初就是席勒式的"人类美育"计划。在若干年之后，它就成为"德国唯心主义的最陈旧体系的计划"，与国家的僵死机制相反，它是一种具有生命力的人民的机体，一种浸透了哲学思维的新神话赋予了它生命力，这表明了一种关于公共生活的新构造。50 年之后，这又成为"人类革命"，即马克思所说的与骗人的形式民主相反的生产者的革命。而在两个世纪之后，这就是民众的活生生的共产主义，这就是由全球化网络的不可抗拒的扩张所传达的东西。

　　共产主义的现实性依然是关于那种原初设置的现实性。它是"美学"革命范式的永久的现实性。不幸的是，集体性智识的实施方案在构造它自己的世界的时候，从来不会带来一个自由和平等的社会。它要么将导致资本主义的集体性智识的世界性统治，要么将导致国家等级制度的绝对权力，后者宣称自己是联合劳工的集体性智识的体现。共产主义的现实性依然采纳着美学革命的范式，将人类经验的各个碎片拼凑起来。但我的立场依然是，现实性具有无限的现实性，这种现实性就是资本主义统治的现实性和苏维埃革命失败的现实性。

　　这就是为什么我们最好反过来看待这个问题：从共产主义的非现实性，从与"客观性"工序有关的集体性智识的体现平等主义力量实施的永久性平静状态，转为集体性智识的非平等性实施的步骤。平静，意味着你属于但又不属于同一个时代，这就好比是乌托邦意味着你属于但又不属于同一个地方。成为平静的或乌托邦式的共产主义者，意味着我们的思想和行为必须在这样一个世界中规定着任何人与人之间的无条件平等，在这个世界中，除了由我们的共产主义的思想和行为本身所编织起来的网络之外，共产主义不具有任何现实性。

这就表明，并没有什么以资本主义生产的形式在起作用的"客观的"共产主义，没有什么由资本主义的逻辑所预见的共产主义。资本主义会生产出越来越多的非物质性产品。而资本主义本身的非物质性则永远要多于这种生产的非物质性。资本主义只能产生出资本主义。如果说共产主义表明了一些事物，那么这些事物就是与资本主义的逻辑完全异质性的，与资本主义世界的物质性完全异质性的。然而，并不存在除此之外的世界，没有另外的世界可供其构造出自己的网络。

成为平静的或乌托邦式的共产主义者，也就意味着同时处于内部和外部。它意味着用我们的思想、行动和争取一个物质化与非物质化的共产主义世界的努力来进行构筑。这种"分离的"共产主义看上去可能是非常受约束的。但我却认为，我们必须再次肯定分离的共产主义力量的激进性，而不是去断言建立在资本主义发展之上的永远的共产主义，也就是断言建立在不朽的资本主义之上的共产主义的永久的现实性。这是一种有限制的共产主义，但是我们必须去对这种限制本身的力量进行实验。无论如何，这是一种唯一实存的共产主义。而经济全球化根本不能创造出什么共产主义。共产主义的"现实性"就是其批判的现实性。这是对于现实性观念的批判的现实性，而这又是建立在下述前提之上的：共产主义的力量内在于资本主义本身之中。共产主义观念并没有脱离马克思本想消除的困境。任何一种共产主义都是一个过程。它是对于一个共产主义智识的感知世界的构筑。但是这个感知世界也正是由我们对于任何一个人的能力的确认和示范所构成的网络，换言之，这是一个规划，其目的就在于，把由不同形式的集体性智识建立起来的不同世界融合为一个同一的共同体。如果这个规划确实存在着，我们就可以预言从中将会发生什么。有些人预言这将会导致一种新形式的极权主义，对此我并不认同。如果说这个规划确实存在，如果说这是一个好的规划，那么我更担心的则是资本主义将会买断它，并且以自己的方式来实施它。

第 8 章　何为 21 世纪的社会主义？*

[加拿大] 迈克尔·莱博维奇 著　陈凤姣 高卓群 译

通常，尝试去了解一件事物的最佳方式是思考它不是什么。21 世纪的社会主义不是这样一个社会，在那里，人们出售工作能力，并听命于旨在牟利而非满足人类需求的上级；它也不是这样一个社会，在那里，生产资料所有者通过分裂工人与共同体来逐利，其目的是压低工资和提高劳动强度，通过强化剥削来追逐暴利。简言之，21 世纪的社会主义不是资本主义。

它也不是集权社会，在那里，决策自上而下，一切动议的提出都是国家公职人员的特权。21 世纪的社会主义反对国家凌驾于社会之上，并"像蟒蛇似的把活生生的市民社会从四面八方缠绕起来"[1]。21 世纪的社会主义也不是民粹主义。如果一个社会的民众指望国家为其提供资源和解决所有问题的办法，那么这样的社会只会让其民众在任何事情上都依赖国家及其承诺一切的领导者。

此外，21 世纪的社会主义不是极权主义，在那里，国家要求生产活动、消费选择或生活方式的整齐划一。具体来说，21 世纪的社会主义不会主宰个人信仰（例如，通过国家宗教或国家无神论）。21 世纪的社会主义同样不会崇拜技术和生产力，在苏联，这种迷信曾经以巨型工厂、矿井和集体农场的形式去追求计划好的规模经济，结果破坏了我们共同的家园——地球。

---

* 原载：国外理论动态，2016（12）：36−45。文献来源：《每月评论》（*Monthly Review*）2016 年第 10 期。译文有删节。注释为本书编者根据原文后加的。

一、人类发展与实践之间的关键联系

为了更深刻地理解"社会主义"这一概念，我们需要回顾马克思对人类发展的重视。在《1844 年经济学哲学手稿》中，马克思论述了"富有的人"这一概念——他是这样的人，其自身的才能和能力都发展到一定水平，足以让他在"多方面得到享受"，并且"他自己的实现作为内在的必然性、作为**需要**而存在"，"**富有的人**和**人的**丰富的需要代替了国民经济学上的富有和贫困"[2]。

简而言之，真正的财富并非物质财富的积聚，而是人类能力的发展。马克思在《政治经济学批判（1857—1858 年手稿）》中指出："财富不就是在普遍交换中产生的个人的需要、才能、享用、生产力等等的普遍性吗？"[3] 因此，他强调，这种个性无论在生产上和消费上都是全面的。这就是马克思关于社会主义的观点：创造一个消除了妨碍人充分发展的一切障碍的社会。他在《资本论》中继续坚持这一立场，与工人为满足资本增长需求而存在的社会相反，马克思再次明确指出，"物质财富为工人的发展需要而存在"[4]。

那么，工人自身发展的需求究竟是什么呢？马克思认为它是指每个个体都能全面发展自己的潜力，即"人的创造天赋的绝对发挥""人的内在本质的这种充分发挥""人类全部力量的全面发展成为目的本身"[5]。这些都是人类的生产力，"随着个人的全面发展，他们的生产力也增长起来，而集体财富的一切源泉都充分涌流"[6]。"富有的人"正是这种情形存在的前提和结果。

但是，"富有的人"是如何产生的呢？我们又该如何保证每个人都有全面发展其潜能的机会？这一切并非来自社会上层的恩赐。马克思对此态度明确，他在《关于费尔巴哈的提纲》中坚持认为，人不能仅仅通过改变环境来改变自身——例如，通过建立新的组织或新的团体。相反，他指出，是真实存在的人类在改变环境，并且在此过程中也在改变自己。这是"革命的实践"——"环境的改变和人的活动或自我改变的一致"[7]。

以"富有的人"为目标，"通过实践来实现人类发展"这一核心理念出现在马克思的《1844 年经济学哲学手稿》中。马克思在评论黑格尔对活动（仅仅是理念的活动）的关注时多次强调，人类活动是真正的、具体的人创造其自身的一种方式，而且他明确将"真正的人"描述为"人自己的劳动的结果"[8]。环境的改变与自我的改变相一致，这一观念成为贯穿马克思著作的一条主线。比如，马克思在《政治经济学批判（1857—1858 年手稿）》中提出，正是在生产活动中，"生产者也改变着，他炼出新的品质，通过生产而发展和改造着自身，造成新的力量和新的观念，造成新的交往方式，新的需要和新的语言"[9]。

革命实践与人类发展之间的关键联系在工人反抗资本的斗争中同样显而易见。这种联系改变了"环境和人类"，并使工人得以创造一个新世界。因此，恩格斯强调，经过这种斗争，工人"就和从前不一样了；整个工人阶级经过了这种宣传，就在力量、知识和组织方面比起初强过百倍"[10]。马克思同样认为，工人争取工资的斗争"使他们不致变成一些冷漠的、没有思想的、可以马马虎虎吃饱肚子的生产工具"[11]；的确，如果没有这些斗争，工人们将成为"精神萎靡、智力落后、内心空虚、任人宰割的群众"[12]。

总之，正是我们的所作所为塑造了我们的生活——这是马克思关于人类发展与实践之间的关键联系的论点。我们依然可以被旧观念所主宰，也可以继续受传统文化的影响，但我们可以通过积极的参与将自己塑造为新人。

二、资本主义生产关系下的第二类产品

一旦我们领会了马克思所说的人类发展与实践之间的关键联系，便会明白每一种人类活动都会产生两种产品——环境的改变和自我的改变，即劳动对象的改变和劳动者本身的改变。也就是说，人类活动除了生产物质产品之外，还生产第二类产品——人。不幸的是，第二类产品经常被忽略。

于是，我们需要提出一个很少有人问及的问题：在劳动者身上究竟发生了什么变化？劳动场所会塑造出什么样的人？答案取决于生产过程中各种关系的本质。在适当的条件下，第二类产品可以产生积极的意义。但是，正如马克思在讨论工人斗争的失败时所理解的那样，第二类产品也会产生消极的意义。

那么，在资本主义生产关系下究竟会发生什么呢？在资本主义的劳动场所，人们服从于他们身外之物的强大意志，这个身外之物的目的控制着他们的活动。而且，对资本的依附摧残着工人，使之畸形发展。在《资本论》中，马克思描述了这种残害工人身心、剥削工人和使工人贫困的手段——工人的手脚被完全捆绑在单一的专业化操作上。这种情形发生在资本主义生产过程所特有的劳动分工之中。但是，机器的发展真的拯救了资本主义生产关系中的工人吗？马克思的回答是否定的，他认为，它完成了生产过程的智力同体力劳动相分离。简言之，它完成了对身体和精神的剥削。

马克思还解释说，在这种情况下，智力与体力分离开来并相互冲突，夺去了"身体上和精神上的一切自由活动"[13]。马克思接着指出，发展生产的所有途径都经历了辩证的颠倒，"使劳动过程的智力与工人相异化"[14]。

简而言之，资本主义"使工人畸形发展，成为残缺的人"，而不是使其全面发展；资本主义生产要求的是对工人的"完全剥削"以及"全面异化"，而不是创造"富有的人"。资本主义生产出来的第二类产品是受到损害的、残缺的、贫困的人，这些人的乐趣仅仅在于对物质产品的占有和消费。

三、将资本主义的颠倒倒置过来

马克思认为，资本主义会颠倒一切。资本主义生产关系的特点就是：**"不再是工人使用生产资料，而是生产资料使用工人了。"**[15] 关于这种颠倒，马克思还用另一种方式指出："不是工人使用劳动条件，相反地，而是劳动条件使用工人"[16]。在这种颠倒中，准确地说，在"资本主义生产所固有的并成为其特征的这种颠倒，死劳动和活劳动、价值和创造价值的力之间的关系的倒置"[17] 中，主体变为客体，手段变为目的。马克思总结道，在资本主义体系中，发展生产的所有途径都经历着辩证的颠倒，因此它们成为生产者进行控制和剥削的手段。

马克思设想将这种颠倒重新倒置过来，使发展生产的方式不再成为控制和剥削的手段。他指出，为了构建一个以"工人的发展需求"为导向的社会，我们必须将这种资本主义的颠倒重新倒置过来，必须终结"资本主义生产所固有的并成为其特征的这种颠倒"。这一过程将结束对生产者的剥削和摧残，并创造出生产者得以发展自身能力的条件——在这种条件下，生产活动的第二类产品就是"富有的人"。

在资本主义生产关系下，劳动者将自身工作的社会性——为了共同目标而与他人合作——视为一种异己的力量，然而，随着对资本主义颠倒的倒置（否定之否定），合作生产者充分意识到自己是单一的社会生产力。在这种倒置的情形下，劳动者没有受到剥削，而是发展了自己的能力："劳动者在有计划地同别人共同工作中，摆脱了他的个人局限，并发挥出他的种属能力。"[18]

对马克思来说，对资本主义劳动分工进行重新倒置——对残害劳动者身体和头脑并使其从"劳动过程的智力潜能"中异化出来的"辩证的颠倒"进行重新倒置——是绝对必要的。经过这种倒置，有充分自我意识的生产者们共同计划，并终结了理论与实践的分离状态。马克思在《资本论》中指出："毫无疑问，生产的资本主义形式和与之相适应的工人的经济关系，是同这种变革酵母及其目的——消灭旧分工——直接矛盾的。"[19]

马克思在《哥达纲领批判》中认为，"在迫使个人奴隶般地服从分工的情形已经消失，从而脑力劳动和体力劳动的对立也随之消失之后"[20]，作为第二类产品的人就不会沦为畸形的、残缺的人，而会成为"富有的人"。终结理论与实践的分离状态，是马克思强调将教育引进劳动场所之重要性的原因：这不仅被视为"提高生产效率"的一种方式，也被看作"造就全面发展的人的唯一方法"[21]。这表明，打破脑力劳动与体力劳动的分工很有必要。

四、社会主义的三个基本要素

民众的民主参与是实现个人和集体参与以保证其全面发展的必要方式，也是 21 世纪社会主义的一个基本要素。显然，人们发展自身能力的活动不应局限于资本主义生产领域。我们通过自身的所有活动生产出自我——不仅在公认的劳动场所中，而且在家庭和社会中。因此，每一项重视人类发展（尤其是那些直接鼓励人类发展）的活动都应被理解为生产的一个方面，而且必须提出能够指导生产的理念。人们需要参与到在每一个相关层面（如作为整体的居民区、社区及整个社会）都对他们有影响的决策之中，只有通过这一过程，指导生产活动的目标才能被视为人类自身的目标。

然而，在劳动场所和社会中创造使人得以发展自身能力的条件，只是 21 世纪社会主义的一个方面。如果资本家掌握着我们的社会遗产（社会脑力劳动和体力劳动的产品），也就是说，如果社会劳动成果随着时间的推移被以资本增殖为目标的那些人所垄断，那么劳动者自身的发展需求如何才能得到满足呢？如果我们与他人建立联系只是为了把他人当作满足私人物质利益的手段，或是当作市场上的竞争者及对手，那么我们又如何才能发展自身的潜能呢？社会主义被视为一个相互联系的整体、一个再生产的系统，不仅包含由劳动者组织起来的社会生产，而且还包括生产资料的社会所有制，以及用以满足公共需求和公共目标的产品。

简而言之，满足劳动者发展需求的这种倒置形成了一个有机系统，一个再生产体系，一个涉及生产、分配和消费的特殊联合体。乌戈·查韦斯于 2007 年提出的"社会主义的基本三角"（the elementary triangle of socialism）——社会所有权、社会生产和满足社会需求——正是朝着这一制度理念迈出的一步。社会所有权的重要性在于，确保公共生产力以所有人的自由发展为导向，而不是以资本家、生产者群体或国家官僚的私利为导向；社会生产的重要性在于，它在生产者中建立了新的合作和团结关系，使其得以发展自身的能力；此外，满足社会需求的重要性在于，我们因此得以发挥自己作为社会成员的作用，而不是作为孤立、冷漠的个体相互影响，并且我们是基于"每个人的自由发展是一切人的自由发展的条件"[22] 这一共识。

"社会主义的基本三角"的这三个方面相互作用，形成了一个"一切关系在其中同时存在而又互相依存的社会有机体"。这三个方面相互依存，每个方面都要依靠其他两个方面的存在而实现。没有以满足社会需求为目标的生产，就没有真正的社会所有权；没有社会所有权，劳动者的决策就不会以社会需求为导向；没有劳动者的决策，人民及其需求就不会改变。这三个方面都不可或缺，任何一个方面的缺失都会影响到整体。因此，这个特殊的有机系统通过制度和实践再生产出自己的前提，而人民则通过各种机构和实践在这三个方面去发展自身的能力。这些机构指的是工人委员会和社区委员会以及在纵向和横向上使它们紧密结合在一起的方式。这些机构对确保为公共需求和公共目标而进行的生产过程很有必要；在这个过程中，在劳动场所和社会中的民主参与又确保了这是由生产者组织起来的社会生产，他们构建了国家——一个特殊类型的国家，一个自下而上的国家，一个公社型国家。马克思将这样的国家描述为"生产者的自治"，这是 21 世纪的社会主义这一概念的核心内容，也是查韦斯将委内瑞拉的公共委员会（communal councils）描述为"一个新型社会主义国家的细胞"时把握的一个要点。

五、使旧社会从属于新社会

然而，一个新体制并非凭空而来，也从来都不是一开始就生产出自己的前提。更确切地说，它在萌芽时必定传承了旧体制的前提。因此，每一个新体制出现之初都不可避免地带有缺陷："它在各方面，在经济、道德和精神方面都还带着它脱胎出来的那个旧社会的痕迹。"[23]于是，正如马克思所说，一个有机体制的发展在于"使社会的一切要素从属于自己，或者把自己还缺乏的器官从社会中创造出来。有机体制在历史上就是这样向总体发展的"[24]。由于社会主义继承了旧社会的某些缺陷，因此，如果它要生产出自己的生存条件，就必须使那些缺陷"从属于自己"。然而，这一过程将受到很多变量的影响，因为每个社会都有其特殊性（特殊的历史、特殊的经济发展水平以及内部力量的相互关系），并且面临特殊的外部形势。由于出发点各异，实现目标的道路也将各不相同。正如列宁在 1923 年所说，马克思主义的一个"迂腐至极"的观念就是坚持认为只有一条建设社会主义的道路。

然而，要积聚新社会的要素，每条特殊的道路都有至关重要的一步：控制并变革国家。要结束资本的统治，就必须让国家远离资本，也就是说，要终结资本使用警察、法官、军队、立法机关的能力，以及它用以强制执行统治的其他压迫机构。只有废除资本主义统治中存在的国家权力，才能摧毁资本的每一个真正威胁。

马克思和恩格斯在《共产党宣言》中指出："工人革命的第一步就是使无产阶级上升为统治阶级，争得民主。"[25] 这样，工人就能"利用自己的政治统治，一步一步地夺取资产阶级的全部资本"[26]。然而，20

世纪已经证明，工人阶级的政治统治不是简单地通过赢得选举或夺取国家政权而实现的，真正的民主斗争包括建立能让其社会成员通过民主参与发展自身能力的机构。

当然，这个过程的完成绝非旦夕之功，实际上有可能是一个漫长的过程。但是，马克思认为，我们必须马上去除旧社会遗留下来的缺陷。他在《哥达纲领批判》中通过指出将社会总产品作为消费资料分配给个体生产者之前的两项特定的"扣除"对此做了明确阐述。第一项扣除的是"同生产没有直接关系的一般管理费用"[27]，即与国家行政管理相关的费用。马克思在明确阐述这一点时毫不含糊："同现代社会比起来，这一部分一开始就会极为显著地缩减，并随着新社会的发展而日益减少。"[28]

但是，这部分成本为何会立即缩减，又如何能成为衡量新社会发展的尺度呢？我们必须把马克思的论点放到他早年从巴黎公社中得到的启示中加以理解。他解释说，那些成本"极为显著地缩减"，是因为国家很快将不再是为了社会奴役而组织起来的公共力量。在公社时期发起运动的工人阶级"从一开始"就将国家职能"从妄图站在社会之上的权力那里夺取过来，交给社会的负责的公仆"[29]。马克思还指出，斗争的成功将意味着"全法国都将组织起独立工作的、自治的公社"[30]，替换旧的中央集权政府。结果将是：国家职能被简化为了保障国家总体利益而存在的几个职能。简言之，随着新社会的发展，国家将发生越来越多的变化，用《哥达纲领批判》中的话来说，"由一个高踞社会之上的机关变成完全服从这个社会的机关"①。

实行"系统性和等级性劳动分工"的旧国家又会发生什么呢？在这里，国家管理和国家统治被视为神秘的事物，具有超越性的功能，只能委托给训练有素的社会阶层，比如国家的寄生虫、报酬丰厚的奉承者以及担任闲职的人。而新社会要在此基础上创造它所缺乏的新器官——随着新社会的发展而发展起来的那些独立自治的共同体。马克思宣称，巴黎公社的经验揭示了"终于发现的可以使劳动在经济上获得解放的政治形式"[31]。

第二项扣除指出了新社会中社会总产品分配的转变，即"用来满

---

① 马克思恩格斯选集：第 3 卷. 北京：人民出版社，2012：372.　——编者注

足共同需要的部分，如学校、保健设施等"①。马克思指出，与第一项
扣除大不相同的是："同现代社会比起来，这一部分一开始就会显著地
增加，并随着新社会的发展而日益增长。"[32] 随即，越来越多这部分的
社会总产品为满足共同需求提供使用价值；越来越多这部分的产出是
从个人索取的劳动力所有权回报中扣除的。然而，马克思指出："从一
个处于私人地位的生产者身上扣除的一切，又会直接或间接地用来为
处于社会成员地位的这个生产者谋利益。"[33] 随着新社会的发展，按劳
分配这种旧社会遗留的"权利"观被替换，取而代之的是这样一种新
型分配关系：在这种新型关系中，我们对社会产出的索取内容逐渐变
成要成为社会成员。衡量新社会发展的尺度是公共资源的扩展。

　　然而，新的分配关系需要得到落实。不应把"公平的"分配观强
加于生产者。马克思在《哥达纲领批判》中指出："权利决不能超出社
会的经济结构以及由经济结构制约的社会的文化发展。"[34] 因此，引进
新的分配关系需要新的生产关系。那些"生产的人身条件，即劳动
力"[35] 的个体所有者，那些要求与其个人活动等价的东西，因而就出
现了一种新的生产关系，用以代替旧的生产关系。新的分配关系所需
的条件是，生产者要有意识地行使其作为共同体成员应尽的职责。

　　为了使以个人所有权为基础的资产阶级权利从属于自己，合作生
产者们必须建立新的机构，以确保在"由公共需求和公共目标来决定
的活动"中能够自觉合作。正如马克思在《政治经济学批判大纲》中
所描述的，在这种合作生产者的关系中，共同生产或集体性被预设为
生产的基础。这种新的生产关系决定分配关系："共同生产，作为生产
的基础的共同性是前提。单个人的劳动一开始就被设定为社会
劳动。"[36]

　　这就是新社会在自身的基础上发展，进而生产出自己的前提的方
式。它日渐使从旧社会遗留下来的要素处于从属地位，并创造出对社
会的劳动分配进行集体性计划的新器官，以满足劳动者的发展需要。
要实现这一目标，就要用以完全从属于社会的民主制度为基础的新国
家——那些使人得以发展所有潜能（全面而丰富的个性）的"独立自
治的共同体"——逐渐替代凌驾于社会之上的旧国家。

　　如果将马克思的《哥达纲领批判》置于《政治经济学批判大纲》

---

① 马克思恩格斯选集：第 3 卷. 北京：人民出版社，2012：362. ——编者注

以及后来巴黎公社的经验教训的背景下加以理解，就可以发现它包含着 21 世纪社会主义的要素——尤其是重视人的全面发展和制度创新，以培育对"个人与集体的全面发展"都很有必要的积极参与意识。马克思意识到，刚刚诞生的社会主义"在各方面，在经济、道德和精神方面都还带着它脱胎出来的那个旧社会的痕迹"[①]，他在《哥达纲领批判》中确定了通过在生产者中建立新型关系来克服旧社会遗留的缺陷的相应进程。"从一开始"并且"随着新社会的发展"，每一步都必须使工人阶级的能力得以提升。

六、为什么是 21 世纪的社会主义？

那么，为什么我们论述的是"21 世纪的社会主义"而不仅仅是社会主义呢？道理很简单，因为两者是有差异的。马克思对人类发展的批判性强调在 20 世纪的社会主义试验中消失殆尽。消失的部分主要是人类发展与实践之间的关键联系——集中体现为环境改变与自我改变的一致性。并且，由于未能对第二类产品进行具体的思考，产生于特定生产关系中的人的本质问题也不复存在。

在 20 世纪，对马克思的社会主义观的背离主要体现在两个方面：首先，在理论上将社会主义解释为区别于"共产主义"的一个独立阶段，而非一个过程；其次，在实践中体现为"现实社会主义"的现实发展。20 世纪对马克思观点的这两个背离不仅影响了民众对社会主义的理解，而且这两个背离相互作用，相互支持。

正如我们所见，马克思强调社会主义是一个过程，这促使我们思考新社会必须克服的旧社会的要素，并开始重视人类（"个体与集体"）全面发展的过程。然而，"社会主义是一个特殊阶段"的观点在苏联布尔什维克党的权力之争过程中应运而生，并导致了对生产力发展的中心地位的强调。有人指责布尔什维克党是不切实际的空想社会主义者，在这种背景下，列宁于 1917 年的《国家与革命》中解释了马克思在《哥达纲领批判》中对初期形成的共产主义社会"较低阶段"与依靠自身基础形成的"较高阶段"之间的差异，认为这种差异表明了社会主

---

① 马克思恩格斯选集：第 3 卷. 北京：人民出版社，2012：363. ——编者注

义阶段与或许只有在"生产力得到极大发展"之后才能实现的共产主义最终阶段之间的区别。马克思对新社会通过生产出自己的前提而向前发展的这一过程的两个阶段做了区分,这种区分由此被固化为两种体制之间的差异:社会主义和共产主义——两者在分配关系上有着明显的不同。

如前所述,在新社会刚刚诞生时,"脱胎出来的那个旧社会的痕迹"之一是:劳动者仍是"生产的人身条件,即劳动力"① 的所有者,并因此认为自己有权通过自己的活动去获取等价物。然而,20 世纪的社会主义方案并未致力于发展新的生产关系(新的经济结构),以便创造条件去除旧社会的痕迹,而是通过坚持一种所谓的按需分配的"社会主义原则"来进行自我定位,并以此为基础。如果这个阶段的人民本质上是自主的,那么根据这一逻辑,重中之重就是要确保必要的经济激励,以引导他们努力工作。

尽管马克思在《哥达纲领批判》中强调,一种不同的分配原则"从一开始"以及"随着新社会的发展"将越来越盛行;尽管他不同意按生产活动进行分配的权利,认为这是"不平等的权利",是对生产者的片面认识,"把他们只**当做劳动者**,再不把他们看做别的什么,把其他一切都撇开了";尽管他宣称,"在所谓**分配**问题上大做文章并把重点放在它上面,那也是根本错误的"②;然而,20 世纪社会主义的阐释者们从马克思的《哥达纲领批判》中得出的结论仍然是:在社会主义阶段必须实行按贡献分配。

但是,为了到达共产主义的更高阶段,这种"社会主义原则"在经济、道德和精神方面在多大程度上摆脱了"脱胎出来的那个旧社会的痕迹"呢?如果"权利永远不能超出社会的经济结构",那么在不改变生产者经济关系的前提下,还有可能沿着社会主义道路继续前进吗?20 世纪给出的答案是:在社会主义阶段,由物质激励推动的生产力发展会创造出富裕的条件。在共产主义这一富裕的体制中,人民的"劳动生产率已经极大地提高,以致他们能够自愿地**尽其所能**来劳动"[37],并且这种富裕使人们可以"按其所需"自由领取。总之,新人类将成为生产力发展的"涓滴效应"。

---

① 马克思恩格斯选集:第 3 卷. 北京:人民出版社,2012:365. ——编者注
② 马克思恩格斯选集:第 3 卷. 北京:人民出版社,2012:364,365. ——编者注

七、"现实社会主义"：苏联模式

认识到对马克思的社会主义观的理论偏离至关重要，对于那些想要理解马克思主义遗产中的变化之处的人来说，尤其如此。而 20 世纪社会主义试验的具体经验对于形成马克思主义一脉相承的社会主义观发挥了更为重要的作用。"现实社会主义"这一概念出现在 1970 年代的苏联和东欧，借鉴了当时被称为"成功建成社会主义（或正在建设社会主义）国家的丰富经验"，但其主要目的是要将上述国家当时存在的体制与社会主义的理论或抽象概念区分开来。[38] 因此，"现实社会主义"指的是苏联以及在不同程度上接受了苏联模式的国家。

这一模式最初显得很有吸引力（尤其对贫穷国家），因为苏联成功地将庞大的农村人口与国家主导的投资结合起来，建成了工业基地，实现了生活水平的大幅增长——而这些都是在面临敌对的外部环境的情况下完成的。然而，到了 1960 年代早期，这一模式的弊端日益显现，以至于切·格瓦拉预言，资本主义将在苏联复辟。[39]

当然，苏联模式明确反对资本主义——尤其反对其滋生失业、不平等和安全无保障等问题的内在倾向。因此，"现实社会主义"的特征是强调充分就业（以及确保劳动者不会被解雇）、补助生活必需品、稳定物价以及承诺在将来提高生活水平。这些内容给工人带来了明显的利益，但这只是"社会契约"的一部分——作为交换，工人默许政党和国家统领劳动场所与社会。

尽管这种社会契约使劳动者获得了利益（在复辟资本主义的国家中，这成为怀旧情感的源头），但阻碍了"富有的人"的发展。"现实社会主义"模式的特点是政党或国家拥有如下信念：只有他们自己知道如何建设社会主义，只有他们自己能窥其全貌，因此他们必须处于领导地位。

如此一来，在劳动场所，决策者并非劳动者。更确切地说，决定如何生产及其生产什么的是"工人身外的一个存在物的强大意志"。而理论与实践的分离、个体对资本主义分工的服从也永无止境；"现实社会主义"无法提高劳动者的才能，只能生产出"残缺的人"——这样的人被贬抑，与"劳动过程中的智力潜能"相异化。而且，能使环境和自我同时发生改变的民主参与在劳动场所和社会中受到了冲击。政党或国家通过正式的社会组织机构向下传达决策（并使这些范围以外的社会活动边缘化），从而使工人阶级失去了"犯错并在历史辩证中学习"[40]（罗莎·卢森堡语）的机会。

当然，这正是马克思在《关于费尔巴哈的提纲》中所反对的，他指出，那些认为环境和教育起改变作用的人忘记了："环境是由人来改变的，而教育者本人一定是受教育的。因此，这种学说必然会把社会分成两部分，其中一部分凌驾于社会之上。"① 那么，"现实社会主义"究竟缺少了什么呢？1964 年，格瓦拉在评论古巴时曾明确指出了苏联模式所缺少的东西："我们在世界上首创了一个马克思主义的社会主义体制，这就等同于（或大致等同于）一个以人为中心的体制，关心个体，关注人及其在革命中作为关键因素的重要性。"[41]

设想一下，如果马克思关于人类发展与实践之间的关键联系的观点（即"环境的改变和人的活动或自我改变的一致"）被遗忘，会发生什么呢？"现实社会主义"缺失的是工人阶级的民主参与——劳动场所中的民主参与、社区中的民主参与、社会中的民主参与。结果不难预料：劳动场所中的异化、低生产率、对不属于自己的劳动产品的渴望。最终，劳动者成了"冷漠的、没有思想的、可以马马虎虎吃饱肚子的生产工具"②。"现实社会主义"的失败不仅在于没能生产出"富有的人"，而且在于作为第二类产品的工人阶级既没有意志也没有力量阻挡资本主义的复辟。因此，"现实社会主义"之路是一条死胡同。

八、"21 世纪的社会主义"：改造还是复归？

"21 世纪的社会主义"是委内瑞拉总统查韦斯在 2005 年 1 月提出的，他坚持与"现实社会主义"的模式决裂，认为苏联实行的是国家资本主义，因此他明确拒绝接受苏联经验。他宣称，"我们必须彻底改造社会主义"，并明确呼吁要建设"21 世纪的社会主义"。他坚称："我们必须重新把社会主义作为一个论题、一项事业和一条道路，这种社

---

① 马克思恩格斯选集：第 1 卷. 北京：人民出版社，2012：134. ——编者注
② 马克思恩格斯全集：第 12 卷. 北京：人民出版社，1998：185. ——编者注

会主义是新型的社会主义，是以人为本的、将人而不是机器或国家放在最重要位置的社会主义。"[42]

查韦斯强调重视人类发展与实践之间的关键联系，这是其 21 世纪的社会主义观的核心。他在 2007 年解释说："必须造就社会主义者。革命不仅要生产食物、商品和服务，还要生产新人类，这比所有的事情都重要。"查韦斯同意格瓦拉关于同时发展生产力和社会主义人类之必要性的观点，他坚持认为实践是唯一的道路："我们必须实践社会主义；换个说法，必须着手在实践中建设社会主义。这一实践将创造出我们、我们自己，将改变我们。"[43]

正因为查韦斯明白革命实践的重要性，所以他强调要发展能使人们改变环境及其自身的"公共委员会"，并认为这种委员会是新型社会主义国家的细胞。他一直坚持建立公社的绝对必要性，并指出，对劳动实行固定的等级社会分工的资本主义工厂应该由能使合作生产者充分参与并有合适的调节方式的工作场所取而代之。

对查韦斯而言，这条道路就是参与式民主——在劳动场所和共同体中通过实践来改造人。然而，重要的是，我们要明白，"21 世纪的社会主义"并非一种彻底的改造，确切地说，它是一种革命性的复归——回到了马克思对社会主义的理解上。对这一复归的构想（体现在"社会主义的基本三角"之中）再次将人类发展以及人的潜力的充分发挥放在了核心位置。它坚持以下三点：（1）为了能够全面发展自身的潜力，每个人都有权分享人类的社会遗产——拥有平等的权利去享用社会中脑力劳动和体力劳动的产品。（2）每个人都有权在劳动场所和共同体中通过民主参与的方式来全面发展自己的潜力与能力——在这一过程中，活动主体可以利用他们在健康和教育方面的优势紧紧抓住这一机会。（3）每个人都有权生活在一个能使人类和自然都得到充分发展的社会之中——在合作和团结的基础上全面发展自身的潜力。

注释

[1] 马克思恩格斯选集：第 3 卷. 北京：人民出版社，2012：136.

[2] 马克思恩格斯文集：第 1 卷. 北京：人民出版社，2009：194.

[3] 马克思恩格斯选集：第 2 卷. 北京：人民出版社，2012：739.

[4] 马克思恩格斯选集：第 2 卷. 北京：人民出版社，2012：278.

[5] 马克思恩格斯选集：第 2 卷. 北京：人民出版社，2012：

739－740.

　　[6] 马克思恩格斯选集：第 3 卷. 北京：人民出版社，2012：365.

　　[7] 马克思恩格斯选集：第 1 卷. 北京：人民出版社，2012：134.

　　[8] 马克思恩格斯文集：第 1 卷. 北京：人民出版社，2009：205.

　　[9] 马克思恩格斯选集：第 2 卷. 北京：人民出版社，2012：747.

　　[10] 马克思恩格斯全集：第 10 卷. 北京：人民出版社，1998：286.

　　[11] 马克思恩格斯全集：第 12 卷. 北京：人民出版社，1998：185.

　　[12] 马克思恩格斯全集：第 9 卷. 北京：人民出版社，1961：191.

　　[13] 马克思恩格斯选集：第 2 卷. 北京：人民出版社，2012：227.

　　[14] 马克思恩格斯选集：第 2 卷. 北京：人民出版社，2012：289.

　　[15] 马克思恩格斯全集：第 21 卷. 北京：人民出版社，2003：403.

　　[16] 马克思恩格斯选集：第 2 卷. 北京：人民出版社，2012：227.

　　[17] 马克思恩格斯文集：第 5 卷. 北京：人民出版社，2009：360.

　　[18] 马克思恩格斯全集：第 21 卷. 北京：人民出版社，2003：407.

　　[19] 马克思恩格斯选集：第 2 卷. 北京：人民出版社，2012：232.

　　[20] 马克思恩格斯选集：第 3 卷. 北京：人民出版社，2012：
364－365.

　　[21] 马克思恩格斯选集：第 2 卷. 北京：人民出版社，2012：230.

　　[22] 马克思恩格斯选集：第 1 卷. 北京：人民出版社，2012：422.

　　[23] 马克思恩格斯选集：第 3 卷. 北京：人民出版社，2012：363.

　　[24] 马克思恩格斯全集：第 46 卷（上）. 北京：人民出版社，
1979：236.

　　[25] 马克思恩格斯选集：第 1 卷. 北京：人民出版社，2012：421.

　　[26] 马克思恩格斯选集：第 1 卷. 北京：人民出版社，2012：421.

　　[27] 马克思恩格斯选集：第 3 卷. 北京：人民出版社，2012：362.

　　[28] 马克思恩格斯选集：第 3 卷. 北京：人民出版社，2012：362.

　　[29] 列宁全集：第 31 卷. 北京：人民出版社，1985：180.

　　[30] 马克思恩格斯选集：第 3 卷. 北京：人民出版社，2012：142.

　　[31] 马克思恩格斯选集：第 3 卷. 北京：人民出版社，2012：102.

　　[32] 马克思恩格斯选集：第 3 卷. 北京：人民出版社，2012：362.

　　[33] 马克思恩格斯选集：第 3 卷. 北京：人民出版社，2012：362.

　　[34] 马克思恩格斯选集：第 3 卷. 北京：人民出版社，2012：364.

　　[35] 马克思恩格斯选集：第 3 卷. 北京：人民出版社，2012：365.

［36］马克思恩格斯文集：第 8 卷. 北京：人民出版社，2009：66.

［37］列宁选集：第 3 卷. 北京：人民出版社，2012：198.

［38］Richard Kosolapov. *Socialism：Questions of Theory*（Moscow：Progress Publishers，1979），8，11-12，482.

［39］参见海伦·雅菲、切·格瓦拉在《革命经济学》（*The Economics of Revolution*，New York：Palgrave Macmillan，2009）第 9 章中对苏联政治经济学手册的批判的讨论。

［40］Rosa Luxemburg. *The Russian Revolution and Leninism or Marxism?*（Ann Arbor，MI：University of Michigan Press，1962），108.

［41］Che Guevara，cited in Yaffe，*Che Guevara*，231.

［42］Cleto A. Sojo. "Venezuela's Chávez Closes WSF with Call to Transcend Capitalism"，January 31，2005，http：//venezuelanaly-sis. com；Lebowitz. *Build It Now*，109.

［43］Alopresidente. Episode 279，March 27，2007.

第三编　当代实践

第9章　世界社会主义运动的谱系、现状与未来[*]

[埃及] 萨米尔·阿明 著　朱美荣 编译

　　本文所反思的是所有抵抗资本主义的群众运动迄今已经遇到的，并且以后还会遇到的基本挑战。这里所谓的"运动"，是指那些以废除私有制而准备代之以社会主义所有制的运动，也指那种真正实质性改变劳资关系为目的的运动。这两种运动都在不同程度上让人质疑资本主义，但是也可能只会造成朝向社会主义的虚假运动，事实上它可能只会迫使资方做出适当的改变来迁就某些劳方的诉求而已。我们都明白，就这些运动所实行的策略来讲，很难划清有效和无效之间的界限，也很难判断策略的目的是否与实际情形相冲突。总的来说，许多运动都可以被称作"朝向社会主义的运动"（movements toward socialism），这个词语是近几十年来一些南美国家（如智利、玻利维亚等）的政党发明的。这些南美政党放弃了传统共产党的目标（夺取并掌握政权，建设社会主义），而代之以明显较为温和的目标，即耐心创建走向社会主义的社会和政治条件。这种目标调整可以用两点来概括，即民族化和国家计划。至于用什么样的具体方法使现代经济管理社会化，这些选择了"朝向社会主义的运动"的政党并没有给出界定。这些将自己刻画成社会主义者甚至共产主义者的组织和政党有一些声称是马克思

　　* 原载：马克思主义研究，2015（10）：127-134。本文是埃及经济学家、国际著名马克思主义理论家萨米尔·阿明（Samir Amin）在 2014 年 6 月的《每月评论》上发表的文章《朝向社会主义的民众运动：同一性和差异性》（"Popular Movements Towards Socialism：Their Unity and Diversity"）的编译稿。

的继承者，有一些甚至声称是苏联共产主义以及（或者）毛泽东思想
的继承者。

事实上，自工业革命以后，资本主义的胜利以及随着帝国主义扩
展而带来的资本主义全球化，已经为一种更高层次的全球社会主义/共
产主义文明形式的崛起创造了条件，许多流派为了这种崛起而走到一
起。恩格斯及其后来的列宁为此提出了一种非常著名的马克思主义版
本，但是这种版本将现实简单化了，忽略了许多在马克思之前以及之
后的贡献。当然，在提出社会主义/共产主义方案上，马克思起到了关
键性的突破作用。事实上，马克思思想的基础是严格、科学、批判地
分析资本主义，将其历史事实的一切方面都考虑进去，而其之前或之
后的社会主义构想却不是如此。

我认为，在现代世界的建构中，法国革命起到了中心作用。它界
定了一套价值观——自由、平等、博爱（按照今天的话，即团结），
这套价值观将现代性建立在根本性的矛盾之上。归根结底，这套价值
观是资本主义能够接受但却无法实现的，如果要真正实现这些价值
观，则需要更高层次的社会文明。在这个意义上，法国革命远非一个
"资产阶级革命"，它随着雅各宾派的上台提出了超越资产阶级革命
的诉求。在这套资本主义价值观的激励下，美国也提出了革命口号：
自由和私有财产。这两者一起界定了"自由企业精神"，除了在法律
面前一律平等之外，他们不承认任何超越该原则的平等诉求。自由和
私有财产两者结合起来让不平等成为合法：不平等似乎成为个人才能
和勤奋的结果。他们让人忽略团结的美德，而只承认相反的一面，即
个人和企业之间的竞争。究其本质，自由和平等是彼此冲突的两种价
值观，只有资产阶级财产被压制的时候，这两种价值观才能和解。法
国革命即使在其最激进的雅各宾派阶段，也没有压制资产阶级财产，
而是仍旧保护私有产权，视之为神圣不可侵犯，并认为这种产权可
以通过家庭小农场和手工企业的方式进行普及。它还不能理解资本
主义会怎样发展，会如何强调现代资本主义财产的集中化。社会主
义/共产主义，一个被理解为优越于资本主义的文明阶段，正是在
逐渐认识到"自由、平等、团结"这些口号的真正含义的过程中被
提炼出来的，它要求以工人集体财产权代替少数资产阶级私有制的
财产形式。

一、社会主义运动的不同谱系

现代人民发起斗争运动的根源是资本主义社会关系带来的挑战，以及随之而来的对工人的剥削。这些运动有些是自发的，有些则是受到社会主义团体的推动而发起的。这些运动在工业革命的欧洲出现甚早，尤其是在英国、法国和比利时，稍后也在德国、欧洲其他地方以及美国的新英格兰地区出现。它们在整个 19 世纪持续扩展，并在 20 世纪走向了不同的方向——革命的或改良的。还有其他一些运动爆发于资本主义发展的边缘地区，比如那些作为服从资本主义统治中心的积累需求而被纳入全球资本主义体系的国家。随着资本主义向全球扩展，世界也呈两极化的发展态势，即控制中心和被控制的边缘地带，两者之间呈现非对称的发展态势，这种不对称因资本主义的制度逻辑而逐步恶化。资本主义和帝国主义构成一个事实的两个不可分割的方面，在这种情况下，反抗既定资本主义体制的斗争通常都是反抗帝国主义的，运动主体的目的不是建立一个后资本主义社会，而是"复制、赶上"富裕的资本主义中心地带。然而这些国家的资产阶级在诞生之初就受困于一种依附关系（他们本质上就是"买办"。该称呼最早是中国共产主义者提出的），因此他们不能重塑自身，使自己成为可以担负起真正资产阶级革命的民族资产阶级，按照第三国际共产主义的话来说，就是"反封建"。这种由自称社会主义、共产主义的政党领导，由广泛的反帝反封建社会联盟所执行的反帝国主义战争，常常可能成为反资本主义的战争。为此，这些民族和国家的解放运动也常常超越反帝、反封建的人民民主革命的目标，可以被算作"朝向社会主义的运动"。

我们需要研究"朝向社会主义的运动"的三种谱系：第一种是在资本主义中心发起并扩散的，第二种是在资本主义发展的半边缘地带发起的，第三种是在资本主义发展的真正边缘地带发起的。这三种运动从未标榜自己是"朝向社会主义的运动"，但是它们中有些可能会成为这种运动。

1. 世界资本主义中心地带的社会主义运动谱系

在 19 世纪，法国比欧、美更早产生了废除资本主义而代之以社会主义社会组织的新观念。执行这种进步观念的人来自雅各宾派的继承者，他们的理论也为法国革命工联主义者所信奉。在这些最初的理论者看来，自治生产合作制能够为财产社会化提供制度和法律框架。

"法国社会主义"与马克思主义的社会主义的区别在于其理想主义的特征。它源自 18 世纪的启蒙哲学，并给予这类哲学的伦理价值最为激进的阐释，如正义、公民权、平等、自由和团结。但是它依然不清楚如何科学地解释资本的积累过程，而阐释这一过程却是马克思关于社会主义理想之原理和本质构建的最初、唯一的动因。因此，我们不难理解马克思以及后来的第二、第三国际都批判"法国社会主义"的理论和做法。当然，欧洲除了法国之外还有其他传统，尤其是英国，它们或有效或虚假地推动了社会主义运动。正是这些运动流派，在马克思有生之年的积极参与下，融入了第一国际。为此，马克思在第一国际的成立宣言中写道，国际的任务是推广并联合工人阶级的自发运动，但是不对他们设定或强加任何教条。第一国际集合了信奉不同"理论体系"的组织，有信奉马克思的，也有信奉普鲁东和巴枯宁的。虽然马克思在国际内部也为批判那些他认为没有科学根据的、可能会传播幻想与瓦解工人运动的理论而发起过政治和意识形态上的斗争，但是在第一国际成立之时，马克思还是提出了基本原则（笔者也信奉此原则）：接受并承认差异，以便在运动中加强团结。但是在欧洲，在19 世纪的最后 30 年里，尤其是在马克思去世之后而恩格斯还活着的那段时间里，社会主义运动恰恰偏离了这个原则。

第二国际是由具有群众基础的工人政党发起建立的，这种党事实上每个国家各有一个。随着群众工会的形成，偏离马克思最初原则的做法变得愈发严重，每个国家都有"自己"的党。虽然国与国之间有所不同，但是所有的党都具有同一个理想，就是成为所在国的"唯一工人党"。对于当时的许多人来说，这种偏离似乎是积极而有道理的，但历史表明并非如此。从那以后，"同一性"与差异性不再是互为补充的关系，而是互不相容。工人党的表面同一性似乎因看似一致联合的工会而得到加强。"群众工会主义"（Mass Unionism）为自己扫清了道路，它的目标就是每个企业或行业的所有工人都被组织于或隶属于同一个工会，只有法国没有顺从这种趋势。在法国，每个工会按照革命工团主义的传统，只招募政治上的先锋，并尽力领导工人大众，组织他们斗争，支持自发的运动。法国的工会视自身为准政党，为工人党的一个同盟或竞争者。相比之下，群众工会主义则不喜欢让自己的普通成员政治化，而是希望他们被动地服从，喜欢他们去政治化。群众工会还坚持它最基本的共同特点，即进行纯粹的经济斗争。除此之外，群众工会或许还对它的同盟即社会民主党给予选举方面的支持。如我们所看到的，第一次世界大战揭露了第二国际各党和工会的无能。列宁自己也被考茨基的"背叛"所震惊。然而由伯恩施坦提出的"修正主义"路线及其成功应该让他们明白，这些党和工会已经不再能组织"社会主义运动"了。修正主义路线产生的主要原因不是领导人的背叛，不是一小撮工人贵族的腐败，也不是这些组织中官僚们的野心，而是因为建立在帝国主义掠夺基础之上的社会富裕化了。修正主义路线在两次世界大战期间（1920—1939 年），甚至第二次世界大战之后的30 年的快速发展期间（1945—1975 年）都占统治地位。奉行修正主义路线的各党和工会（他们已经放弃了对资本主义的质疑）仍然得到大部分工人阶级的信任，从而令列宁式共产主义者成为少数派。

　　两次世界大战期间的某些时候，反抗法西斯、保护（资产阶级）民主的斗争是与改善工人生存状况的斗争相结合的。在那个时候，人民阵线提供了一种可能会将这些斗争重新扭转成社会主义运动的机会。第二次世界大战后，因为欧洲资产阶级曾与纳粹德国进行过阶级合作，而工人阶级却在抵抗运动中发挥了决定性的作用，红军在击败纳粹的过程中也声望大涨，因此当时社会主义运动又一次有望复兴，尤其是在法国和意大利。工人阶级在英国、西欧甚至美国都取得了很大成就：社会保障、充分就业政策以及工人年度工资的增长要与社会劳动的平均生产力的提高相一致等，这些都不容小觑，它们都使社会向更好的方向发展。但是我们也不得不认识到，这些成果的取得之所以可能，是因为帝国主义掠夺的加强。在整个战后快速发展时期，能源事实上成为不用花钱的物资。因此，在帝国主义的中心地带，对于1975 年开始的资本主义反击、快速发展期的终结以及工人获益的结束，工人阶级没有给出有力的抵抗。同样，对于前第二国际各党和工会仍然奉行的修正主义路线也没有任何抵抗。因此，这些党和工会之后就仅仅是社会-自由主义的了。路已经走到了尽头：一个达成"共识"的社会接受了"永远的资本主义"、去政治化，代替工人/市民的是一群旁观者和消费大众。然而，在帝国主义中心地带，资本的胜利和社会主义运动的消失并非如人们所相信或假装相信的那样不可改变，伴随着资本统治而来的反抗斗争的再度兴起，预示着社会主义运动可能会再度崛起。

2. 世界资本主义半边缘地带的社会主义运动（列宁主义谱系）

第一场以社会主义名义实施并取胜的革命是在俄国，在资本主义发展的半边缘国家发生，并非偶然。建立于 19 世纪末的俄国社会民主工党（RSDLP）视自己为欧洲马克思主义家庭的一分子，这个大家庭的导师就是考茨基。事实上，俄国社会民主工党不是欧洲的，它标志着朝向社会主义运动的重心由帝国主义中心地带转移到边缘地带，这种转移将贯穿整个 20 世纪。因此，俄国社会民主工党的激进派（布尔什维克）能占上风并非偶然，妥协派（孟什维克）则处在了不利地位，其他的欧洲党则呈现相反的态势。

然而，在社会主义运动各流派的同一性和差异性的关系上，列宁一直都信守第二国际的思维，他甚至还强调了它的两个重要问题：第一，他相信不应有多个工人阶级党，而是只有一个阶级、一个党。除了得到第三国际承认的政党之外，其他政党都算不上从事社会主义运动。其他的党都只不过是叛徒，而工人党的任务就是争取被这些党所欺骗的大众。第二，他不允许独立于党之外的工会存在。因为没有党的领导，工会永远不会跳出为了眼前经济需求的修正主义斗争模式，所以有必要将工会纳入社会主义运动体系之中，让他们服从于担任革命政党的策略传送带的角色。然而，真实的欧洲工人运动史驳斥了列宁和第二国际关于工会的观点。目前，"大众工会"（big mass unions）（比如德国的）在达成共识的基础上坚决支持"左翼议会性政党"（比如德国社会民主党），他们不仅对金融寡头的资本进攻没有采取任何反抗，还帮助后者达成了目标。相反，法国革命工团主义传统的剩余力量，因为允许草根革命有大尺度的自由，则在抵抗资本的进攻中表现得更有力量，这一点让法国金融寡头非常沮丧，他们更喜欢"德国模式"。

如上所示，列宁主义激发了 20 世纪社会主义运动的主要派系，而欧洲派系则如前文所指出的越来越公开地走向机会主义。他们充其量仅仅提出了工会的要求，选择了永远维护基本的资本主义关系，因此也就告别了任何可以被看作社会主义的运动。那么列宁个人是否应对后来苏俄和全世界的"列宁主义"继承者负责呢？应当负责，又不应当负责。说应当负责，是因为他的所有继承者，包括斯大林，都坚持了列宁主义关于处理同一性和差异性两者关系的教条。说不应当负责，是因为列宁仅仅活过了俄国革命的最初几年，因此他对之后发生的一切不应负什么个人责任。而之后的历史发展也有积极的一面，它对社会主义运动的未来具有举足轻重的意义。列宁主义与欧洲中心论决裂，即与那种认为社会主义革命仅在发达的资本主义国家才能被提上日程的说法决裂。列宁考虑到了这种转移，从中心到边缘，考虑到了要为社会主义的中心（center of gravity）而战斗。这一点列宁也在 1920 年出席巴库东方各民族大会上提出过，而且第三国际是全世界性质的，而第二国际则只存在于欧洲。

　　苏联社会由列宁主义-布尔什维主义所领导的社会主义运动受到了该国客观条件的限制，它的落后及其具有的半边缘性资本主义性质，迫使它不得不将"建设社会主义"降格为建设国家社会主义。当然，国家社会主义有别于国家资本主义。国家资本主义（如戴高乐领导下的法国）仍然是服务于垄断资本的体制，而国家社会主义则具有两点非常不同的本质：一是它至少能通过大胆的社会政策让自己合法化，是工人权力的代表；二是它与世界资本主义体系保持相对独立的关系。这种国家社会主义充满了逐渐向社会主义进化的可能，但它也具有很大的僵化风险，最后可能会伴随着资本主义的复辟而向右转，正如叶利钦和戈尔巴乔夫治下的苏联所发生的。如果是托洛茨基，那么历史会向好的那面发展吗？对此，笔者持怀疑态度。这也是第四国际（实际上只是第三国际的第二版）一直不过是一群演说者在那不停唠叨列宁主义的原则，却不能超越这些原则的原因。斯大林以及后斯大林体制甚至从未尝试超越国家社会主义（经济分层化和中央计划）阶段。铁托领导下的南斯拉夫却做出了这种尝试，但是遭到了莫斯科的排斥。这种排斥并不偶然，就其在世界舞台上的行动水平来看，第三国际当时已经逐渐将社会主义运动的所有战略服从于苏联的策略需求，而后者只关心抵制资本主义的包围需要什么。万隆时期形成的"非资本主义道路"理论要求放弃任何战略，只服从手段。现今，在资本主义发展的边缘地区，只能由以毛泽东为代表的中国共产主义者来提出一种不同的社会主义运动概念，不是与列宁主义的传统决裂，而只是超越它。这就构成了另一种社会主义运动的谱系。

3. 世界资本主义边缘地带的社会主义运动谱系

　　1871 年的巴黎公社和 1851—1864 年的太平天国运动开启了人类的现代历史阶段，它们打破了那种认为资本主义是进步的幻想，宣告了其鼎盛时代的终结。根据其长期的重要性来判断，这两者是大型革命。前者在发达资本主义大都市展开，后者则在刚刚（以被统治的边缘地带的身份）被纳入全球帝国主义的地区爆发。太平天国的目标是推翻清朝的专制统治，同时也反抗当时渗入封建制度之中的资本主义，它废除了私人商业，也同样强硬地拒绝通过帝国资本实施的外国统治。太平天国运动唤醒了亚非拉民族，也激励了毛泽东，它展示出来的是处于现代全球资本主义体系边缘地带的人们所发起的一种民族革命道路，这条道路引导他们进入一个长期的向着社会主义转折的阶段。巴黎公社和太平天国运动均具有世界性的意义。前者赋予无产阶级国际主义实质，而后者的世界性意义体现在它所利用的基督人物。对于太平天国来说，它信奉的基督并非那些传教士所灌输的形象，而是一个为了人类解放而斗争的形象代表：勇于赴死。这一点证明了团结是斗争成功的秘密所在。这两场革命还证明了资本主义只是一个短暂的历史时期，证明了资本主义仅仅能够创造超越其自身的条件，使社会朝更进步的人类文明阶段迈进。可以说它们为人类开启了新篇章，这一篇章将在 20 世纪和 21 世纪继续发展，它们开启了各民族的春天，与之相应则预示着资本主义的冬天。因此这两场伟大的革命在资本主义的中心和边缘地带，在全球体制的两个薄弱环节发生了。

　　马克思和历史中的马克思主义是否能把握全球资本主义的现实，从而形成"改变世界"的有效策略，即消灭资本主义呢？答案既是也否。在资本主义向全世界扩展的过程中，马克思看到了其间存在一种可以让经济和社会条件趋同的力量，这能让全世界的工人都沦为同样受资本剥削的雇佣工人。因此，他认可殖民主义具有进步意义，这一点在马克思的著作中不乏证据。而对英国殖民爱尔兰，他则没看到一点进步意义，相反他不遗余力地谴责这种殖民对英国的工人阶级产生的毁灭性后果。至于俄国这个对他来说不像中国那么陌生的国家，他本能地觉得这是世界资本主义链条上的一个薄弱环节，因此有可能爆发反资本主义的革命并为社会主义的前进扫清障碍。

　　相比之下，列宁和列宁主义（或称列宁主义的马克思主义）前进了一大步，列宁谴责"帝国主义"。虽然他可能是出于对马克思的尊重，称帝国主义是资本主义的新阶段。他认为，"革命"不在"西方"的日程上，而是列在"东方"的日程上的。列宁不是一下子得出这个结论的，他曾经犹豫过。他曾希望薄弱环节（俄国）的革命会在发达中心（德国）的革命发生之后再进行，他也曾认为资本主义的第一场系统性危机就是垂死的资本主义的"最后"一场危机。但是列宁很快发现他是在自欺欺人，欧洲（德国）革命已经失败，将要发生的革命必会在东方（中国、伊朗、前奥斯曼帝国、殖民地和半殖民地）爆发。但是列宁没能借助他对马克思主义的新看法来深刻领会俄国在全球资本主义体系中的地位，他视俄国的"半亚细亚"身份为障碍而非王牌，他也没有看到"农民问题"是未来革命的关键环节，他认为俄国资本主义的发展抹去了俄国村社内含革命的可能性。因此，列宁得出结论：俄国革命会给农民带来土地，但是只是让他们成为土地所有者而已。

因此，是毛泽东，这个太平天国运动的后人提出了社会主义革命的战略和目标：在全球体制的边缘地带推行反帝反封建的革命。毛泽东思想执行的是一个有条理的社会主义战略，它对于亚非拉等边缘地带的民族来说有一定的启发意义。这里我们又回到了前面所说的基本问题：同一性和差异性的关系。反帝反封建的人民民主革命涉及各种社会、意识和文化力量，它不可能仅仅是"无产阶级革命"。这场革命必须是被压迫、被剥削的大多数农民的革命，它必须是受过教育的大部分中产阶级参加的革命。中国从 1949 年发展到今天，笔者认为最大的经验就是它对同一性和差异性的处理。因为在这一点上中国处理得非常好。相比其他当代的发展中国家，比如巴西和印度，中国崛起就证明了它很好地处理了同一性和差异性的关系。其他在这一点上较为成功的国家还有越南和古巴。而在过去几十年里，南美各国如委内瑞拉、巴西、玻利维亚和厄瓜多尔，它们虽然赢得了选举，也通过了初始阶段，但是若要继续前进并成为真正的社会主义运动，它们还需找到应对同一性和差异性矛盾的有效方案。

回望过去，万隆时期是亚非民族解放运动胜利开始的时期，它们本来充满了成为社会主义运动的机会，但是结果呢？这个问题不能笼统回答。的确，在先进的民众运动扩展的某个时刻，社会主义运动似乎成为可能。比如，也门和苏丹就曾经是这样。在非洲，许多组织和领导了民族解放的执政党都自称是社会主义的，有的甚至自称是马列主义的，这种宣称并非为了蛊惑人心，它表达了进步团体的目标和其群众基础。然而这些执政党都强调"人民的统一"，却否定了社会利益的差异性。不善于处理这种矛盾关系导致这些政党止步不前，丧失合法性，并最终回到当代帝国主义及其帮凶的"羊圈"中。

在狂躁的历史中，这些自称马列主义的政党没能使运动朝向社会主义发展。最主要是因为它们坚持国际共产主义内的莫斯科阵营：它们投身莫斯科所倡导的"非资本主义路线"就是最有力的证明。结果，这些党最终只成为整体右倾的权力体系中的左翼而已。就印度来说，前印度共产党的分裂、与国会结盟、组建以毛主义为指导的印度共产党（马克思主义）也没能带来质的飞跃，没能成为中国共产党的印度版。印度共产党的失败有多种原因，比如种姓制度的神圣性以及印度民族的多样性。印度共产党在西孟加拉和喀拉拉邦都已经通过选举进入了政府，取得了不容忽视的进步，却没能将印度联邦的力量对比扭转为朝着有利于社会主义运动的方向发展。它没能超越业已取得的成绩，而是逐渐被体制所"吸收"。我们不得不承认它失败了，这个党分裂了。值得注意的是，同样的行动却在尼泊尔取得了一些成果，并粗略地勾勒了一场可能的社会主义运动。

二、社会主义运动的未来：承认差异，统一行动

没有将与主流资本主义体制对抗的各种社会力量串联起来的统一战略行动，就不可能有社会主义运动的革命性推进。然而我们仍需正确区分有关差异的性质，要区分重要的差异和次要的差异，差异的来源和形式也是多种多样。非简单化的阶级分析有助于深入理解这个问题。毋庸置疑，在资本主义体制下，存在资产阶级和无产阶级之间的对抗。但是这种对抗也是以不同形式表现出来的，有雇佣工人、小资产者、大企业家以及大寡头等等。而根据所处社会的不同，基本阶级的差异也极其不同。此外，边缘地带国家的阶级构成远不同于核心地带，而发展中国家各自的农民阶级结构也各不相同。

按照资本积累的逻辑，很容易将社会结构简单化，关于这一点有几个错误观念：一是认为资产阶级和无产阶级的对抗会消除其他社会力量的政治表达；二是认为资产阶级和无产阶级会成为具有微小内部

差异的同类阵营；三是认为资本的全球扩展会使发达国家与落后国家的社会结构趋于相似。过去 30 年来，在新自由主义的"欺骗"下，垄断资本主义以这种方式在全球传播：（1）普遍但是呈碎片化的无产阶级化；（2）在中心和边缘都处处实行压制，削减各种独立于垄断之外的经济行为；（3）以抽象的资本统治形式替代以前的资本主义组织。[1]从此以后，资产阶级已经成为一个由金融寡头雇佣、持有高额薪水的雇佣工人组成的阶级。垄断资本主义的新发展并没有带来相对的社会稳定，反而导致社会退步，引发大众反抗。它也没能带来新的中心、边缘关系的相对稳定，相反它导致对抗和冲突升级。以美、日、欧三巨头为代表的帝国主义中心不再能维持它们对全球的统治，只能对全球强化军事控制。面对华盛顿及其同盟的地缘战略部署，新兴国家和民族也通过伸张主权施以抵抗，从而导致南北冲突升级。而在边缘国家，垄断资本主义国家通过与缺乏民族和民众合法性的国家权力机构结盟，进而控制这些国家，这又是导致各民族抵抗的另一原因。

在我们面前，普遍化的垄断资本主义正以多种形式内爆，一个新的革命时期正在展开。我们该如何行动才能将可能变成现实，以推进社会主义运动的发展呢？回答这个问题也需要我们再次反思这个关系：行动上的战略统一和参与运动的各民族在社会、政治构成上的差异。在过去，只要对统一、差异这对辩证矛盾关系做出具体的回应，社会主义革命就会有所前进。解决这两者并不是要求否定其中一个，而是要将两者的对立转化为互补。成功处理这两者关系的案例有 1917 年的俄国革命，列宁向参与暴动的各派民众提出一个共同的战略目标：和平和土地，从而将各股势力统一起来。而在中国，早在 20 世纪 30 年代，毛泽东就通过联合贫农重振中国共产党，从而有了 1949 年的胜利。俄、中两个案例都是对挑战做出具体的回应，抓住了关键性差异。解决这种矛盾不存在统一的公式，当代各国的关键性差异也各不相同。对处理这种矛盾关系，在此总结两点提议：（1）在帝国主义中心，激进左翼必须勇于提出将垄断性财产通过民族化、国有化充公，同时制定措施将这些财产的管理民主化、社会化。这就要在每个阶段找出共同的阶段性目标，从而构建统一行动。（2）在边缘地带，激进左翼必须能认清组成社会联盟的不同成分，为此它首先必须知道这个联盟的共同阶段性目标。只有满足了这些条件，社会主义运动才能稳步、渐进地改变现有社会。

三、推进社会主义运动的新崛起

现在，边缘地带的国家、人民和民族到第二波崛起的时候了。社会主义运动的目标就是要在与资本主义不同的基础之上重建人类社会，它将是更高阶段的人类文明，不仅仅是一个更"正义"甚至更"高效"的文明模式。我们最好要明白我们需要的是什么模式的文明，建立在什么原则之上：毁灭性的竞争还是强调统一的利益？将不平等合法化的自由还是与平等紧密关联的自由？不顾未来的耗尽地球资源还是照顾到地球生态的再生？

社会主义应该是民主的，否则它就不会存在。但是我们必须首先明白：社会的民主是一个无止境的过程，而非将多党选举代议制的公式作为"真正的民主"。西方媒体向发展中国家宣称"民主第一"，也就是它所指的立刻举行多党制选举，而许多南部国家也认可了这个提议。但是实践已经反复表明，这只是帝国主义国家操纵的手段。在帝国主义的核心地带，代议制选举一直只不过是有效阻止劳工运动激进化的武器，西方的公众想不出代替这种政治管理体制的方案，甚至有的共产党现在也被它说服了。社会主义运动有责任开辟阵地，寻找更高级的政治民主管理方式，同时也有责任发明经济管理的新方式，将社会关系的民主社会化与人类生存空间的再生产相结合，将人类的共同遗产一代接一代地传下去。现今，各种革命或社会主义运动所面临的关键问题是现代经济管理的社会化，资本主义的传播已经为之打下基础。在资本主义的边缘地带，为了发展生产力和建设社会主义也要从根本上处理好这个问题。解决这个问题在于是建设"国家社会主义"还是"国家资本主义"，两者之间的界限是模糊不定的。事实上，在宣称社会主义的各党的理论阐释中，经济管理的社会化和政治管理的民主化向来被认为不可分割。要做到这些，社会主义运动必须避免19世纪乌托邦社会主义的老路，必须回答：（1）我们现今具有什么样的人类学和社会学知识去质疑以前的"乌托邦"思想？（2）对于再造人类的生活条件，我们具备什么样的科学知识？（3）这些知识能被一种开放的马克思主义思想所容纳吗？

发展中国家的第一波（1950—1980年）崛起已经结束了，怎样进行第二波崛起呢？我认为，最主要的是要认识到，在当前既定的全球模式框架下，没有社会主义运动施展的空间，因此必须制定能走出这个框架的短期和长期目标。我们常听到："问题是世界性的，因此解决方案也必须是从世界着手。"但是，这句话只有前半句是对的。自上而下地，比如通过在联合国的框架下解决全球化就绝对行不通。全球体制向来不能自上而下地解决，而必须自下而上地解决，即先从地方、国家层面上着手。简单地说，就是不再服从全球化扩展的需求，而是优先发展"主权建设"（sovereign projects），迫使全球体制适应国家项目的建设需求。在某些情况下，从事主权建设可以为社会主义运动开启发展空间。有效的主权建设能顺利展开，首先它必须真正得到民族、大众的支持，能让他们都受益。目前在进行主权建设的发展中国家主要有中国、俄罗斯、印度、巴西和南非。

当代资本主义的发展取决于对全球自然资源的抢夺。美国对资源的依赖与中国日益增长的资源需求对南美、非洲和中东都是一个挑战。能否提出合适的国家和地方政策以保证合理公平地分配地区资源，让所有民族都受益？可否将中国利用这些资源与对相关国家的工业化的支持联系起来考虑？社会主义运动应该支持什么样的主权建设？笔者认为，应该在经济和政治层面找出最重要的环节。在经济层面，首先应该走出金融全球化，应该考虑的问题有：美元作为通用货币的问题，美元的未来，美国日益增长的外债；实行人民币、卢布、卢比的完全可兑换性原则；等等。[2] 在政治层面，首先应该执行一些能够遏制美国及其盟友的地缘政治和策略的战略方案，应该达成什么样的国际政治联盟以迫使美国放松对全球的军事控制？在这一点上取得进展具有非常重大的意义。现在，金砖四国以及支持它们的发展中国家已经不愿意支持美国的军事冒险，并且敢于利用否决权来对抗华盛顿了。我们有必要以一种更开放、更系统的方式继续推进这种行动。

注释

[1] Samir Amin. *The Implosion of Contemporary Capitalism*. New York：Monthly Review Press，2013.

[2] Samir Amin. The Chinese Yuan and HSBC Bank. *Pambazuka*，No. 643，August 13，2013，http://pambazuka.org/.

第10章　美国的共产主义运动和黑人问题：黑人自决观念对现实和未来的意义及影响[*]

［美］马克·所罗门 著　姜锡润 编译

　　1919 年秋天当美国共产党形成两个派别的时候，它继承了其社会党先驱关于黑人问题的观念。这种状况是具有传奇色彩的社会党领袖欧仁·德伯斯（Eugene Debs）所确定的，他宣称社会党"对黑人没有什么特别的贡献"，黑人地位会随着工人阶级地位的提升而随之上升。

　　然而在 1919 年 3 月形成的列宁领导的第三国际（共产国际）不同于其社会党先驱，它认为殖民地和依附国的人民是工人阶级同帝国主义敌人斗争的不可缺少的盟友。那种理论虽然只为小部分人所掌握，但它激励了由非洲–加勒比海新闻记者西瑞尔·布瑞格斯（Cyrill Briggs）所领导的一个黑人群体，这个群体已于 1918 年在美国组建了非洲血统兄弟会（African Blood Brotherhood）。信奉它的非裔美国黑人支持非洲的解放和提升非洲的文明，反对在美国的种族歧视，非洲血统兄弟会代表着革命社会主义和黑人民族主义的最初融合。布瑞格斯带领一小部分黑人先驱加入了共产党，在这期间，非洲血统兄弟会越来越强烈地反映出共产党和第三国际的看法。

　　尽管在它的名义下模糊地形成了民族主义的潮流，早期的共产党还是继续把黑人问题解释为一个阶级的问题，这个问题不可否认地被种族问题恶化和复杂化。但这是它优于社会党之处，整个 20 世纪共产

　　[*] 原载：马克思主义哲学研究. 武汉：湖北人民出版社，2002：74-83。文献来源：Mark Solomon. *The Cry Was Unity*：*Communists and African Americans*，*1917 - 1936*（Jackson，MS：1998）。

党的活动通常被局限在融合处于成长阶段的非裔美国工人阶级同白人
领导的劳工运动的关系上。当战后出现资本主义的相对稳定时，对话
的潮流加强了。非洲血统兄弟会受到美国政府的侵扰，退党的成员被
吸收进了美国黑人劳工协会（ANLC），这个协会是共产党于 1925 年成
立的，它想把工人吸收进工会组织，并且向黑人打开愿意对话的美国
联邦政府之门。美国黑人劳工协会开了组织黑人工人和宣扬种族内部
的联合主义的先河。它支持处于艰苦斗争中的黑人女洗衣工，促进在
20 世纪的煤矿罢工中的黑人、白人矿工的联合，帮助组织了哈林
（Halen）的电影放映员的著名罢工。但在美国劳工联邦（American
Federation of Labor）的强烈抵制下，美国黑人劳工协会的力量是微不
足道的。在美国黑人劳工协会 1928 年的艰难时期中，其非裔美国员工
还不足 60 名。彻底再审视党在黑人中的工作问题是不可避免的，在第
六届共产国际会议上实现了这一再审视。

在前三届共产国际会议上，非裔美国人的问题是放在它同民族问
题、殖民地问题的关系的条目中被讨论的（即缺少就它自身而言的讨
论）。第一届共产国际的宣言，对西瑞尔·布瑞格斯的影响是很大的，
它号召殖民地人民同大城市的工人阶级相联合。在第二届会议上，列
宁的"民族和殖民地问题的初步理论"更加深入了。他敦促共产主义
者"支持在依附国和那些没有平等权利的国家（如在芬兰、在美国黑
人中）的革命运动"。不管他是否想把非裔美国人划在"受压迫的民
族"或"那些没有平等权利"的类别中，对在共产国际展开关于美国
黑人问题的讨论的意义都是微不足道的。列宁划了一条从非洲穿过亚
洲直到非美（Afro-America）广阔的特别受压迫的地带。黑人不可避
免地变成了民族压迫和社会革命链条上的一环。

1923 年的第四届会议展开了关于美国黑人问题的第一次广泛的讨
论，在会上，非裔美国人是突出的——他们强调了种族偏见的特殊维
度（在日常生活和党派中）。秘密党派成员——勇敢、善辩的作家克劳
德·麦凯（Claude McKay）相信莫斯科是可以告知党在黑人问题上意
识很弱这一事实的地方。他说美国共产党在细小问题的争论上浪费了
宝贵的时间，而资本主义者极力把黑人变成罢工的破坏者。在美国剩
下的只是不断重复种族偏见的宣言，党组织犯了忽视黑人工作的错误。
美国的共产主义者本应在他们能用激进的活动去影响黑人之前涤除沙
文主义。麦凯得出这样的结论：工人阶级中的种族冲突是一种潜在的

灾难。黑人问题是阶级斗争中的中心问题。为种族平等而斗争是美国劳工自我保护的大事。

奥托·休斯伍德（Otto Huiswood）很早就加入了党组织，他在会议上说，黑人问题基本上是一个被种族问题恶化了的经济问题。与麦凯的观点相似，他强调了工人阶级分裂的危险性，这种分裂源自有组织的劳工的种族主义政策，这种政策很难劝服黑人工人不破坏罢工。与此同时，黑人大众组织的出现，以及随之出现的探讨社会多元化、文化奴役的新闻报纸和杂志，都潜在地把美国黑人摆在了有色人种解放运动的先锋位置上。是该对黑人问题给予严肃关注的时候了！

大会成立了一个"黑人委员会"，其成员来自工业国家和殖民地国家，休斯伍德被选为大会主席。他的"黑人问题的论题"使所有非洲人的后代从来没有如此紧密地同反对帝国主义的全球斗争连在一起，它宣称把列宁关于殖民地问题的论断用到黑人问题上是共产党员的特殊职责。美国黑人处在"黑人文化中心并且是黑人抗争的结晶"。它的历史"给予了它在整个非洲种族解放斗争中的重要位置"。世界共产主义运动有为全球种族平等而斗争的义务，有赢得黑人联合的义务。"一份给会议最高主席团的报告"（具有更加私人化的性质）建议把非裔美国学生送到东方劳动者共产主义大学（KUTY）学习，该校建立于1921年，其目的是训练从殖民地国家或依附国来的革命者。他们中的一些将作为非洲革命的组织者，直到非洲自己的干部成长起来。一种为以后埋下伏笔的契机出现了，它宣称第四届会议真正使得美国黑人同殖民地或民族解放相连，并由此打开了1928年南方黑人带的黑人自决口号的大门。

在1924年的第五届大会上，美国黑人问题完全服从于民族和殖民地问题，共产国际迅速地把美国黑人吸纳到那个框架中去，但大会迟迟不公开声明美国黑人是受压迫的要求自决的民族。对殖民地或依附国而言，这种需要是强烈的；对美国而言，自决并不能解决所有的民族问题，尤其是在那儿有"非常错综复杂的杂居人口"的存在。第五届会议超越了单方面阶级分析的界限，认为美国黑人问题至少是一类种族压迫问题，它在关键方面超过了阶级。有关共产国际想法的新方向的暗示，在由共产国际执行委员会送给工党的关于美国黑人劳工协会建立的指导书中被强调。在"信心十足"的公报中，出现了下面的语句："我们的主要口号：'自决的权利甚至是分离'，必须为美国补充上绝对的社会平等的要求。"是"补充"被加到自决上，还是"补充"忽视掉了自决，概念并不清楚。

1928 年，有关资本主义是否进入经济和社会危机的重要时期的争论席卷了苏联共产党，资本主义的危机，预示着尖锐的阶级斗争和革命萌芽。如果"公平的资本家的稳定"时期已经结束，对问题（包括黑人问题）进行更多形式的分析就应当在党的工作序列中。美国共产党在建党的九年时间里，希望变成一个被认可的和值得尊敬的"受压迫黑人"的领导这一愿望并没有实现。莫斯科的气氛感染了来自美国两个派别的领导人：一方以杰·洛夫斯托恩（Jay Lovestone）为首，坚持资本主义的稳定并没有临近结束；另一方以威廉姆·Z. 福斯特（William Z. Foster）为首，挑战洛夫斯托恩的立场，它与共产国际的立场一致，即资本主义正进入阶级斗争加剧、蕴含革命萌芽的新时期。这场争论也促使一批黑人干部的出现和一些非裔美国学生到东方劳动者共产主义大学学习。

1928 年，在东方劳动者共产主义大学学习的非裔美国人哈利·海伍德（Harry Haywood）飞速提升了列宁学校的声望，他同查尔斯·纳斯洛夫（Charles Nasanov）很要好，他为了青年共产主义者的国际化而从美国的逗留中回到莫斯科。纳斯洛夫对民族主义和殖民主义问题有很强的兴趣，并且得出结论：在南部的黑人形成了被压迫的民族，对他们而言，应该申请自决的权利。海伍德称，当纳斯洛夫首次提出这个问题时他感到迷惑不解，逐渐地，他开始感觉到非裔美国人中被压抑的民族渴望。

海伍德收集齐了其理论的要素：由于身上的锁链，黑人从已出现的中产阶级民主社会中被分离出来，他们期望伴随废奴运动和在国内战争中中产阶级的民主胜利而来的解放。但重建被北方发起的联合命令所背叛，第 13、14、15 次修正案被践踏，自由被强烈的种族主义和暴力，以及"救世主"政府的出现所取消。他们对土地的渴望破灭了，他们或种田或做苦工，佃户关系变成了他们的命运。重新抬头的现代帝国主义使黑人的无田地和半奴隶的情形变作冰冷的现实，封闭了黑人、白人融合成一个民族的道路，标明了他们的特别的压迫。通过同化而达到平等的道路也被提前关闭了。为他们通常的历史经验所分离，黑人呈现出了一些独特的文化和心理特质。他们变成了"一个民族中的民族"，他们的平等只有通过自决而被确定。共产主义者必须使他们自决的权利在南部得以实现，就像"为黑人起义"的口号那样。

这种理论的吸引力在于它暗含着同传统定论的分离，这种定论忽视黑人，只把其当作阶级斗争中的辅助物。把黑人问题定义为一个民族为自决而做出的奋斗，黑人运动最终被提升到了一个在列宁主义圣殿中令人叫绝的地位：无产者革命不可或缺的盟友，并且这种运动自身就是革命。种族主义是"民族压迫的工具，是阶级敌人施放的烟幕，它掩盖黑人被压迫的潜在的经济的社会的形势，它的目的就是维持工人阶级的分裂"。最终，种族沙文主义不只是一个不公平的问题，而且是一种民族压迫的工具，它否定了革命运动——它最可珍惜的盟友。

海伍德、纳斯洛夫准备好了在共产国际六大上进行斗争，他们向第六届会议的黑人下级委员会递交了初步的决议作为讨论的基础。这份决议是实验性的和条件性的，突破的领域比海伍德后来宣称的要少。它以传统的强调新的城市无产者的增长和黑人的解放斗争需要工人阶级的领导开始，攻击洛夫斯托恩把南方黑人当作"一个保守的资本主义者的反映"的性格描述，进一步攻击党内的白人沙文主义。在文件里没有一处出现过"自决"字眼。对南方黑人的指称是分散的和模糊的，只是偷偷地在下列段落中指出民族问题：

"在美国的黑人问题中有一些特性，这使得它同大多数其他民族问题相区别（它们的上限），然而存在于黑人和白人之间的经济的、社会的、政治关系的总和使这一问题成了一个被压迫的少数民族（或种族）的问题。"如果大会拒绝了自决，括弧或加括号的种族就是退路。实际上海伍德、纳斯洛夫维持了"北方、南方黑人工作中的中心口号必须是'全社会的政治平等'"。他们的谨慎被这种断言所强化了，即在南方，"有一些先决条件，这可以导致将来在黑人中的民族（种族）革命运动的发展"。

海伍德继续谨慎地指出"存在于美国的民族主义运动的前提条件"，但他补充了党的口号"必须是社会的平等和自决"，那自决的提法足以开展一场极具破坏性的争论。福斯特派别的理论家亚历山大·比特曼（Bittleman）是第一个参与进来支持海伍德和纳斯洛夫的人。他说仍在南方的 900 万黑人，70%是贫穷的农民。在美国，黑人是少数种族或是少数民族没什么区别，他们是为民族解放而斗争的少数种族或少数民族，因而是工人阶级的盟友。比特曼对自决的同意是

模棱两可的，他说，"它并非很坏，并且在将来可能会实施"。在最
后一天，每位黑人共产党员支持海伍德而反对分裂主义者的论题；每
位白人共产党员支持比特曼也反对分裂者的言论。詹姆士·W. 福特
（James W. Ford）注定成为 20 世纪 30 年代最高黑人领袖，他把受压
迫的种族或受压迫的民族的问题降格为一个"学术性问题"。如果党
同黑人大众有严密的接触，那将是很重要的。但 50 名黑人党员在人
数为 1 200 万的黑人大众中是"微不足道"的。面对美国黑人劳工协
会的艰苦状况，在党打击沙文主义失败的情况下，关于口号的争论纯
粹是浪费时间。福特说，海伍德不仅弄错了黑人问题的民族特点，而
且他不能提出丝毫的事实去证实他关于黑人和农民倾向的宣称的有效
性。然后他鞭策参与讨论者去掉党派的麻木，真正与广大黑人同呼吸
共命运。

几天后当讨论重新开始时，威廉姆·Z. 福斯特说海伍德-纳斯洛夫
的理论标志着一大进步。尽管压抑着自己的怀疑，他补充道，自决并
非分离，它是对种族歧视的回应，同支持在黑人被白人团体排斥在外
的地方成立独立的黑人团体的主张一样。尽管福特承认黑人自决在黑
人中并没有大量的支持者，但他仍然坚持随着黑人"变得更具政治自
觉"，人自决的需要也会随之增长。杰·洛夫斯托恩是福斯特党派的反
对者，他说，他之所以反对海伍德-纳斯洛夫的论题是因为它的政策缺
乏基础，没有分析黑人的社会构成，对这种构成与阶级冲突的关系也
一无所知。

共产国际公认的权威——苏联的彼得洛夫斯基（Petrovsky）称：
共产国际在第二、第四届会议上已明确，黑人问题是一个民族和种族
问题，同样也是一个国际-世界问题。他总结道，论题对自决根本没讲
什么新意，没有理由在那些话题上停滞不前。他说，现在不是只喊口
号的时候。不管从论题中来的关于黑人问题在形式上的改变是多么小，
彼得洛夫斯基还是同意了它们。他的声音即共产国际的声音，他的死
则意味着这种声音的消失。把黑人问题既作为民族问题又作为种族问
题的妥协叫法正在制定之中，但它不是不同意见的真正分裂，而是共
产国际想要的：美国共产党在黑人问题路线上的重大转变。杰·洛夫
斯托恩在感觉到他正败给福斯特后，承认对党而言宣布反对自决将是
错误的，至少理论上讲在将来它可以变成一个问题。他粗略断言，彼
得洛夫斯基同志已为一个尚未得出的结论"铺好了基础"。当彼得洛夫

斯基转向用海伍德-纳斯洛夫的决议作为起草的基础时，杰·洛夫斯托恩派别被限制而福斯特派别得到了肯定。党派性在最后的结果中起了很大作用。

在那之后不久，彼得洛夫斯基提出了六条建议，附加在海伍德的决议之后，建议说，在南部的黑人绝大多数是农民，他们构成了黑人种族（民族）问题的根基。然后他又坚持说，"导致黑人中的民族革命运动在将来的发展有其前提条件"。在殖民地委员会下的所有黑人下级委员会接受了由比特曼提出的决议的另一修正案："美国的共产党应在它们的计划中号召美国的黑人大众争取自决权。"

关于美国黑人问题的决议准备在殖民地委员会下的所有黑人下级委员会中讨论。彼得洛夫斯基要求迅速表决关于自决的一般性条款，最终由 10 票对 2 票获得通过。那些开始占优势，坚持黑人被吸引到大的民族的人陷入了沉默。共产国际已决定"党必须公开地站出来毫无保留地争取在黑人占绝大多数的南方的黑人的自决权利"。在海伍德和比特曼——福斯特派别的唆使下，产生了让那些反对此观念的人防御不住的形势。"黑人带"和农业黑奴构成了"民族革命运动"的萌芽这种观念现在成了一项官方政策。

在莫斯科以外，大多数以共产主义者命名的稍微留心的人都在思考黑人带的自决究竟是什么意思。共产国际六大后的几乎两年时间里，几乎没有讨论过此话题。当讨论真正发生时，民族情绪在黑人社区正在发展的看法在很大程度上已被否定。在东方劳动者共产主义大学任教的匈牙利逃亡者安德鲁·斯克（Andre Sik）写道：

> 早期的美国中产阶级对殖民地的剥夺和他们的欲望相称，现在转变到了对黑人的更高一级的剥夺，原来是把其当作奴隶，然后当作"一个处在民族和社会不平等成员位置的特殊群体"。不像非洲人那样被领土、经济体制、语言文化束缚在一起，非裔美国人没有这样的特点和基础，也不想寻求民族的独立。共产党员应该要求全部的政治和社会平等，而不是自决，自决不过是狭隘的分裂主义者的借口，是小生产者要求为他们划出一个经济生活的地带。

斯克把黑人问题当作一种特殊的但不是自决的问题。但他区别美洲和非洲的努力使得他忽视了在美国黑人中大量的恋旧、文化和精神，在这种生活中，同非洲人这一字眼相伴随的是教堂、平民和友爱的组织。但在斯克的分析中有一观点凸现出来：对黑人的残酷的种族压迫从高度的剥削劳动力中获得了很高的利润，并且形成了美国资本积累的基础。非裔美国人为平等权利的斗争会打击这个基础，因此，不管有没有自决，这种斗争都同此基础有不同形式的关联。

海伍德在共产国际中努力从理论和实践上去推行自决。他穿越 5 州 214 县去考察黑人带，在那里，农村黑人构成绝大多数，他们种田和做苦工。他补充道，在贫民区里，由于教堂和媒体的影响，寻求一体的感情已开始。艺术家和学者给了那种一体化的历史以基础并且产生了对黑人艺术、文学、音乐的极大欣赏："为时不多，民族主义的基本要求就会唾手可得了。"海伍德抱怨把自决叫作分离主义是一种诽谤，自决是黑人大众与白人工人之间平等联盟的基础。纳斯洛夫补充道，人民选择他们自己政治生活的神圣权利是对他们平等权利的肯定。在以后的会议中极力推崇自决的詹姆士·福特宣称，通过融合黑人大众和革命力量的努力，共产主义者涤除了民族分裂主义者并且产生了反对共同敌人的黑人白人联合体的伟大前提。

共产国际殖民委员会的芬兰主席奥托·库斯恩（Otto Kuusinen）同意围绕对第六届会议黑人决议的疑惑展开讨论。1930 年 8 月，共产国际黑人委员会在莫斯科重新召开会议，把洛夫斯托恩排斥在外。那种内在于路线问题的古怪而未得答案的问题迅速得到处理：种族问题屈服于民族问题。由于种族和肤色对白人产生的敌视态度模糊了对黑人的高级的剥削，为了减轻黑人遭受的专制，鼓励愚蠢的自由疗法，诸如教育、时间、好意、宽容和广泛的种族内接触。

1930 年的决议宣称政治和社会的平等虽然在南北方都受到了压抑，但自决是南方的主要政治口号。共产党员将支持黑人带的奴隶的脱离，但若革命在更大的民族范围内获胜，共产党员又将支持黑人留下来。白人不会被迫离开黑人共和国，但会被要求服从多数人的政治统治，同时享受少数民族所享受的权利。如果那样的话，黑人将获得真正的经济和政治上的力量，远比靠统治一个贫穷的分离的州给予的衰败好得多。最后，自决是行动的口号而不仅是激烈的讨论。它先假定了有力的行动，诸如罢工和抗税这些黑人大众日常需要进行的行动。

评　估

"一民族内的民族"的具有说服性的理论基础从来没取得过。所有被海伍德、纳斯洛夫列举的统计数据并没说明在美国作为一个社会整体的黑人带的社会变化的原动力。列宁曾指出，所有的民族特点都服从于经济生活。他在他的"统计和社会学"中确实说过：黑人在南部农村的冰冷的、监狱般的地位能产生成为一个民族的愿望。但他又说，随着美国资本主义的发展，"没有哪一个地方的大民族的差异收缩得如此之快和如此激进以致形成了一个单一的'美国民族'"。

即使在 1930 年，共产国际说黑人带"在经济、政治上并未成一体，这种统一只是为了保证被叫作美国的一个特殊殖民地"。如果不是殖民地，又怎样成为一个民族呢？根据共产国际的说法，黑人带缺乏作为殖民地的"分离"要素，它的经济生活对作为一个整体的美利坚民族而言是再寻常不过了。实际上，大的统治阶级正加快黑人带的工业化，小生产者被冲击到了一边。隔离在亚特兰大和达拉莫（相当大的黑人所有的保险公司）促成了相当强烈的阶级差别，但并没有带来一个具有活力的中产阶级的民族觉醒；在农业中，结构和技术的转变使得大量的佃户从农村中走出来，破坏了潜在的"一般领域内的平稳社区"。如果不是真正不存在，至少向往民族解放的希望在黑人带中是很弱小的。

自决观念有另一个基本的缺点：期望资本主义已达到其顶点，黑人农民的大多数将更进一步地被包括进黑人带并且其处境进一步恶化——以此产生民族独立的起义呼声。与此同时，无产阶级革命将在美国的其他地方蓬勃展开。共产主义者准确地预料了资本主义更为严重的经济危机，但他们对这种体系迅速解体的希望则是错误的。

"民族反抗"在 1930 年的文件中模糊地提过，当然没有散布开来——但一场有力的寻求民主、公民权利的运动确实在南方开始了。实际上，南北双方资本主义的快速发展正提升着在广大社会范围内的黑人对民族权利的要求，但那种斗争是所有阶级的现象，它最终打破了"监狱"的基础。

1935 年，黑人民族主义从共产国际的声明中淡出了。1943 年，当

党的领导人厄尔·布罗德尔（Earl Browder）声称非裔美国人通过抛弃
它来践行了自决的时候，黑人民族主义被正式搁置了起来。1946 年，
这种观念因布罗德尔的除名而重新恢复活力，在 1958 年再一次被
取消。

　　自决应该被视作"浪费力气"的由莫斯科传来的过时的遗迹吗？
并不全是。它可能已被视作一种狂想。但共产主义者已触及了一个基
础性的话题：独立了才有民主，独立是正确的选择。非裔美国人，应
该是自由和平等的，必须使他们从从属的地位中解放出来，他们必须
能自由地控制他们的政治、社会生活，从而在新力量平等关系的基础
上重新规定黑人、白人的合作。共产主义者在接近种族平等的政治内
容上是先进的。他们将改变不信任白人许诺的历史——这种许诺通常
恶化成了背叛。他们直接地说：我们承认和维护你选择你的将来的权
利。我完全抛弃白人统治阶级操纵、控制、封锁、镇压黑人的传统。
并且，我们理解种族仇视和种族偏见破坏联合抗敌的力量。去掉白人
沙文主义毒素不仅仅是一种施舍、同情或通常的善意。因此，我们将
从我们的名称和根基中剔除"白人沙文主义"一词，无条件地保证你
的政治选择的权利。在黑人带民族观念的驱使下，共产主义者在种族
主义和种族隔离猖獗的时期，探讨着非裔美国人被忽视的历史、艺术、
文化等方面，尤其是战斗的和民族主义的潮流、白人种族主义的卑劣
历史以及美国黑人同世界上黑人的关系。

　　具有讽刺意味的是，自决的力量并不在理论的有效性里面，而在
它的现实的实施中。它破坏了那种把为黑人权利而做的斗争从属或等
同于阶级问题的看法，因而弱化了黑人解放在革命变化中的中心位置。
对白人而言，黑人解放被提到了革命过程的首位，黑人的民族热望被
看作在他们自己权利下的革命，黑人是工人阶级不可缺少的首要的盟
友。没有哪一个共产主义者可以忘记他（她）必须同白人沙文主义者
进行卓绝斗争，并且把美国黑人的需要融入政治生活的方方面面的责
任。黑人民族受压迫的情况构成了重要的革命力量和帝国主义的致命
缺点，它激励着 30 年代的党进入前所未有的为黑人权利而斗争的革命
中去。自决的理论和现实的成分可能很难定义，然而这种观念驱使共
产主义者为平等和黑人的解放而不懈斗争。但这并不表明民族自决是
完全实用主义的和去掉了可感受得到的物质基础的。它产生于奴隶制
在种族隔离中得以繁荣的"民族内的民族"的观念，植根于非裔美国

人的思想观念中。它产生于鞭打、强暴，产生于几乎全部的政治压迫，产生于整个民族的文化遗产的破坏，产生于对他们心理特质和身份的攻击。黑人问题不仅是一个阶级和种族问题。黑人与白人社会的被迫断裂，对黑人的历史连续性、文化和身份的攻击，已经使黑人民族产生了实现政治统一和心灵自治的渴望。

然而在美国，问题是当期望在一划定的地理区域内实践自决而不能实现时，怎样满足民族的渴望。不幸的是，美国的共产主义者缺乏政治的想象力和独立于莫斯科的决心，缺乏从"自由黑人共和国"的幻想中剥离出具有远大前途的自决的内核。只剩下这样一种认为，即种族的平等和"民族的融合"将会授予黑人在处理同白人的关系时采取何种行为的决定权。如同詹姆斯·S.艾伦（James S. Allen）在1932年指出的那样：黑人和白人工人相融合的目标不可能达到，除非"黑人有实现他们的自由意志的自由，并且在毫无压迫下形成这样一种联合"。黑人自治是"进步的同化和多元联邦"变成为一元的、民主国家的基础。

共产主义者已十分接近解决同化和分裂之间的历史矛盾了。自决在狭窄的分裂主义和倒退性的同化这两条道路之间指明了第三条道路。那条极具潜力的道路保留了非裔美国人的文化和社会传统，给予黑人寻求同白人联盟的力量，为黑人在同白人建立联盟框架时完全表达其热望提供了基础。

资本主义全球化是现今历史的中心特征。在计算机、光纤通信、机器人学领域的科技革命已促发了先进资本主义经济的重建、跨国的不可阻挡的迅速的资本流动、跨国公司的出现、控制全球金融的机构的出现、南北差距的加深以及贫富的两极化、被好莱坞加剧的全球文化的商业化。所有这些对种族、民族有重大影响，种族群体正努力斗争以维持其历史的连续性。所谓的后冷战世界，充满了从巴尔干到非洲到南亚的随宗教基础主义的抬头而加剧了的各民族之间的冲突。这些冲突被来自资本主义全球化的"自由贸易政策"所带来的强大的经济、社会、文化的压力所引起或恶化。这撕碎了经济的连续性，导致了严重的债务偿还，常常使许多没有能力贸易原材料的发展中国家同那些需要技术快速变化的先进的资本主义国家和地区不再相关。当贫困随着世界金融机构的无情需要而加剧时，各种族同其政府间的旧伤和悲伤之情被重新点燃了，不断发生流血冲突。除此之外，当政治权威弱化到几乎毫无影响力的时候，商品化的文化的穿透力会侵蚀传统，把易受影响的群体从它们的心理和文化本位中分离出来。

在这样的情况下，随着经济私有化和心理不安全感受的加剧，由不同民族、种族和不同宗教信仰的人组成的国家正经历着内部的分裂。政治团体破裂成战争团体并不代表自决的实现，而是各种群体陷入暴力、经济和政治崩溃的无望的怪圈。全球联合在巴尔干地区、非洲以及许多其他充满民族和宗教冲突的地方促发了政治混乱和分裂等相反的潮流。如何避免这些大灾难，历史的经验可以借鉴了。民族热望和对自决的渴望不能通过分裂或是破坏团结的政府来实现。超越了分裂主义和美国共产主义者在关于非裔美国人问题上提出的同化政策的第三条道路，继续坚持把谅解作为民族间和解和可操作的民族的平等。去掉创立独立政府的期望的自决在自治的决定、文化连续性和各群体间的平等（这种平等建立在相互尊重和每个群体有选择其政治关系的权利）中呈现出深刻的含义。由于历史和环境的因素，当政治社会危机在不同的政府和地区发生时，通常所说的作为取得平等和正义的自决观念应当被那些为正义和世界公正努力的人所熟虑。

参考文献

Mark Solomon. *The Cry Was Unity*：*Communists and African American*，*1917-1936*（Jackson，MS：1998）.

V. I. Lenin. Preliminary Draft Theses on the National and Colonial Questions//*Collected Works*，Vol. XXXI. Moscow，1966.

Foner and Allen. *American Communism and Black Americans*. Philadelphia，1991.

Claude McKay. *A Long Way From Home*. New York，Harvest Edition，1970.

Woodford McClellan. Africans and Black Americans in the Comintern Schools，1925-34//*International Journal of African Historical Studies*，Vol. XXVI，No. 2（May 1993）.

第 11 章　以马克思主义的视角重塑日本未来社会*

[日] 岩佐茂 著　万翔 译

安倍内阁第二次执政时期的急剧右倾化反映在两个事件上：一是在"3·11"大地震后大多数日本国民希望日本无核化时，安倍政府依然追求眼前利益，遵循财阀意愿，重启核电站，并输出核技术；二是听从美国的意志，无视宪法，强行通过《安保法制法》（战争法案）。日本的和平宪法（1946 年 11 月公布的《日本国宪法》）对于协助美军作战有种种限制，而战争法案则将这些限制悉数去除，使自卫队变为能够与美国一起参战的军队。安倍政权不顾众多国民、各路媒体、绝大部分宪法学者和作为"护宪者"的前法制局长官、前最高法院法官的一致反对，强行表决通过了战争法案。在历届自民党内阁中，如此露骨地为财阀服务、紧紧追随美国的政权实属罕见。

战争法案强行表决通过的当天，日本共产党中央委员会召开会议，呼吁建立废除该法案的国民联合政府，要求解散国会，再度选举政府，为进行普选、废除战争法案而斗争，并提出新国会多数派的政府应立即废除战争法案。这一呼吁得到了各界反战争法案运动人士的积极支持。

在日本共产党呼吁的基础上，反对战争法案运动的学者、学生、母亲会等众多市民和组织组成了"寻求废除安保法案和恢复立宪主义市民联盟"，以求实现在 2016 年夏季的参议院小选区选举中由支持废

---

*　原载：国外理论动态，2016（4）：56-65。原文系作者直接为《国外理论动态》所作。

除战争法案的候选人上台。许多知识分子将建立"国民联合政府"的
运动称为"21 世纪市民革命"。我们知道，日本虽然由于战败实现了战
后民主化，但国民运动却并非其实现民主化的主体。而如果建立了
"国民联合政府"，就将成为以国民运动为主体而建立的第一个政
府——至少是存在此种可能性。

对自民党和公明党联合政府来说，这一运动自然是巨大的威胁。
补正预算和对美政策正是为抵御此威胁而提出的。不仅如此，一直支
持安倍首相的右翼势力还进行了以修改宪法为目的的选举，强行策动
修改宪法。参议院和众议院就此问题展开的争论愈演愈烈。昔日的保
守派与革新派之间的对立，即右派与左派之间的对立，在战争法案之
后演化为是否捍卫立宪主义、民主主义和个人尊严的对立——安倍政
权过于粗暴地践踏了这些宪法赋予的基本权利。双方的根本对立点是
作为一个法治国家的日本是否遵守宪法的问题。

一、新的未来社会理论之构想

那么，"21 世纪市民革命"的目标是什么呢？日共委员长志位和夫
与市民联盟都声称要为建设一个恢复立宪主义、尊重个人尊严的政府
而努力。个人尊严是日本宪法的根本理念。尽管宪法第十三条中有
"全体国民都作为个体而受到尊重"的语句，但安倍政权的右翼国家思
想是轻视个人的国家主义思想，而"安倍经济学"则是逢迎财阀忽视
劳动者尊严和权利的新自由主义经济政策。马克思在《资本论》中指
出："资本是根本不关心工人的健康和寿命的，除非社会迫使它去关
心。"[1] 捍卫生命与健康、生活与人类尊严的生活逻辑，与追求利润最
大化的资本逻辑之间的斗争尤为激烈。

马克思主义的未来社会理论是基于生活逻辑的。20 世纪 70 和 80
年代，非马克思主义者设想了乌托邦的未来社会理论或后工业社会的
信息化社会理论。与此相对，马克思主义对未来社会的构想则是社会
主义社会。社会主义社会是反对资本逻辑的工人阶级奋斗的目标。然
而，事实却是东欧社会主义国家的崩溃使社会主义的形象大为褪色，
在人们心中失去了原有的魅力和说服力。东欧社会主义国家崩溃之后，
世界局势在 1990 年代发生了很大变化。西方马克思主义学者不再使用

"社会主义"这一词汇，而开始讨论后资本主义的未来社会理论问题。日本劳动者函授大学科学社会主义专业的教科书在谈及未来社会时，也不再使用"社会主义"一词，而是以"后资本主义"的"未来社会"来指称。事实上，在日本马克思主义的未来社会理论中，充满了不能直接提及"社会主义"和"共产主义"这两个名词的苦恼。

为未来社会理论投石问路的是日共下属的社会科学研究所所长不破哲三先生。他通过对《哥达纲领》的新解读，提出了与从传统"共产主义低级阶段"即社会主义发展到共产主义的"两阶段社会发展理论"不同的"后资本主义未来社会理论"。

笔者认为此理论极为重要，因为它将马克思主义者尚在摸索中的共产主义信念通过"后资本主义的未来社会理论"再次积极展开。今天，无止境地追求利润的、贪婪的资本主义，以及抛开实体经济的金融资本主义，已经成为资本主义发展的方向。而全球范围内贫富差距的扩大，也使非马克思主义者开始论及"资本主义的终结"。因此，马克思主义者有必要积极运用后资本主义的未来社会理论来阐发共产主义理念。

本文是一篇以马克思的思想为基本观点和轮廓的尝试之作，将从观照日本现实和审视马克思主义经典著作两方面入手，以哲学方法阐释共产主义理念。

二、马克思的共产主义之一：从生活逻辑出发的方法

人类的生活是在互为媒介的人与自然的关系以及人与人之间的社会关系中进行的。因此，未来社会理论必须在这两种关系中进行考察。近现代资本主义社会根本上是以资本家阶级与工人阶级的对立为基础的社会，而就资本家一方来说，其逻辑可被称为"资本逻辑"。资本逻辑表明了资本的本质，即为利润最大化进行资本积累。

笔者之所以采用"资本逻辑"一词，部分是因为这一词汇对包含笔者本人在内的经济学专业以外的人士来说较为容易理解。此外，还有一点原因与马克思的物象化（Versachlichung）理论有关。正如《资本论》中以"物的人格化和人格的物化"[2]为代表的物象化理论所阐明的，资本家之所以是资本家，正是因为其人格中强烈体现了资本这

一物象所产生的经济活动。

由于资本剥削劳动以及资本家与工人阶级的利益对立是资本主义社会的基本矛盾，因而体现工人阶级利益的劳动逻辑和阶级逻辑是与资本逻辑相对抗的。在此，本文以包括劳动逻辑的"生活逻辑"作为与"资本逻辑"相对抗的主轴。生活逻辑并不局限于狭义的消费者逻辑，而是包含劳动生活和消费生活在内的全部生活的逻辑，其主体为劳动、消费、休闲的生活者。[3] 生活逻辑的立足点是人类生活的尊严。具体来说，生活逻辑包括：在安全和舒适的生活环境中满足地生活，重视自身的身体健康和生活品质，像重视自己的生活一样尊重他人的生活，同时对包括劳动生活在内的整个生活保持享受的态度。按照美国心理学家马斯洛的需求层次理论，安全需要是满足衣食住行等生理需要之后第二层次的需要。在"3·11"大地震之后，生活中的安全问题作为生活逻辑的重要因素浮出水面。

而当我们审视马克思的思想时，可以发现，他一生都在关注包括劳动生活在内的人的生活方式问题。在《德意志意识形态》中，马克思为此特别重视"生活过程"这一概念。"生活过程"概念的意义，在于将人类生活作为每个人的生活活动的过程加以动态考察。而在《德意志意识形态》之前的《巴黎手稿》（《1844 年经济学哲学手稿》和《穆勒评注》）中，"生活活动"和"异化生活"已成为考察的焦点。《1844 年经济学哲学手稿》受到了恩格斯《国民经济学批判大纲》的影响，是马克思以对私有制进行概念性掌握为目标而开始经济学研究的最初笔记。此时，马克思还未对资本主义进行结构性批判，但却已经明确指出私有财产的本质是"异化劳动"。

过去，在《1844 年经济学哲学手稿》中，马克思分析和评价"异化劳动"的部分常常与"对黑格尔的辩证法和整个哲学的批判"这一部分放在一起。然而，以这样的方式阅读该手稿并不合适。作为哲学和经济学连接点被归纳起来的《巴黎手稿》，其意义并不仅仅是讨论"异化劳动"，而且是从整体上讨论"异化的人类生活"。在《1844 年经济学哲学手稿》的《第一手稿》中，马克思考察的是"异化劳动"；而被普遍认为撰写于《第一手稿》与《第三手稿》之间的《穆勒评注》，则探讨了异化的交往（"社会交往的异化形式"）；《第三手稿》考察的是"异化的人类生活"。

众所周知，马克思在《第一手稿》中点明了私有财产的本质是

"异化劳动"，这是马克思最早的经济学分析。而对"异化劳动"的具体讨论，则从哲学上考察了劳动对人类的意义。劳动一方面是人类影响自然的活动，另一方面也是人类的生活活动。然而，人类的生活活动并不能还原为劳动。

顾名思义，《穆勒评注》是马克思对詹姆斯·穆勒的《政治经济学纲要》的评注。起初，研究者们将其作为马克思为撰写《1844年经济学哲学手稿》而准备的笔记，但是事实上，这本笔记是代表马克思自身经济学学说开始发展的最初著作，并在1960年代后半期开始得到日本经济思想理论界的重视。在《穆勒评注》中，马克思讨论了"异化的交往"，即物象化，并在对后来《资本论》中的物象化理论进行初步的逻辑展开的同时，分析了不局限于经济学范畴的创造人类社会关系的"交往"概念。

在《第三手稿》中，马克思在讨论"异化劳动"和"异化的交往"等"经济异化"问题的基础上，以上述"异化的人类生活"和"对异化的积极扬弃"为主题，将异化的人类生活与人的需要和享受联系起来进行考察。所谓享受，即通过生活活动满足需要，并伴随着满足和喜悦，为自身的生活提供自我确证。生活者所享受的是在生活活动中获得产品及对产品的消费。在《巴黎手稿》中，消费概念尚未被范畴化，马克思重视的是包含消费意义在内的享受这一范畴。从满足需要而出发的享受，作为"直接共同的享受"和"社会的享受"，与共同体中生活者的感受紧紧联系在一起。正如对音乐的享受唤起"人的音乐感"和"有音乐感的耳朵"，人的感觉拥有"享乐能力"。马克思提出的"五官感觉的**形成**是迄今为止全部世界历史的产物"[4] 的主张，将人类的享受能力看作历史的陶冶。

马克思还批判了享受的异化形式，即"全身心投入享受之中"的浪费，或产业资本家为赢利而采取的"算计的、经济的享受"，以及将人的感觉和需要贬低为粗俗事物的"直接的、片面的享受"。对陷入扭曲的"粗俗的需要"或"需要的牲畜般的野蛮化和彻底的、粗陋的、抽象的简单化"[5] 的事物，马克思也作为"异化生活"加以批判。

此外，有必要特别提及被收入《第三手稿》的"对黑格尔的辩证法和整个哲学的批判"这一部分。将这部分内容与《第一手稿》中的异化劳动相关联进行考察，无法完全把握其意义，因此必须将这部分内容与异化劳动相分离来考察。如此一来，《第一手稿》中就只包括资本主义劳动的异化和异化劳动与未异化的人类劳动的对立两部分，而并未提及对异化的扬弃。相应地，这部分手稿有助于准确地理解马克思在《第三手稿》中所表述的积极扬弃私有财产的共产主义以及扬弃一切异化的共产主义的主张。

纵观整个《巴黎手稿》，我们可以看到，马克思此时所关心的是私有制下包括劳动与交往在内的人类生活整体趋向异化的现实，以及共产主义对异化的人类生活的扬弃。那么，马克思是如何构思共产主义的呢？

三、马克思的共产主义之二：从异化论观点出发的方法

在"对黑格尔的辩证法和整个哲学的批判"中，马克思指出，费尔巴哈将黑格尔的"否定之否定"看作对最初事物之思辨的复归的环节，并将其与"肯定的、感性的现实"相对立。相反，马克思则将现存事物作为否定性事物来把握，积极地继承了对否定性事物加以否定的黑格尔逻辑，即黑格尔辩证法的"伟大之处"——"否定性"的辩证法。这与马克思在《资本论》第二版跋中的名言相一致："辩证法在对现存事物的肯定的理解中同时包含对现存事物的否定的理解，即对现存事物的必然灭亡的理解；辩证法对每一种既成的形式都是从不断的运动中，因而也是从它的暂时性方面去理解；辩证法不崇拜任何东西，按其本质来说，它是批判的和革命的。"[6] 对否定性事物的否定，并非完全否定否定性事物，而是意味着将现存事物作为否定性事物来把握，从对否定性事物的否定出发，继承其中更高水平的肯定方面。此外，有必要对《第三手稿》中"共产主义是被扬弃了的私有财产的积极表现"这一论点中的否定性事物做否定的理解。在《1844 年经济学哲学手稿》中，作为"异化劳动"结果的私有财产是被当作否定性事物来把握的。但是，马克思并未将私有财产放在共产主义的对立面，对其加以全面的否定和拒绝，而是在积极继承私有财产这一异化的否定形式的肯定方面的同时，设想了私有财产的否定形式——共产主义。正如马克思所言："共产主义是作为否定的否定的肯定，因此，它是人的解放和复原的一个**现实的**、对下一段历史发展来说是必然的环节。"[7]

　　然而，为了积极继承异化的否定形式中存在的肯定方面，就有必要对异化形态进行彻底的批判和克服。如果不这样做，自然就无法继承和发展异化形态中所隐含的肯定方面。而对于如何在批判和克服的同时继承和发展肯定方面，马克思使用了黑格尔的"扬弃"（Aufheben）一词，其意义包括提高、保存和废弃等。在马克思看来，共产主义是通过对现实的私有财产带来的异化的、否定现实（包括经济异化以及由此派生的二次异化在内的全部生活）的具体而彻底的批判，以及对其中隐含的肯定方面的自为化和理念化，而设想出的与之相对的理念。因此，要循着马克思扬弃异化的观点来设想共产主义，就必须从异化生活出发，展望其具体扬弃的方面。

　　诚然，马克思在撰写《巴黎手稿》时还只是以"私有财产"这一概念来表现资本主义，既没有阐明资本主义的经济结构，也没有谈及国家及其权力构造。然而，对于共产主义这一未来社会的理论来说，除了制度论的方法，还有必要根据资本主义的异化生活及其具体现实来设想对其扬弃的方向。这一点就是异化论方法的意义。

四、马克思的共产主义之三：联合的方法

　　在《穆勒评注》中，马克思对人与人之间的相互关系异化为市场上卖方与买方的工具性关系进行了分析；而在《第三手稿》中，他将共产主义设想为扬弃了异化关系的共同体。为此，他在《穆勒评注》以及探讨共产主义问题的《第三手稿》中也特别强调人类是"共同的存在"。

　　马克思是以每个个体独立的联合来理解共产主义运动的实现的。"联合"（Die Assoziation）这一概念，也被译为"联合体""结合""共同体""共同的结合"等。"联合"的观点在包括《资本论》在内的马克思的著作中逐渐展开，贯穿于马克思青年时代的著作直至《资本论》。所谓联合，并非在未来的社会中突然形成，而是在异化的、物象化的资本主义现实中以及在与资本主义现实相对抗并与之相异的运动和活动中形成的个体相结合的方式。

　　首先，独立、自由的个体的联合，是批判和超越资本主义的否定现实的运动。在这场运动中，独立、自由的个体齐心协力、团结一致，

而运动的主体就是"联合"。齐心协力、团结一致的价值观，就是作为未来社会共同体的共产主义的特征。以运动的联合建设未来社会，其实质就是实现共产主义。

其次，我们可以看到，与贯彻利润最大化原则的资本逻辑之下的企业活动不同，合作社和非营利组织法人、社会性的企业等机构，是不局限于资本逻辑的，而是基于生活需要来组织活动的主体——这就是联合的萌芽。虽然马克思已经在合作社和股份有限公司中发现了联合的萌芽，但今天的大企业与马克思眼中的股份有限公司有很大的不同。如果参与经营无法成为劳动者的权利，那么股份有限公司发展成为"联合"的可能性就不存在。

作为超越资本主义社会异化、物象化之现实的运动和活动，"联合"是十分重要的。同时，"联合"也是未来实现共产主义的诸个体相结合的最初方式。因此，如果避而不谈"联合"的理论，就无法论述后资本主义的共产主义未来社会理论。

五、以重化工业为中心的工业化：异化的工业化

然而，将共产主义理念等同于诸个体的结合、"联合"的思想，是远远不够的。我们还必须设想人类生活的两种关系中的另一种，即人与自然的关系问题。马克思在《资本论》中指出："人和自然之间的物质变换即人类生活"[8]。这说明，人与自然之间的物质变换是人类生活的基础。所谓物质变换指的是人类与外界自然在生命体内摄取、消化、吸收（同化）、排泄（异化）的过程，是生物与自然最原始、最基本的关系。

人与自然之间的物质变换是以生产劳动为媒介进行的，资本逻辑主导的近现代工业化，是导致《资本论》中所说的"物质变换"的紊乱以及人类健康和自然环境破坏的异化的工业化。目前的科学发展对物质变换的紊乱影响产业技术和生态系统的认识还很有限，但这一紊乱可以归因于毫不关心自然环境和人类健康的破坏、一味追求利润最大化的资本逻辑。

伴随着科学技术的进步，近现代的工业化从轻工业发展到重工业，特别是重化工业的发展，使其必需的能源从木炭、风车、水车向大型

水电、化石燃料以及核能的方向发展。工业化使人类的生活更加舒适便利，生活方式也发生了巨大改变。然而，我们至今仍然不能忽视资本逻辑主导的工业化以异化而扭曲的形态发展的事实。现在进行的工业化是以大量消耗能源的重化工业为中心的工业化。对自然的大规模无序开发，以及以重化工业为中心的大规模生产和大量消耗能源（异化的工业化），是资本逻辑主导的 20 世纪工业化的特征。支撑这一工业化的能源，如化石燃料，导致了温室效应和全球变暖，而核能的应用则导致了切尔诺贝利和福岛的核事故。

异化的工业化，特别是 20 世纪以重化工业为中心的工业化，不可避免地导致了环境问题。工业产品的生产无论以何种方式对自然原料进行加工，都是对自然的分解和掠夺。随着产业技术的提高，生产的规模越大，对自然的掠夺就越严重、越无序，自然环境所承受的负荷也就随之加大。生产过程中所产生的废弃物（包括煤烟和污水）则污染了环境。尽管在工业产品生产的过程中出现了大规模破坏自然环境和废弃物导致污染的状况，但资本逻辑依然毫不关心环境保护。由于净化装置对煤烟和污水的净化只会降低利润，因而加装净化装置只有在法律强制的前提下才会进行。

当然，随着环境污染和破坏的加剧，对人类健康的损害也日益加重，基于生活逻辑的民间运动和舆论最终促成了相关法规的实施。20世纪 60 和 70 年代，日本限制产业公害的法规最终出台。正如马克思所预见的，资本的逻辑是："资本是根本不关心工人的健康和寿命的，除非社会迫使它去关心。"[9]

六、农业与工业综合的另一种工业化：马克思的观点

21 世纪的工业化有待解决的是如何扬弃资本逻辑所主导的 20 世纪工业化的问题。倘若不能超越 20 世纪异化的工业化，《联合国气候变化框架公约》第 21 次缔约方会议（COP21）缔结的《巴黎协定》所提出的到本世纪末实现温室气体"零排放"的无碳社会目标就无法实现。那么，怎样的扬弃才能实现"另一种"（alternative）工业化呢？具体来说，其发展方向是对能源与产业结构、产业技术等诸多方面进行大幅度变革，而思想方法上则应以马克思在《资本论》中提出的"新的

更高级的综合，即农业和工业在它们对立发展的形态的基础上的联合"[10] 为指导。《资本论》在谈及人与自然物质变换的紊乱时指出："人以衣食形式消费掉的土地的组成部分不能回归土地，从而破坏土地持久肥力的永恒的自然条件。"[11] 这是从农业（食物）、工业（衣物）以及人与自然（土地）之间物质变换（将土地的组成部分回归土地）的角度论述的。在资本主义条件下，形成了农业与工业的对立。超越这一对立的，只能是农业与工业的新的更高级的综合。然而，马克思并未论及这一结合的具体形式。至于如何将马克思的观点具体化，笔者试从当今科学技术的发展状况谈起。

异化的近现代工业使农业也完成了工业化。为了扩大生产，使用农业机械和大量化肥农药的工业化近代农业以发达国家为中心发展起来，而化肥和农药都是人工合成的化学物质。这种模式的典型就是美国农业。结果，单一栽培导致了害虫蔓延，农药破坏了环境与健康，灌溉使土地盐碱化，化肥降低了土地的肥力——以上诸多问题使工业化的农业发展成为异化的农业。

那么，与异化的工业化和异化的农业相区别的农业与工业的"新的更高级的综合"又应当如何发展呢？笔者在此提出了六个发展方向。

第一，非异化的"工业化农业"发展方向。使用化肥农药的工业化农业是异化的农业，但塑料大棚、水培农业等方式也是工业化农业的形式。消费者对于水培农业背离作物原本的土壤生长环境、消耗大量人工光能等问题提出过批评，但目前水培农业已经通过使用日光或天然 LED 光源等方式解决了大量消耗能源的问题。对萝卜、生菜等大叶作物的水培已经相当成功，而西红柿的水培也在最近取得了成功——这种不使用农药、提供必要矿物质的新式农业，在 21 世纪具有广阔的应用前景。

第二，在工业中积极利用生物资源的发展方向。所谓生物资源，通常包括间伐材、木屑等未利用资源以及建筑废料、厨余垃圾等废弃资源，还包括甘蔗和油菜籽等资源作物。在经济高速增长期，资源利用对象从生物资源向化石资源转变，而在以可持续发展的循环型社会为目标的 21 世纪，对可再生生物资源的大规模利用将是未来的趋势。

第三，对生物体本身这一资源进行利用的发展方向。人类自古以来一直持续利用生物体本身作为食物、生活材料和药品，特别是对昆虫的利用值得关注。例如，蚕为人类生产丝织品，蜜蜂为人类生产蜂产品。今天，蜂类和瓢虫已作为生物农药得到广泛使用；而今后，对昆虫的分泌物和排泄物等生物资源的利用将越来越广泛。

第四，以农业为范本的新型工业发展方向。工业产品和农产品都离不开对自然规律的尊重，但两者的生产是有区别的。工业是通过技术对天然原材料进行加工，使其转化为对人类有用的人工产品的产业，而农业则是依赖植物自身的生长发育收获产品的产业。在有目的、有意识地使用劳动工具这一点上，工业和农业是相同的。但是，工业产品的生产过程是可以完全由劳动的目的和意识控制的，因此从工业生产的过程中会产生人类支配和控制自然的观念。与此相反，农业劳动是为促进作物生长而进行的调整和规制的劳动，依赖自然气象条件而进行的农业劳动并不会自发地促使人们产生支配、控制自然的观念。在当今世界，以农业为范本的新型工业尤以"生物模仿技术"（仿生学）引人关注。所谓生物模仿技术是指在产品的原材料、结构、形状、功能、设计等方面模仿生物体，对能源消费和产品生产进行灵活利用的技术形式。近现代产业技术是根据人支配自然的观念开发出来的，而生物模仿技术则是依据对适应自然而生存的生物的模仿发展出的适应自然的技术。正如模仿鸟类头部的新干线机车头和模仿鹰鹫双翼尖端向上稍作屈折的飞机机翼一样，现代产业技术越来越多地引入生物模仿技术，很好地提高了效率、节约了能源。此外，从植物种子附着方式上得到启示的魔术胶带，模仿壁虎攀爬垂直墙壁原理而开发的壁虎胶带，以蜻蜓翅膀为原型的小型风车，都是模仿生物、使人与自然相和谐的产品。近年来，生物模仿技术真正得到了关注，随着电子显微镜逐渐普及，生物的细微构造和功能得以揭示，研究和开发正逐步推进。

第五，利用微生物进行工业生产的发展方向。所谓利用微生物的工业生产，不仅包括历史悠久的酿酒业，以及酱油等调味品、豆制品等传统发酵食品的生产，还包括近现代迅速发展的食品、医疗、能源等诸多行业中利用微生物发酵的发酵产品及其所产生的酵素产品的生产。今天，随着酵素产业的迅速发展，其产品已经深入医药、洗涤用品、化妆品、香料、纺织品、生物农药和燃料等诸多行业。未来的趋势是，以前使用化学反应合成的有机化合物，将通过微生物酵素来生产。目前，以烃类为主的大多数有机化合物都是通过廉价的石油化工工业生产的，然而石油化工工业不仅耗费了大量能源，还会排放二氧化碳、二氧化硫等气体。食品添加剂与农药等石油化工产品混杂在人与自然物质交换的产物之中，严重导致了物质交换的紊乱。相反，生产有机化合物的酶素产业是在常温常压下进行的，有助于环境的和谐。可以预见，酶素产业在 21 世纪取代以石脑油、乙烯为原料的石油化工制品的前景十分广阔。

第六，计算机和信息技术领域将会为农业与工业的"新的更高级的综合"做出巨大的贡献。作为工业化原动力的发达机器，在其动力装置、传动装置和作业设备中都包含控制器的部分。时至今日，最先进的机器都实现了自动化，其控制系统也从机器装置中独立出来，成为对动力装置、传动装置和作业设备整体加以控制的监视控制系统。而计算机和信息技术就担负了这一任务。在能源领域，为了有效地使用小规模的、分散的自然能源，利用计算机和信息技术的智能电网将成为必不可少的电力网络。除了机器设备和能源领域的应用之外，计算机和信息技术还在以 3D 打印为代表的工业设计领域，产品的组装、控制和管理领域，工业机器人应用等生产现场，以及包括医疗技术、作物栽培、基因与微生物技术等技术和研究领域，发挥着巨大的作用。应当说，如果不将计算机和信息技术考虑在内，就无法想象 21 世纪的产业技术和工业生产。

七、并非以"支配自然"为目标的马克思的自然观

异化的近现代产业技术和工业化的思想支点，是"支配自然"的观念。人类通过技术控制自然的技术万能主义思想，使许多近现代思想家成为俘虏。但是，东日本大地震及其所引发的福岛第一核电站的严重事故使我们深思，人类依靠技术支配自然的观念只是人类过于骄傲的想法而已。无论人类的力量有多大，自然终究拥有比人类更大的力量。通过技术，人类可以控制和支配自然，但毕竟只是部分的、有限的。

所谓"支配自然"这一观念与人类实际上能够支配自然的看法并非同义。人类是通过对自然的科学认识和产业技术开发而得以改造自然的。然而，无论科学技术如何发展，自然都是无限的，因而受到历史制约的对自然的认识就必然是有限的。特别要指出的是，基于对自

然及其法则的科学认识而进行的改造自然的实践，所导致的结果是无法完全预测的。恩格斯在《自然辩证法》中说过，人类对自然的每一次"胜利"，都会"第二次""第三次"地导致"自然的报复"。

恩格斯具体论述"自然的报复"时指出："美索不达米亚、希腊、小亚细亚以及其他各地的居民，为了得到耕地，毁灭了森林，但是他们做梦也想不到，这些地方今天竟因此而成为不毛之地"[12]。这些具体事例正是来自马克思的见解。在1868年3月25日写给恩格斯的信中，马克思评价了弗腊斯（Carl Nikolaus Fraas）的《各个时代的气候和植物界，二者的历史》（1847年）："结论是：耕作——如果自发地进行，而不是**有意识地加以控制**（他作为资产者当然想不到这一点）——会导致土地荒芜，像波斯、美索不达米亚等地以及希腊那样。"[13]

然而，虽然马克思和恩格斯所举的具体例子相同，不过两人的观点有着微妙差异。恩格斯乐观地认为，如果能够科学地认识自然，就可以在控制的意义上实现对自然的支配；而马克思关注的则是对人与自然关系的调控，马克思在信中认为，应当有目的、有意识支配的，并非自然本身，而是作为人类活动的耕作。《资本论》所描述的共产主义社会则是："社会化的人，联合起来的生产者，将合理地调节他们和自然之间的物质变换，把它置于他们的共同控制之下，而不让它作为一种盲目的力量来统治自己；靠消耗最小的力量，在最无愧于和最适合于他们的人类本性的条件下来进行这种物质变换。"[14] 这种对物质变换的控制，并非控制自然，而是对人与自然关系的控制。

对人与自然关系的控制，表面上看与对自然的控制相似，但其意义与实质却完全相异。一般来说，后者意味着控制其对象，前者则以人与自然的关系为控制的核心和对象。在人与自然的关系中，自然是无限的、不可穷尽的。既然如此，人类所持有的控制自然的观念就只是部分的、有限的。为了控制人与自然的关系，就需要考虑人对自然的改造及其结果将会对人与自然的关系带来怎样的影响，从而必须控制人与自然的关系。在马克思的思想中，并没有人支配和控制自然的观念。

结　语

本文对共产主义的考察，集中于人与人的社会关系和人与自然的关系这一双重关系的过程。社会关系以独立的个体联合为基础，而人与自然的关系则以人与自然之间的物质变换为基础。共产主义理念是对资本主义社会中异化的生活和现实的准确批判，及其所设想的资本主义社会的对立面。然而，共产主义并非一种规范意义上的理想，它必须积极继承和发展资本主义这一否定形式中潜在的肯定方面。

具体来说，共产主义理念就是对资本主义这一否定形式中的价值关系进行解构，对新形成的价值关系进行理论与实践的再造。这就意味着要对在资本逻辑和技术万能主义基础上形成的近代以来的知识、价值观、制度和生活方式进行理论和实践意义上的解构与重组。

"3·11"大地震之后日本面临的就是以上课题。然而，在 5 年后的今天，资本逻辑再次回潮，表现得十分强势。与之相对，生活逻辑所引发的社会忧虑和反抗也日益普遍，双方的斗争正在日趋激烈起来。

注释

［1］马克思恩格斯文集：第 5 卷. 北京：人民出版社，2009：311.

［2］马克思恩格斯文集：第 8 卷. 北京：人民出版社，2009：393.

［3］岩佐茂. 马克思的"生活者"思想. 国外理论动态，2014（7）：49-57.

［4］马克思恩格斯文集：第 1 卷. 北京：人民出版社，2009：191.

［5］马克思恩格斯文集：第 1 卷. 北京：人民出版社，2009：225.

［6］马克思恩格斯文集：第 5 卷. 北京：人民出版社，2009：22.

［7］马克思恩格斯文集：第 1 卷. 北京：人民出版社，2009：197.

［8］马克思恩格斯文集：第 5 卷. 北京：人民出版社，2009：56.

［9］马克思恩格斯文集：第 5 卷. 北京：人民出版社，2009：311.

［10］马克思恩格斯文集：第 5 卷. 北京：人民出版社，2009：579.

［11］马克思恩格斯文集：第 5 卷. 北京：人民出版社，2009：579.

［12］马克思恩格斯文集：第 9 卷. 北京：人民出版社，2009：560.

［13］马克思恩格斯文集：第 10 卷. 北京：人民出版社，2009：286.

［14］马克思恩格斯文集：第 7 卷. 北京：人民出版社，2009：928-929.

第 12 章　当代资本主义的发展与意大利共产主义运动的历史[*]

［意］卢乔·马格里 著　马特 译

1991 年在商讨意大利共产党是否应当改名的会议上，有一位同志向彼得罗·因格劳（Pietro Ingrao）发问："考虑到过去所发生的一切和现在正在发生的情况，您是否依旧认为'共产主义'一词可以用于描述我们从过去到现在所组织的这种庞大的民主的群众性政党，该政党能否通过革新而被纳入政府？"此前，因格劳已经充分表达了自己的反对意见，并提出了另外一个方案。于是，他半开玩笑地借用布莱希特关于"乌尔姆的裁缝"的著名的预言进行了回答。16 世纪时，一个德国裁缝执着于制造一个可以让人类飞翔的装置。一天，自认为成功的德国裁缝带着他新发明的设备去找主教说："看，我可以飞了。"为了证明自己，这个裁缝从教堂屋顶试图飞起，结果自然是落到人行道上摔得粉身碎骨。然而，布莱希特的诗表明：几个世纪之后，人类真的学会了飞翔。

因格劳的回答不仅机智，而且有理有据。在原本比世界其他地方更落后和野蛮的西欧，资产阶级耗费了几个世纪，经历了多少血腥的斗争、进步和失败，方才实现了前所未有的经济发展，建立起新型、开放的政治机构，酝酿出更加理性的文化。自由主义这些年目睹了各种矛盾，一方面是庄严的理想，如共同人性、思想言论自由和人民主

　＊　原载：国外理论动态，2019（2）：43-52。文献来源：《新左翼评论》（*New Left Review*）2008 年 5/6 月号（总第 51 期），原标题为 "The Tailor of Ulm：Communism in the Twentieth Century"，取自作者的同名传记。

权；另一方面则是完全背离这些理想的实践：奴隶制、殖民统治、剥夺农民的公共用地以及宗教战争。有些矛盾的社会现实已披上了合法化的思想外衣，如认为自由应当且只能属于可以理智地行使这种权利的人，而其划分根据则是财产和文化，甚至是种族和肤色；以及主张物品所有权是一种绝对的、不可侵犯的权利，因此对普选权造成了干扰等。

为这类矛盾所困的不仅仅是历史循环的开始阶段，在之后的发展过程中，这些矛盾也以不同的形式被复制。只有当新的社会主体与反抗现有统治制度及其思想的力量开始行动之后，这些矛盾才会逐渐消失。那么，如果资本主义现代性的真实历史并不是清晰的线性进步过程，而是颇具戏剧性且代价高昂，我们又有什么理由认为其新旧交替的过程会是一个例外呢？这便是前文所说的乌尔姆的裁缝的真正寓意。

然而，这则寓言还提出了更进一步的问题。如果这个乌尔姆裁缝并没有在这场灾难性的跌落中死去，而仅仅是摔断了腿，他会立刻站起来再尝试一次吗？或者说，他的朋友们会不会阻止他的行为呢？其次，他的故事是否为日后航天史的发展做出了实际贡献呢？联想到共产主义的话，这些问题变得更为尖锐和困难。原因在于，共产主义自其理论诞生之日起，便不是以一种令人振奋的理想形象出现的，而是从属于一个正在发生的历史过程，是一场正在改变着既有现实的真实运动的一部分。因此，共产主义运动始终需要考察事实、科学地分析当下，并且现实地预测未来。只有这样，才能避免其消融在神话之中。但是，我们也是认识到资产阶级革命在英、法两国所遭遇的挫折，并不同于近期"现实存在的社会主义"所面临的严峻局势——我们对两者做出的不同评判，并非依据死亡数量，或他们是否依靠专制统治，着眼于两者不同的最终结果。前者所造成的影响尽管和最初的预期有差距，但仍然是立竿见影的；而相对而言，后者的影响既难以辨别，也很难找到正统的继任者。

一、一场过早的葬礼？

冷战结束后，这些问题不仅一直没人回答，而且几乎没有被认真讨论过。所谓的回应都非常肤浅，且常常是利己主义的：否认或失忆。

用马克思的话来说，具有世纪性意义的一段历史经历和理论遗产就这样"留给老鼠的牙齿去批判了"——我们知道老鼠贪婪成性，而且在合适的条件下，繁殖十分迅速。

当然，在右翼的政治宣传中，"共产主义"这个词依旧会出现。这个词在欧洲小型政党的选举标志中存留下来，用以保持少数派群体对共产主义的忠诚，或是表示与资本主义的根本对立。人们通常认为，十月革命是一场宏大的幻想——在某些运动和少数人看来，这场革命是有益的；而从整体来看，这场革命却是一个灾难，因其最终结局而广受指责。由于发表了关于未来资本主义的远见卓识，马克思作为一位思想家重新获得了一些认可，但马克思的这些判断与其推翻资本主义的雄心之间的关系完全被切断了。针对记忆的非难如今延伸得更远，掩盖了社会主义的全部经验，自此发展出资产阶级革命的激进部分与殖民地人民的解放斗争（众所周知，即使在甘地的国度，这也并非总是和平的行为）。

总之，"游荡的幽灵"似乎终于被埋葬了：有的人致以敬意，有的人恨之入骨，大多数人则漠不关心——因为他再也无话可说。或许在这场最终的葬礼上最为犀利同时也是最怀敬意的祭文来自奥古斯托·德诺彻（Augusto del Noce）。作为右翼对立阵营中最有见识的一位，德诺彻认为共产主义既失败了，同时也胜利了。在一场普罗米修斯式的试图逆转历史发展轨迹的探索中，即使面对着上帝的缺席，即使自知人终将一死，共产主义者依旧对人类承诺了自由和友爱，最终以惨败收场。共产主义者是胜利者，因为他们作为一个必备要素，加速了资本主义现代性及其价值观——如物质主义、享乐主义、个人主义与伦理相对主义——在全球范围的蔓延。作为一名坚定的天主教保守主义者，德诺彻认为，自己遇见了这一不同寻常的世代交替，尽管这并不是他想看到的一幕。

任何信仰共产主义事业并参与其中的人都有责任对此进行表态，即便只是质疑这场葬礼是否太过仓促，以及是否需要一张不同的死亡证明。在意大利，许多人的言论都设法规避这一核心问题。例如我之所以成为一名意共党员，是因为如果要反抗法西斯主义、捍卫共和民主、支持工人的神圣需求，这是第一选择。或者说，在我成为一名共产党员时，其与苏联或正统马克思主义之间的联系，已经遭到了质疑：今天，我可以针对过去进行一个有限的自我批评，重申我对新生事物的真诚而开放的态度。这难道还不够吗？

在我看来，这远远不够，这无法解释几十年来的共同事业，而且这一共同事业必须作为一个整体来加以思考。首先，它无法为我们提供更多关于现在和未来的经验教训。现在大多数人都在说：那是一个错误，但那几年是我一生中最好的时光，这种混合了自我批评与怀旧情绪、怀疑与骄傲的言论，在一段时间内——尤其在普通人看来——似乎是合理的。实际上这也是一种对策。然而，随着时间的流逝，这种言论现在看起来更像是一种对自我和世界的简单妥协——对知识分子和党的领导人来说，尤其如此。于是，我再次自问：面对否认和失忆，有什么理性而迫切的理由促使我们进行反抗？在今天，是否有合理的理由和坚持的条件让我们再次开启对共产主义的批评性讨论，而不是放弃它？我认为，答案是肯定的。

二、变更的图景

具有重要意义的1989年过去之后，表面之下的暗涌一直波动未止。因历史停滞而产生的新事物已更加清晰成型，其他的发展变化也在密集而迅猛地发生，一种新的世界秩序、社会结构与意识形态正露出雏形。作为胜利一方的资本主义严守阵地，不受限制地重新强调资本主义的基础价值与机制。在一个唯我独尊的政治势力的领导下，技术革命与全球化进程似乎带来了迅猛的经济扩张与稳定的国际关系。1990年代，两大体系之间的竞争为民主和进步所做出的贡献及其对民众生活所造成的影响仍是值得探讨的。在讨论中，新的分配方式所带来的最坏的社会后果可以被弱化为增强了重组市场的透明性，或是调和了统治势力的单边主义行径。但无论如何，从现在开始这就是目前的体制。这一体制不容反驳，只允许人们遵循其原则并予以支持。即便在未来的某一天，这一体制最终因超过了有效期而不得不被超越，这也与左翼的行为或思想没有任何干系。任何头脑清醒的政治家都应意识到这一现实，否则只是徒劳。

在几年的时间里，情况发生了巨大变化。在历史不同国家，在世界不同国家和地区，不平等现象再次广泛出现，并在收入、权利和生活质量等领域持续加剧。经济制度的新运行方式明显不适合保护长期的社会收益：发达社会中的普遍福利、稳定就业、参与式民主，以及落后地区与小国所享有的国家独立与不受武装干预的权利。新的问题正在逼近：自然环境加剧恶化；随着道德水准的下降，个人主义与消费主义并未填补新生代结构危机所造成的价值真空，反而使之进一步恶化为铺张浪费行为与新教权主义之间的二元对立；因民族国家的衰落而失去掌控力的政治制度陷入危机，取而代之的则是与大众选举无关的机构；舆论被媒体操控，政党沦为重复生产统治阶级的选举机器，并且将政治制度内部掏空。即使是在生产领域，现在的增长速度也在减缓，经济杠杆逐渐失衡，这一系列情况不仅仅是同时发生那么简单。金融化过程中产生了非劳动收入，如影随形的便是对眼前利润的疯狂追求。正因如此，市场失去了评判自身效率与生产内容的标准，最终导致了垄断的衰落、斗争的不断升级以及世界秩序的危机。面对这一事态，人们的自然反应则是部署兵力甚至发动战争，这不仅没有解决现有的问题，反而使问题恶化。

或许我们可以承认，这一框架过于悲观和片面，或这一杞人忧天的趋势还只是刚刚出现。此外，我们或许还可以承认，技术革新——更令人吃惊的广大第三世界国家的崛起——等其他因素可以抵消或阻止这一趋势。最后，我们或许还可以承认，社会基础的全新广度得益于早期的广泛积累，并希望达到一种前所未有的高度。这些社会力量有时会一致支撑某个意见，有时则会否定某种前途未卜的根本性变革。

然而，一切都不能改变这样一种事实：早在人们害怕或是希望之前转折就已经发生。无论是对于苦苦挣扎、具有反抗精神的少数派，还是对于普遍意义上的知识分子阶层甚至部分统治阶级而言，未来世界的图景似乎都不能使人心安。如今的我们虽然没有身处于 20 世纪的动荡之中，但是我们所呼吸的也并非巴黎"美好时代"时期的安宁空气（而且我们也知道这一时期最后的结局并不好）。在几年时间里，社会运动与思想论战浮出水面，其广度、持久度、主体多样性、主题新颖度都令人惊叹，各种分散而断续的运动缺乏一个整体的规划和有组织的结构，与其称之为政治运动，不如说是社会文化运动。这些运动源于多元化的背景和主体，拒绝当下的组织、意识形态与政治。

尽管如此，这一些运动之间仍保持着紧密的联系，对它们的共同敌人有着充分认识。在生存方式、消费方式、思考方式以及阶级、性别、国家与宗教之间的关系等方面，这些运动用于培养理念、实验的实践形式与现行秩序及其价值、机构和权力完全相悖。在某些特定的情况下，如针对伊拉克的"预防性战争"中，这些运动也影响了大批民意。在这层意义上说，这些运动不仅具有政治性，而且是举足轻重的。那么，我们是否应该安心地认为，"老骡子"终于摆脱了教条的重压与准则的束缚，重新开始迈向一个新世界。虽然我也想如此认为，但还是不得不有所怀疑。在这里，我们也必须要以不悲观、不虚伪的态度面对现实。如今的情况并未逐渐好转，现实所带来的教训也并不会使各方力量的平衡迅速倾向于左翼。

三、世界动态

亚洲经济与美国经济的结合，促使前者获得了惊人的腾飞，也确保后者得以享受巨额的利润与超负荷消费。与此同时，这一格局导致了欧洲发展的停滞。伊拉克战争不仅没有使中东局势趋于稳定，反而"点燃了燎原之火"。具体而言，欧盟并未发展成为一支自制力量，而是在外交政策等方面更加明显地延续了英、美模式中的从属地位。在美国方面，可以预见的是从布什式的强硬政策向克林顿式的谨慎策略的转变，而这一变化在解决世界目前所迫切面临的新问题方面并无建树。可以说，无论是在经济领域，还是在政治领域，都没有新政出现的迹象。

在拉丁美洲，反抗帝国主义的人民力量经过多年的努力在若干国家掌握了政权，但春风得意的似乎还是卢拉。在中亚和东欧地区，美国的附属国成倍增加。在法国和意大利，左翼群体陷入了前所未有的混乱局面。尽管在西班牙，萨帕特罗再次当选首相；在德国，基督教民主党重回执政地位；英国的布朗延续了布莱尔的方针路线，而若其失利，保守党将会获益。工会组织在显露出一些复苏迹象之后，一直处于防守态势；工人群众不仅受到来自政治层面的压力，也受到了经济危机与预算赤字的胁迫。

我们应当如何评估这些反对资本主义的力量呢？目前的情况并不能使人心安。显然，新近发生的社会运动非常重要，并且在一定程度上延伸至新的领域或补充了新的政治力量。无论如何，这些运动唤起了人们对一些此前所忽视的问题的关注，如水源、气候、文化身份的维护、移民或同性恋等少数群体的公民自由权等。现在的情况既不能被称为倒退或危机，也不能被认为是现存或萌芽的"第二世界权力"。原因在于，这些社会运动作为一个整体参与的大规模斗争——如和平与裁军、废除 WTO 和 IMF、托宾税、替代能源——的影响都比较弱，积极性也有所下降。事实证明，多元化不仅是一种限制，也是一种资源。人们可以反复重思组织的构成，但是不能始终将其简单化为网络或世界论坛的重现。此外，由于这些运动拒绝政治，重现底层权力，进行革命却不夺取政权，因此并不属于构成某个进程的阶段；其反复性的修辞话语缺乏自我反省意识或者对最终目标的确切定义，反而有可能演变为某种陈腐的亚文化的组成元素。最后，在这些新运动的发展过程中，受宗教或种族激进主义的影响，出现了一种新的激进的对立形式，其最极端的形式即恐怖主义，造成了巨大的影响，虽然这并不是由这些运动直接导致的。

再让我们把目光转向那些度过了 80 年代危机、依旧有组织的左翼力量。尽管这些左翼力量试图在发生新运动和工会斗争的同时进行革新，但其情况也不容乐观。经过在动荡社会中的多年努力，这些左翼力量不仅始终处于边缘地位，而且不同力量之间及其内部也存在分歧。在选举层面，左翼力量在欧洲仅占据了 5%～10% 的席位，陷入了一种两难境地：或是作为激进主义的少数派，或是选择在选举中与其他派别合作，各种繁复的限制更是削弱了左翼力量。总之，现在的情况可以用一段马克思主义的经典文本进行概括：我们再次处于一个旧世界只能导致野蛮，但能够取代它的新世界尚未形成的阶段。

四、资本的支配地位

简言之，可以这样概括导致这一僵局的原因：新自由主义和单边主义作为世界资本主义制度的变体的更为深刻和持久的表达形式，将其最初宗旨发挥到了极致。其特征包括：经济对个体和集体生活的控制；在全球化市场经济和集中市场中，金融对生产的控制；在生产过程中，服务业对工业的控制，以及非物质商品控制所导致的与实际需求相悖的消费行为。目前，我们还面临着如下情况：政治衰落，民族国家处于跨国协议的阴影下，碎片化的大众民意被操纵，无法引导和维持政治体制。最后，当今世界由一个特定的统治集团统治，处于金字塔顶端的是一股压倒性的势力，因此，这一体制虽然看似去中心化了，但关键的决策权始终集中于少数掌握决定性垄断权的力量手中——按重要性排列由小到大依次为对技术、通信、金融以及军事力量的垄断。

这一切的基础是财产以资本的形式对增殖的持续追求——在涉及地域和其他可能对其进行限制的目标时，这完全是一个自发的过程。在掌握了广大媒体手段的情况下，资本可以直接塑造人们的需求、意识和生活方式；可以选择政治阶层与知识分子阶层；可以影响外交政策、军费开支与学术研究；最后，同样重要的是资本可以重建劳资关系，选择雇佣工人的地点与方式，尽最大可能地削减工人的谈判筹码。与此前阶段相比，现在最主要的不同在于即使在陷入危机或宣告失败的情况下，这一制度仍然能够复制其力量与联系的基础，并且可以摧毁或胁迫与之对抗的力量。这一制度既召唤了自己的掘墓人，同时也埋葬了自己的掘墓人。

若要挑战并取代这一制度，我们需要一套连贯而系统的方法，能够行使并运行这一替代制度的力量，可以维系这一制度的社会联盟以及与其目标一致的盟友。在摆脱了机会主义的雅各宾式少数派征服国家权力的神话之后，很难想象一系列零散的起义或小规模的改革会自然地发展成为一场大规模的转型。

因此，如今的形势要求尚处于混乱之中的左翼群体反思一下"共产主义问题"。在此，我并非随意地使用这一措辞，之所以说是"反思"而不是"复兴"或"复原"，意味着一个历史阶段已经结束，而新的时代需要对这些理论与实践传统进行根本性的革新，依据便是对这些传统的起源、发展及结果的反思。我使用"共产主义"一词的原因在于，我在这里所指并非仅仅是那些可以从中再次发现经久不衰的真理的文本，或者是那些已经呈现出明显的衰落趋势的高尚理想。与之相反，我指的是对反资本主义革命这一主题进行了清晰假设的全部历史经验。这场革命由工人阶级领导，其组织的政党几十年来在意大利等国吸引了数百万人参与。共产主义者参加并赢得了一场世界大战，统治过若干个大国，形成了自己的社会体系，影响着整个世界的命运。最终，共产主义运动逐渐衰落并遭到重创，而这当然也并非巧合。无论如何，共产主义者几乎在整个世纪的历史图卷上留下了自己的印记。

那么，新时代的第一要务便是本着实事求是的精神，评估我们的付出与收获——不论个人最初持有的是何种信念，最终得出的是何种结论，我们都应拒绝捏造事实，绝不找借口或将实际经验与所处环境相分离。我们的目标必须着眼于辨析那些为重大而持久的历史发展所做出的贡献；评估发展所付出的巨大代价、所获得的理论真理以及所犯下的知识错误。我们需要认清共产主义演变的多个历史阶段，审查各个阶段中的错误以及造成这些错误的主客观原因，审视为了达到预期目标而采用不同方法的机遇与可能。总之，为了重新建构这一庞大事业的脉络，挽回目前所面临的巨大颓势，我们所追求的并不是保留余地或无法实现的中立位置，而是尽可能地接近真理。在处理这一进程时，我们一方面具有知晓事件最终运行轨迹的巨大优势，另一方面则因为再次面临文明危机而产生了驱动力。我们必须对现在善加利用，以更好地理解过去，而理解过去则是为了现在和今后更好地定位自我。

如果我们回避这一反思，将 20 世纪看作一堆灰烬；如果我们将伟大的革命运动、尖锐的阶级斗争、大规模的文化冲突以及激发了这一切活动的社会主义与共产主义都从记录上删除；或者如果我们仅仅将一切都简化为集权主义与民主之间的冲突，而没有区分集权主义的各种起源和目标，或民主的具体政治策略，那么，我们就不仅篡改了历史，而且也使政治失去了其所需的激情与论争，无法面对那些再次浮出水面的旧问题和刚刚出现的新问题，而这些问题所需要的正是深入的变革与理性的辩论。

五、重新解读

在此，我所提出的研究方法非常困难，背后的指导原则也不简单。首先，所谓的"短暂的 20 世纪"实际上是一段庞大而复杂的时期，其中充满了各种紧密联系的复杂矛盾，需要我们对时代背景有一个整体的认识。其次，由于大众对这一时期的集体记忆尚且新鲜，所以我们很难获得所必需的批评距离。再次，这一研究有悖于当前的共识，即认为这一历史篇章已经终结，而且总体上否定一段较长的历史时期是可以被解读的。因此，当前普遍认为将"现在"置于那一段历史框架之中进行分析，或是探寻一种适合的解读范式都没有任何意义。最后，若要对"过去"进行批判性解读，挑战现有的共识，则需要合理地分析"现在"，并且为未来的行动提供规划（包括某些边缘问题，这也正是马克思主义理论的特长）。

就我而言，我认为重建并研究意大利共产主义历史中的若干关键问题，为这一事业做出贡献，不仅是时代所需，也是个人的责任所在。这既非是为个人扬名立万，也不带有地方局限性。与之相反，这一选择暗含了一种与当前认知相悖的假设，而这一假设最终可能会得出某些一般性的结论。现在，关于意大利共产主义有两种对立的解读范式。一种观点认为，大致而言，至少从二战结束起，意共在本质上就是社会民主党，尽管它并不想承认这一点，或许也从未意识到这一点。意共历史悠久，发展缓慢，但稳定地走向了自我认知的过程；虽然这种延迟性导致义工长期被排除在政府外，但独立的身份赋予其力量，使其保存至今。与之相对，另一种观点认为，尽管意共在传播民主这一方面曾采取过抵抗运动等作为，也显露出一定的自治迹象，但这些归根结底还是苏联政策的一种表达方式，其目的始终是强行推行苏联模式。直至最后，意共才被迫放弃并改变了自己的身份。

然而，这两种解读方式都与无数历史事实相矛盾，而且都抹杀了共产主义经验中最具原创性和值得关注的一点。对此，我想提出的观点是：意共代表了开创社会主义第三条道路的最大胆的尝试——尽管这种尝试只是间断地出现，且未发展成熟。换言之，意共一方面结合了局部改革、广义的社会政治联盟以及议会民主等手段，另一方面则综合了尖锐的社会斗争以及对资本主义社会的清晰批判，意在建构一个高度团结而激进的政党。虽然组成政党的是经过了思想洗礼的同志，但其仍是一个群众性政党，旨在重建与世界革命阵营之间的联系，并且在受到这一阵营约束的同时也保持相对的独立性。这并不仅仅是一个两面性问题：一致的战略构想认为，"现实存在的社会主义"的巩固与进一步发展并不能构建一个未来可以在西方推行的模式，而且是为在西方世界实现一种不同的、重视自由的社会主义打下必要的基础。

这一点既诠释了为何在资本主义现代化之后，意共在国内的势力依旧持续增长，也解释了为何在"现实存在的社会主义"面临危机之后，意共在国际范围内仍然具有广泛的影响力。然而，也正是由于同样的原因，意共在衰落之后最终解体为一股偏自由民主而非社会民主的力量，这也迫使我们探究这一尝试是如何和何时失败的。这种情况使我们可以判定某一特定运行轨迹背后所隐含的主客观原因，进而反思是否存在可以矫正这一发展方向的更好道路。

如果这一假设可以成立的话，那么意共的历史或许可以让我们更好地理解关于意大利共和政体与整个共产主义运动的宏观经验，审视后者的卓越与局限之处。

关于共产主义的历史，历史学家也有颇多著述。这些论述为我们提供了大量关于俄国革命和二战结束之前这一时期的信息，而关于战后至今的几十年历史，相关研究则更加零散，多有空白和偏见。尽管如此，我们依然缺乏对这两段时期的总体衡量与公共评价。造成这一情况的原因并不全然是目前出现的各种不合理争议，也包括对现有资料所进行的甄别与党派宣传之间的矛盾。当然这并不令人惊讶，因为无论是在过去还是最近一段时间，历史学家的著作都受到了许多因素的影响——先是尖锐的政治斗争环境，之后又发生了出人意料的突然解体。面对这些事件的影响，有些人变得专业而清醒，而有些人则随意地简而化之。

六、内在文化

然而，除了以上这些顾虑，即便最严谨的历史学家也面临着另一个障碍：资料的有限性与解读的困难性。共产党由于其意识形态、组织形式与面临的态势，并不是一个易于解读的对象。党内关于基本问题的争论大多发生于高度机密且通常并不正式的政党会议中，参会者就会议内容对外保密，并且为了保持团结一致，彼此之间也措辞谨慎。政治决议忠实地记录了党派积极分子的立场，低级别的辩论也大多气氛活跃，出席率高；尽管个人意见不同，但决议最终都能得到所有人的接受与拥护。在某些国家和某些时候，党组织有时会进行严格的审查，或者只对外界甚至党内基层公布粗略的政策说明；保证团结和进行动员是共产党优先考虑的目标。然而，即使在允许出现一定程度异议的时候——例如1960年代以来的意共中央委员会内部——其所使用的仍是慎重而部分加密的表达方式。各处的档案记录始终非常谨慎而整齐，而且或是出于自愿或是公务需要，通常都进行过自我审查。

在"转向"发生之时，党内的主要指导原则开始不断地持续更新。

政党是一个生存共同体，其中的边缘人群和被边缘化群体处于严重的孤立状态之中；长此以往，便滋生了彼此之间的党派之争。尽管我们可以认真研读这一时期的报刊文章以及一些相关人士去世后发表的访谈，之前封存的档案也终于公开，但仍然没有足够的资料以供我们去重建一个真实历史。此外，我们需要获得事件的主要参与者或了解情况的直接旁观者的调解性记忆（the mediatory memory），需要有人补充关于尚无公文或公开文件记录的领域的资料，或是挖掘文本背后隐藏的含义与深意。但是，我们也知道，个人记忆中隐含着许多陷阱——这不仅包括因年龄增长而导致的记忆退化，或是因肩负重任或遭受冤屈而倾向于选择性记忆。作为个体的人类，往往会透过自己的个人经历来重读历史，这本身无可厚非。相比于许多同时代的历史学家，普鲁斯特、托尔斯泰、曼或罗斯等作家为理解各自时代所做出的贡献更具有洞察力。然而，此处我们所说的"调解性记忆"针对的是另外一层含义：记忆需要对所记录的事实进行检验，与他人的记忆进行对比，并尽可能保持客观，才能像处理其他人的生活经历一样，对待自己的经验。只有这样，我们才能对实际发生的事或可能采取的举措做出合理的解读。

七、形成过程

就我个人而言，我成为一名共产主义者是在法西斯主义与抵抗运动的波澜结束10年之后。那时，苏联共产党第二十次代表大会召开完毕，匈牙利危机已经浮现。我不仅阅读了马克思、列宁与葛兰西的著作，也接触了托洛茨基与非正统的西方马克思主义思想。因此，我加入共产主义事业并非为了与法西斯主义继续进行斗争，也并非对斯大林主义和"大清洗"一无所知，而是因为我一直坚信，为了实现根本性的社会变革，有些代价是我们需要承受的。15年中，我在党内比较活跃，尽管身份普通，却由于机缘巧合——或许也因有所贡献——与党内的领导层有过直接接触，并且参与了激烈的讨论，获得了重要的经验。我虽然是以少数派的身份参与这些活动的，但却具有一定的影响力，并清楚地知道事态的发展。这15年可谓至关重要，我们对之却了解甚少，或者说太多事情被掩盖了。1970年，我与其他几位同志因为创办了《宣言》杂志而被迫脱党。《宣言》之所以无法被接受，主要有以下几个原因。首先，报刊的存在本身被认为是对民主集中制的破坏；其次，报刊明确要求更加尖锐地批判苏联模式及其相关政策；最后，报刊呼吁对意共的战略进行反思，接受来自新工人与学生运动的建议。我认为，没有人会指责我在面对旧传统时选择缄默不语或是机械重复；相反，我不得不发问的是，究竟是由于怎样的错误与局限，才导致如此多的优秀言论和往往颇具远见卓识的分析一直被人孤立而无法实现其目标。

1980年代，我与其他几位同志一起重新加入了意共，我们意识到极端主义思想的局限性，而关于这一点此前我们一直在自欺欺人，而且毫无反省之意：贝林格的转变似乎消除了许多之前使党内分化的因素。这一时期，我作为意共领导层成员，亲眼看见了这一转变在被指为陈旧和有限的同时，最初受到了怎样的限制，而后又是如何内部瓦解的。关于这一时期，现在人们依旧大多保持沉默，甚至对其最激烈的批评也没有激起反对的声音。1990年代初期，我站在了反对瓦解意共决议的战役的第一线。我之所以反对，并不是因为这一次这一决议过于革新，而是因为其革新的方式和方向都存在问题——这一做法在无意识中抹杀了一种内涵丰富的身份，所开启的不仅是一条通向已经显现危机的社会民主主义道路，而且走向完全成形的自由民主政治的道路。领导层解散了一支尚未涣散的军队，用看似新颖的新主义来填补概念的空白。包括我在内的少数人始终认为，这一举措毫无根据；而我也不得不扪心自问，为何这一主张得以大行其道。

最后，我本人参与建立了"意大利重建共产党"——在这一过程中，我带有一定的疑虑，担心这一政党目前并不具备足够的思想、意志与力量，尚无法真正地履行其职责。换言之，我所担心的是极端倾向以及随之出现的机会主义思想。我之所以与这一政党保持距离，原因在于，尽管我仍然对共产主义事业抱有信心，却并不认为这一组织或流散的左翼激进势力拥有足够的决心或能力向前推进这一事业。如今，鲜有人了解或能够理解近期发生的这段曲折经历，仅仅是坦诚地谈论这段经历，或许就能帮助人们了解2008年4月"意大利重建共产党"在选举中失利是如何发生的。

可以说，我本人就是一个活生生的私人档案库。对共产主义者，孤立是最严重的罪，我们必须向他人和自己做出解释。然而，如果说罪——原谅我颇具讽刺地顺应时尚和权宜，使用了如今突然感召了许多人追寻上帝的词语——开启了上帝之路，那么孤立的状态或许可以通过某种超然的态度，帮助我们着手处理一些此处略述的任务。我无法声称"我当时并不在场"，或"我并不知道"。实际上，我曾在不便时谈论过一两件事情，因此现在拥有了为相关事情进行辩护的自由。我可以超越日常生活政治的局限，扪心自问有哪些事情本可能发生，又有哪些事情可能会发生。无论是共产主义者的过去，还是任何人的过去，都并非预先决定的；同样，未来也并非掌握在尚未出生的年青一代手中。老骡子依旧在犁地，但它已年老眼盲，并不知道自己从哪里来，又要到哪里去，只是在原地打转。无法相信和不愿相信神灵的人，必须尽可能地理解神灵，从而协助神灵发挥作用。

第四编　探索争鸣

第13章　再论马克思的共产主义：
哲学、预言和理论的视角 *

［法］雅克·比岱 著　夏莹 译

在这篇文章中，我提出了一系列的理论，因为它们包含着很多有待定义的术语以及有待重建的概念，这些术语和概念在逐步发展中获得了自身的意义。

（1）共产主义反对自由主义当中的不平等，以及资本主义所有制的话语，它同时还反对社会主义中"领袖和富有能力的人"（dirigeants-et-compétents）的统治模型。至于马克思主义，它运用社会主义的术语探寻一个模棱两可的共产主义目标。

（2）马克思话语的模棱两可与他的"政治经济学批判"是一致的。目前，我们认为它的出现不再是青年马克思所谈论的哲学的共产主义，而是对有别于资本主义秩序的某种状态的描述。然而，令人惊讶的是，这些相关的哲学阐发，不管它们是否宣称依赖于马克思主义，似乎都很难辨认出其是否与马克思的思想有关。

（3）这些前提引发了对目前存在的一些争论的重新思考。我们或者赞同阿兰·巴迪欧的"共产主义观念"，这一观念可以追溯到柏拉图；或者将返回到雅克·朗西埃，在被分割为参与者与"非参与者"的社会中探求更为激进的平等；或者至少如托尼·奈格里那样，在资本中不能排除"民众"，共产主义理论在他看来表达了一种公共的力量。

* 原载：江海学刊，2013（4）：39-44。本文系作者受中国政法大学西方马克思主义研究中心（CWM）之约而作，并经其授权公开出版其简体中文版。

（4）今天共产主义者的思想好像寻找到了它的救赎，一个超越社会、未能言明的"共同"的意义，它已远不是一个共同体的概念。如果是这样的话，那么我们最终只能求助于全球化的人类与承载人类的星球的关系了。

一、在当代社会理论中的共产主义及其历史嬗变

我在这里将遵循马克思的理论。为了进入现代社会的无限复杂性，首先必须在经济、法治和文化之间绘制一条分界线。此分界线不是在两个社会团体之间，而是在两个阶级之间；换言之，根据个体自身分工，确定对抗社会力量的结构变化的趋势及其可能性范围。根据"元结构"（métatructurelle）的分析方法，统治当代社会的是阶级，其中包含两级，与其对应的是两类"阶级因素"（facteurs-de-classe），它们分别是调控所有权市场和调节（生产、行政和文化）组织。至于其他的阶级，我将其视为基础阶级（即雇佣劳动者和自由职业者），因为它是社会创造性的支柱。在现代社会中，阶级斗争将是三者之间的游戏，它是"共产主义"得以产生的地方。

阶级	统治阶级		基础阶级
阶级要素	市场	组织	市场＋组织
支配权	所有权	领袖与富有能力的人	基础阶级
展望 （霸权性的）	（社会的） 自由主义	（自由的） 社会主义	共产主义 （霸权式的社会主义）
意识形态	新自由主义	"国家社会"主义	
理论	基于社会主义视角而言的马克思主义 一种模糊的理论＝共产主义		

在我看来，没有什么可以表明我们能用共产主义来对抗社会主义。如果共产主义（就像《德意志意识形态》所论述的那样）不过是"某种扬弃目前状态的有效运动"（le mouvementeffectif（wirklich）qui abolit（aufhebt），l'étatactuel），那么它就不能被理解为一个简单的历史趋势：它并不是一个可以达到的最终目标，但它也不存在于自身实践理性意识和战略展望之外。作为对现代性的内在的实践理性批判，共产主义并没有在其他星球上复兴，也没有在其他社会当中复兴。它不

是社会主义的一种替代：它在战胜资本主义的理论视域下，倾向于强调霸权，强调颠覆以及改变。

在历史境遇的展开过程中，共产主义的诉求是一个历史的突变。其缘起于一种信念，即宣称整个社会生活应屈从于这样一些基本原则，即平等主体应分享平等的话语权。内在于现代性的共产主义，伴随着现代性而诞生。它不是古希腊时期的共产主义，不是古罗马贫民阶级的共产主义，不是斯巴达克起义的共产主义，不是早期基督徒的共产主义，也不是早期伊斯兰教徒的共产主义。无论是柏拉图还是保罗都没有给出共产主义的历史性。相反，直到最富欺骗性的现代社会的出现，直到13世纪意大利的共同体的出现——在这期间，爆发了一系列断断续续、艰苦卓绝的革命——才产生了异教徒、清洁派教徒及其他，并且同时还产生了与其敌对的兄弟——方济各会修士。在城市中，这些异端横行，却都没有自己的理论渊源。异端们扩张自身，历经风险，经过了一个又一个世纪，从胡斯到再洗礼教派教徒，在他们找到所谓"后宗教"这个名称之前，他们称自己的学说为共产主义。由此，并不是世俗世界，而是异教徒——正是他们提出了所谓平等和共同体的口号——提供了关于未来的预言性的话语，这些宗教的话语一上来就具有理论化的形态。共产主义不是作为一种社会力量而出现，而是出现于一个特定的时刻，即当人与人之间的自由、平等和理性话语成为某种普遍的预设，并且为公共秩序所认可的时刻。在此刻，通过现代阶级关系中两个阶级要素的展开，一个基础阶级出现了，这个阶级有一点自我意识，能够进行自我解放的实践，能够展开决裂的行动，这一决裂的行动同时也是一种公共的话语，适于诉诸具体的、富有颠覆性的事物——由此构成了对统治阶级的威胁。自此，共产主义被不断地提出来。它总是根据情景、历史力量相互关系的变化而变化。一时似乎远离了，但却总是又返回来；将其关在门外，它却又从窗户里钻进来。我们需要辨认出这不断回归的幽灵。

二、马克思"政治经济学批判"中的共产主义

1843年到1844年青年马克思的哲学是一段正在进步中的思想。在这一时期，共产主义仍然作为哲学的一个对象而出现。它包括关于人

类解放、政治解放和社会解放等相关研究。这种"共产主义的观念"在一些政治文本中被重新提及，例如在《法兰西内战》中，同时也还出现在一些理论著作当中，例如《资本论》及其相关手稿。它从未被放弃，只是在另外一类知识文本中被言说，这类文本可能不再具有哲学的本性。如果存在着两个马克思，那么在两个马克思之间变化的不是观念，而是认知方式。

确切说来，马克思所谓的第二种共产主义，指的是"资本主义生产方式"的理论构造。他在《政治经济学批判大纲》中提出了资本主义商品秩序的替代品。在资本主义商品秩序中，特殊劳动通过"商品交换"与一般劳动融合起来。两者的合作关系是事后（post festum）形成的，这一合作关系是在市场中"通过自己的互相联系"而确立的。这一商品秩序的替代方式蕴含着另外一种"中介"，它是事先的，而非事后的。"在第二种情况下，**前提本身起中介作用**；也就是说，共同生产，作为生产的基础的共同性是前提。单个人的劳动一开始就被设定为社会劳动。""在这里，不存在交换价值的交换中必然产生的分工，而是某种以单个人参与共同消费为结果的劳动组织。"马克思接着说："时间的节约，以及劳动时间在不同的生产部门之间有计划的分配，在共同生产的基础上仍然是首要的经济规律。"[1] 这样的结果通过组织以及无交换的方式获得。这是成熟时期的马克思共产主义思想的要点。

与此相关的论述，我们可以参见《资本论》第一卷的第一章，著名的§Ⅳ——关于商品拜物教。在其中，商品统治着整个经济。马克思解释说，我们除非消灭商品，也就是说消灭市场本身，否则将无法消除商品拜物教。替代商品的将是"一个自由人联合体……通过这种物的形式，把他们的私人劳动当作等同的人类劳动来互相发生关系"[2]。

最初，这种对市场的替代仍然是抽象的、不确定的。在随后的第七—十二章中，这一思想得到了进一步的细化。在其中，资本主义商品生产的机制得到了系统阐发。第十一章的题目叫作"协作"。这一题目表明它引介出了一个劳动分工中的非商品模式，它将在工业生产中得到发展——这正是随后几章讨论的主题。勾画了某种作为"社会劳动"的劳动方式的第十一章，具有形式上的重要意义。作为"社会动物"（参考亚里士多德）的人具有协作的特性，他们能够进行"社会劳动或共同劳动"。这种协作源于"人类文化初期"，并"以生产条件的公有制为基础"，"劳动者在有计划地同别人共同工作中，摆脱了他的个人局限，并发挥出他的种属能力"。这个劳动的"社会化"是"协作劳动"，它较之单个的独立劳动者的劳动更富有生产性。这种社会化的劳动发挥着"管理、监督和调节的职能"。然而"政治经济学家"错误地"把从共同的劳动过程的性质产生的管理职能，同从这一过程的资本主义的、从而对抗的性质产生的管理职能混为一谈"[3]。

很显然，在此我们可以进入第十二章§IV，谈论市场和组织：或者是"社会内部的分工"，或者是"工厂内部的分工"。第一种分工通过商品的交换来实现，它需要事后不断地调整，以重新获得平等。在第二种分工中，在不同工作之间的平等，依据"铁的均衡性法则"，隐含在最终产品当中，这一产品只是商品，这种商品的实现事先在资本家的掌控之下。

由此，无需惊讶，在《哥达纲领批判》当中，对应于"共产主义社会第一阶段"，我再次提出这样的看法："这里没有弯路"，市场中产品的价值"直接"就是"整合入集体劳动当中的个体劳动"。

这些文本充满了模棱两可的色彩，依据组织类型的不同，其理论倾向摇摆在两种理论形态之间。一方面，关注于"中介"，它类似于"市场"。正如马克思在《政治经济学批判（1857—1858 年手稿）》当中所写的那样，即显而易见，在此存在着中介（vermittlung）。它表现在两个方面：交换和组织（也即合作）。另一方面，关注于某种"直接性"（unmittelbar），它具有一种简单、明了的特质，它是未来社会的特性，这一特性在第一卷第一章中被界定出来，即依据"具体的计划"，"自由劳动者及其共同生产方式"的重新结合。

《资本论》中所展开的讨论是关于"协作"的，或者"社会劳动"，它与人类的本性是一体的，它在资本主义自身发展过程中被认出。伴随着竞争，"企业"在数量上会越来越少，但在规模上会越来越大，最终可能成为有多个分支的一个企业（参见第一卷第二十五章，§II）。组织的合理性将逐渐使商品和私有财产的合理性边缘化。组织将劳动者自身组织起来，在集体生产的过程中使其成为一种整体。这将打开共产主义的大门。

所有的一切都将变化，因为在此所关涉的是（我所强调的）"依据具体的计划"而展开的劳动合作，回过头来说：这里所谈论的具体所指的是自由和平等的人们当中的具体。经济学家们所谓的新的政治秩序，就是"民主共和"的政治秩序，在马克思眼中，它不过就是共产主义的政治斗争，即激进的民主。这种政治秩序同样回应了诸多经济的要求以及在不同分支当中合理再分配的问题——对此，马克思在《资本论》的第一卷和第二卷关于资本主义的相关讨论中都有所涉及。但很重要的一点在于，马克思从未给出一个较为详尽的经济规划，或者在"具体的计划"的视域下提出任何一点建议。

在马克思关于政治经济学——这也是一种资本主义的理论形态——的批判中，他给出了一个确定性的，但却显然是否定性的结论：共产主义预设要消除市场。无可逃避的是，在这个共产主义的第一阶段，即市场消失的阶段当中，社会生产的秩序仍然支持体力劳动和脑力劳动的分割。在此，需要从整体上来理解功能的概念，同时还需要在"管理、监督和调节"的意义上理解这些功能。矛盾的是，正是在这些条件之下才产生了作为"被社会化了的劳动者"的"协作"：共产主义的解放。

我们还将获知到，在一种新的阶级社会形式中被具体化了的后商品计划，一个无法预见的"集体主义"。"具体的"计划与"自由的"市场同样存在着问题。对于如何理解马克思主义理论的结构与今后历史发展进程之间的关系问题，现在还有待回应。

三、共产主义究竟有什么样的特质

共产主义是一个观念，而不仅仅是一个名称。为了恰当地说明自身，它赋予自身这样的一个名称。但这个名称，它的魅力，它的合法性，甚至说它的力量究竟来自哪里呢？这是本节试图讨论的话题。

共产主义在什么意义上将自身表述为一种"观念"？这一"观念"只有通过不断地对那些非正义的经验给予回应中才能被构造出来。这一观念只在结构形式当中，即体系性的上下文当中才能被历史地构建出来。这一结构形式总是已成为对正义、好的一种预期，同时引发了被认可的期望——这些预期，作为一个完成状态被给予，同时伴随着同样多的威胁。所谓的"共产主义"提供的不过是它的实验性话语。这种共产主义是现代社会内在的自我批判，是对抗自由主义和社会主义的阶级斗争的原则，它与现代性同步发展，但它并不是无限的可恢复的观念：共产主义是仅以终结为意图的一种观念。

我们的时代不再以排除先前社会中存在着的贫困为己任。我们的时代更关注于阶级要素的特殊本性（阶级关系的构成）、市场和组织：关注于这些要素所拥有的外在结构，在其中，阶级不再为市场提供利益，也不再具有组织劳动的能力，它们不再是劳动力，不再以获利为先。在此关涉的是今日社会分割的关键所在。但这并不表明，我们可以基于此来理解今天社会的发展趋势以及解放策略。

雅克·朗西埃卓有成效的工作值得注意：无-分割（les sans-part）同时也就是无-声音（les sans-voix），后者通过非正义的经验来创造正义。关于"正义"理论的元结构批判诸多结果之一——在此涉及被罗尔斯阐发的双重原则，或者被哈贝马斯所推进的 U 形原则——就在于我们只能证明一个原则，融合了正义和好，具有纯粹的否定性，它是一个"平等"原理，一个典型的无政府的-斯宾诺莎主义者（anarcho-spinoziste）所持有的原理，一个关涉实践的原理："消除一切不能给弱势群体带来福利的不平等。"公共权力如果不立足于弱势群体则无法想象，也无法获得合法性。由此这类分析总是立足于对阶级与种族的分析才能被真正富有策略地构建起来，这是一个现代世界的结构，它让"结构"和"体系"交叉起来。在此并非导致向被压迫者的倾斜，而是引发对于那些受限群体的重新认识。那些失去的只是锁链的无产阶级没有了基础，就如同没有历史的人，只不过是一些高级人种的一些幻象而已。

这正是托尼·奈格里立足于相反的立场所提出的关于大众力量的相关问题。将这种大众力量作为"基础阶级"加以描述，这仍基于同样的视域。大众，就其定义而言，意味着大多数，这是一些处于各种状态中——政治、经济以及文化状态中——的人，就其生存的条件而言，他们同时拥有着公共性与个体性。在奈格里看来，这种"基础阶级"的问题，在阶级分析的语境中所涉及的正是这种"大众"的理论。它的存在是相对于统治阶级而言的，特别与那些所谓的领导人与富有能力（des dirigeants-et-compétents）的阶级相对立。至此，我们开始怀疑对于"脑力劳动"（travail intellectuel）的讨论可能包含着某种偏差。奈格里将这种"脑力劳动"视为既存的、富有未来的共产主义色彩。

奈格里采取了马克思的方法，为了凸显大众力量，更为关注历史的语境，即关注资本主义的结构性趋势。而与马克思的不同之处在于，他并不关注那些弱化市场的组织结构的突变,而是更为关注劳动脑力化的趋势。在这一意义上,他规避了那些由"社会主义者"所构造的历史性的共产主义。它不再着意于具体的计划,而是关注协商本身,包括创造性的协商、公共协商和协商的透明性等。

现代政治哲学就其根本而言,是对"公共性"幽灵的呼唤,现代哲学,从洛克开始,经历康德、罗尔斯与马克思,留下诸多相关讨论,现在我们不得不从自然和文化的交融中描述所谓的"公共性"。所有问题都在于要站在这一立场之上。这一立场并不是关于所有权的问题,而是关于公共的生态责任的问题以及社会用途的合法性的问题。在公共所有制、个人所有制当中,这些问题都将通过所谓的"激进民主"来加以讨论。正如马克思所认为的那样,一个合法的权力应关注每一个人,关注最底层的人。

存在着许多历史倾向可以说明组织的力量以及智能化的力量。但却并没有什么解放的倾向出现,只有不断出现的新的潜能以及新的危机。如果是这样的话,那么共产主义的座右铭只能是:"不一定努力就有希望,不一定坚持就能成功。"这种冒险并不是赌博,它是在斗争中的危险的升华。共产主义是崇高的,否则就不是共产主义。

四、共产主义、人道主义与整个星球

共产主义的一个特性在于它是世界性的。"国际"曾是社会主义和共产主义的联合体。它植根于一种民族国家,因此在社会主义的领域中,它是民族-国家的组织规划。在布尔什维克时期,共产主义只能在"一个国家当中"成功……这同时也是其失败的原因所在。另一个社会主义(即资本主义体系中的社会主义)则使其自身成为民族-国家的基础。共产主义成了理论和实践中的另一种表达,它以普遍性的状态展开自身。它既是跨国的,也是世界的。它从未在生产方式当中发现自身的界限。对于我们来说,这里所关涉的是世界自身的变化,这种变化包括我们共有的物质资料以及我们个人生活的公共地位的变化。正是共产主义,而不是社会主义才有这样的观念,即"无产阶级没有祖国"。实际上,他的祖国就是世界,他的困扰超越国家的界限。

正是在世界的意义上道德的要素至关重要。在民族范围内,我们已经发现了这一点。"自由、平等、博爱"，其中的博爱超越了前两个词概括出的所谓政治的正义、法的秩序。民族-国家保障每一个人的需要，关注每一个人的痛苦。它所转向的——为了重新理解哈贝马斯在伦理和道德之间所做出的区分——不是"为了我们的好"，而是"为了大家的好"，为了一个普遍的共同体的好。这是为什么它包含着一个最大的危险。我们如何为了祖国而献身，许多人已经为了即将到来的普遍国家而直面了死亡。

　　事实上，所有的政治主题都无法规避这样一个最终的矛盾。人类开始发现他们正在破坏他们的生存环境，如空间；同时也正在毁灭其他物种的多样性。直到今天，现代社会仍然被它所谓的"主要矛盾"占据着，这一主要矛盾包含着一种可能的界限。在马克思的概念体系当中，资本主义的生产不是"福利"（具体财富）的生产，也不是商品的生产，在根本上它是剩余价值（抽象财富，增值的权力）的生产。在日常生活当中，抑或从长远看来，这都不是一场游戏或者某种阶级斗争。确切地说，这是由于对自然的开发而带来的福利，它包含这种生产的条件及其分配——它们以特殊的或者集体的利益为名——以及那些让人愤懑的不公平。但在生态被毁灭之前，对每一个特殊的或者集体的利益的追求都不能停止。被压迫者可以捍卫它自身的权力，而谁来捍卫整个星球的权力？

　　从这一意义上说，尽管生态斗争完全是政治性的，但在此所有有关政治的概念却已经过时了。如果共产主义还有某种意义的话，意味着它在本质上不仅是对国家的批判，同时还是对政治本身的批判。如果它的立足点在于"弱势群体的力量"，那么它必然隐含着较之政治秩序更为广泛的道德原则：它向我们身后的人们指认了他们已无力重新创造那些被我们已经毁掉的东西。它认识到了生命的权力，通过缺失，它指认了一个还未被命名的领域。

注释

[1] 马克思恩格斯全集：第 30 卷. 北京：人民出版社，1995：122，123.

[2] 马克思恩格斯全集：第 44 卷. 北京：人民出版社，2001：96-97.

[3] 马克思恩格斯全集：第 44 卷. 北京：人民出版社，2001：386.

第14章　关于共产主义的观念 *

［英］肖恩·塞耶斯 著　　曲轩 译　　王兴赛 校

自从在苏联和东欧"真实存在的共产主义"失败以及新自由主义胜利之后，在西方，我们被告知共产主义已死。然而现在，随着资本主义正在经历一场旷日持久的危机，共产主义观念作为一个备选观念返回到了议程之中。

共产主义观念历史悠久。它可以追溯到柏拉图的《国家篇》。如今，它首先与马克思主义相关。近来，它受到后马克思主义者的高度关注，如巴迪欧、齐泽克及其他人。[1] 笔者将主要讨论巴迪欧和阿尔都塞，我们将会看到巴迪欧和阿尔都塞共同持有某些特定的立场。

传统上，马克思主义者区分了两类共产主义观：空想共产主义和"科学"共产主义。[2] 正如笔者将要阐释的，像巴迪欧这样的思想家并不乐意属于其中的任何一类。空想式的共产主义提出一种关于未来理想社会的图景，它以关于社会在理想中应当如何的一种道德和政治概念为基础。相反，马克思主义自称是一种"科学的"理论（"科学"是就其广义而言的）。其共产主义概念的基础是它关于实际所是和正在发展的资本主义社会的经济与社会理论，即历史唯物主义。

* 原载：马克思主义与现实，2017（5）：73-78。本文是肖恩·塞耶斯教授于2016年10月在北京大学、中山大学所做讲座的发言稿，经作者授权发表。

一、马克思主义的共产主义观

对于马克思来说，资本主义是一个具体的、有限的历史阶段。它会产生无可消除的矛盾，最终导致自身被取代；而共产主义正是随之而来的那种社会。共产主义即将到来，不是因其作为一种理想被期盼、被意欲，而是因为在资本主义社会内部起作用的物质力量，即社会和经济力量。

近数十年来，在西方，我们被反复告知，这些观念已经过时了、被驳倒了。自由市场是一种自我调节机制，它自动地引起增长和繁荣。共产主义已死，资本主义是唯一的可能。除此之外，别无选择。现在看来，这种哲学完全是不足信的。目前的危机已经清楚表明，资本主义机能失调并且容易产生危机。自由市场并非如新自由主义哲学所认为的那样是良性的、自我调节的体系。相反，它是一种异化的体系，有它自己的规律。它是一种不可控的且在本质上不稳定的机制，这引起了令人生厌的和破坏性的后果。在正如我们正在经历的这种衰退中，大量的人没有工作，有益的生产方式遭到肆意破坏。

在马克思看来，这种经济危机所呈现的是，资本主义体系不再能控制它自己所创造的经济力量，即生产力。这个曾经仿佛用法术创造了如此庞大的生产资料和交换手段的现代资产阶级社会，现在像一个魔法师一样不能再支配自己用法术呼唤出来的魔鬼了。[3] 马克思认为，在资本主义中，生产力在规模上越来越大，同时越来越社会化，进而在私人所有制的资本主义体系范围内愈发不能适应。资本主义的增长经过一连串的繁荣和危机。为了使经济能以一种更少破坏性的方式扩张，则需要一种更加社会化的经济和社会关系体系。马克思认为，如此一来，共产主义就不只是一个观念或理想，而是资本主义经济发展实际正在走向的社会形式。

这是马克思关于资本主义的分析的经济层面。总的来说，它已被近来发生的诸多事件所证实。然而，正如当前情势所清楚表明的以及马克思所认识到的，仅有经济危机不足以引发资本主义体系的变化。在此过程中还必须有一个政治层面。在这里，我们遇到马克思理论中的一个更为严重的困境。在马克思看来，资本主义的发展还会引发一个现代的——富有自觉性、组织性和战斗性的——工人阶级的成长。
这就是最终将推翻资本主义并创造一个新社会的政治力量。

二、巴迪欧的共产主义观

这至少是马克思的理论。它存在一个严重问题，即这个革命的工
人阶级现在似乎尚未发展起来，不论是在西方，还是在世界上的其他
任何地方。像巴迪欧这样的思想家正在回应这种情况，它也应被置于
这一语境中加以理解。

近年来，巴迪欧通过其著作并在演讲和会议中大力倡导共产主义
观念。他坚称自己是一位共产主义者，但他并不轻易属于传统马克思
主义的范畴。他不是一位"空想家"——他不讨论未来社会在理想中
可能是怎样的；并且，尽管他大量引用马克思，他也不是一位"传统
的"马克思主义者（有时他被描述为一位"后马克思主义者"）。他拒
斥马克思的历史理论，但也不赞同一种乌托邦的理想。相反，他提出
一种不同的历史理论，进而导向了一种不同的政治学。虽说是一种不
同的"历史理论"，但更准确地似乎应该说，他对任何历史理论都表示
怀疑。因为他否认如下思想，即在历史中存在某种模式或逻辑，这是
对马克思主义所做的一种黑格尔式的歪曲。他主张，历史不时地被一
系列任意的、不可预期的干扰和断裂打断。这种看法近年在法国哲学
中特别有影响力：它被很多人以这样或那样的形式提出来，不仅仅是
巴迪欧，还有福柯、德勒兹、利奥塔，与马克思主义相关，阿尔都塞
也特别地提出过。所有这些哲学家都否认如下思想，即历史遵循一种
必然的进程；他们坚称，历史包含着断裂和不连续性。例如，阿尔都
塞认为，历史是一种"随机的"（aleatory）进程，受偶然性支配。[4] 巴
迪欧则强调"事件"（event）的作用：一场难以预料的事件（occurrence）
把发展轨迹置于一条新的、不同的道路上。关于被认为是意料之外的
"事件"，巴迪欧最喜欢的例子是 1968 年 5 月发生在巴黎的示威游行。

这些事件看似无中生有地突然爆发。甚至对于其中的参与者来说，
它们也是令人意外的。但这不表明它们就是无中生有的。相反，它们
是先前的发展和更大力量的结果。当我们从更广阔的历史语境中来看
它们时，这是显而易见的。1968 年法国的"五月风暴"就是贯穿于 20

世纪 60 年代更多的系列性变革运动的一部分。其中还包括美国的民权运动、多地发生的无以计数的反帝国主义运动，尤其是对越南战争的抗议以及其他呼吁和平与学生抗议的运动。这些最终都在"事件"中达到顶峰，不仅在巴黎，而且在那一年，全球范围的动乱达到高潮，伴随着席卷资本主义世界的学生和其他群众抗议，以及非资本主义世界的大规模动乱。

认识到法国 1968 年的"五月风暴"具有这一更广阔的语境，这当然构不成对事件本身的解释。然而，这确实表明，要理解它们，我们就必须注意导致事件发生的更为广阔的历史条件。这是寻求理解这些事件为何发生的唯一理性的路径。正如本赛德所说，他参考巴迪欧所引的其他"事件"。

> 攻占巴士底狱只能在旧制度的语境下来理解；1848 年六月起义只能在城市化和工业化的语境下来理解；巴黎公社运动只能在欧洲民族骚乱和第二帝国垮台的语境下来理解；十月革命只能在"俄国的资本主义发展"和第一次世界大战的颠覆性后果这种特殊语境下来理解。[5]

无疑，巴迪欧会坚称自己并不否认上述一切。他承认，"事件"总是"语境化的"（situated），它与发生时所处的情势有关。例如，他说：

> 事件既是语境化的（即它是这种或那种语境下的事件），又是增补性的，因此也就完全与语境的所有规则相脱离或无关……那么，你或许会问，是什么造就了事件与事件之所以成为事件的"原因"之间的联系。这种联系是先前语境的空置。[6]

然而，仅是先前语境的"空置"（void）无助于建立这一联系，因为它完全是不确定的。因此，尽管巴迪欧试图以此方式把事件"语境化"，但他马上又否定了这一点，他主张，事件也与语境"完全脱离"；并且，这两种立场之间显而易见的矛盾仍然悬而未决。不过，他的多数著作都非常坚定地强调脱离的这个方面。[7]

三、变化与连续性

在马克思主义哲学中，变化与连续性之间的关系是一个重要话题。

在这一领域，马克思主义哲学的诸思想深受黑格尔哲学的影响。尽管马克思把历史视为进步，但他并不认为，这总会以一种稳定的、渐进的方式发生。和黑格尔一样，马克思认为历史是被划分为一系列不同的阶段的。在每一阶段中，变化的确会逐渐发生；但之后将有一个突然的根本性裂变——一种革命性的断裂——由此一个新的阶段开始了。[8]

然而，黑格尔和马克思都拒斥如下思想，即这种断裂是任意的或不可预期的巴迪欧式的"事件"，它们的发生纯属意外并且不可预料，犹如是无中生有的。就是说，他们拒斥如下看法，即这些断裂仅仅是一些不连续性，毫无原因使然。黑格尔和马克思都赞成康德关于"调节性原则"（regulative principle）（理性思维的一个根本原则）的看法，即假定每个事件都有一个原因，即使那个原因是未知的或未被理解的。与之相对的是如下思想，即事件的发生是无中生有的、没有原因的，并且是预料之外的：正如本赛德所说，它就等于"尘世的奇迹"这一概念。[9]

依据马克思主义或黑格尔主义的辩证性解释，渐进的、递增的量变最终引起根本性的、革命性的转变，即质变。[10] 但这些质的——革命的——变化不是巴迪欧、阿尔都塞以及类似的思想家所想象的断裂，即绝对的、完全的、突然的、偶然的断裂——它们的发生并非无中生有。相反，在渐进的量变发展阶段与其最终引发的革命性质变之间有一种本质联系。其中既有连续性也有不连续性。革命性的断裂或许看似也是突发的、不可预料的，但它绝非完全地不可预料：在即将到来的革命性事件的酝酿期，就存在诸多迹象。对此，黑格尔借 1789 年法国大革命做了如下精辟的叙述：

> 胎儿在经过漫长而寂静的滋养之后，它的第一口呼吸打破了那种单纯逐渐递增的进步，现在，——作为一个质的飞跃——，胎儿诞生了。同样，自身塑造着的精神也是慢慢地和安静地成熟，获得新的形态，也是一砖一瓦地拆除着它的旧世界的建筑，而旧世界的动摇也仅仅是通过一些个别征兆才预示出来的。充斥于现存世界里的各种轻率和无聊，以及对于某种未知事物的模模糊糊的预感等等，都是另外什么东西正在前来的征兆。这种渐进的、尚未改变整体面貌的零敲碎打，被一道突然升起的闪电中断了，

这闪电一下子就树立起了新世界的形象。[11]

对黑格尔来说，从量变到质变的过渡是一种普遍的逻辑（本体论的）原则。当恩格斯称"量转化为质和质转化为量"是辩证法三大根本"规律"之一时，他是以相同的方式加以探讨的。[12] 人们不必为了如下看法就被迫接受上述任何内容，即这种质量互变原则为理解历史变化提供了一种有启发性的框架。

四、决定论

下列看法构成了决定论的一种形式，即历史存在这样一种（辩证的）逻辑，并且历史发展经由一系列必要的阶段。这种观念常常激起如下批评，即它必然因此而排除了政治或自由能动性（free agency）的任何作用。

相反，巴迪欧的"事件"哲学及其"共产主义观念"则基于以下思想，即未来是不确定的和开放的。用阿尔都塞的话来说，这种思考方式预设："一种历史，它是在场的……鲜活的……向未来开放的……不确定的、不可预见的，甚至是尚未完成的。"[13] 这些哲学家并不声称，共产主义真的将在资本主义之后到来，而只是主张，资本主义有一种"共产主义视域"，正如迪恩所言：共产主义作为一种替代是可能的。[14] 这听上去都很有道理，但作为对共产主义的一种解释，它毫无道理。仅仅未来的不确定性不会揭示任何相关的具体内容。如果我们对超越资本主义的是什么一无所知，我们就没有理由说，未来将是共产主义：未来同样也可能变得更加资本主义或法西斯主义，或任何其他的可能性。

马克思主义也主张资本主义具有一种"视域"，但它不是以这种抽象的、纯粹形式化的方式来说的。马克思的洞见从根本上说就是如下理论，即存在着决定性的、客观的——经济的、社会的和历史的——力量，它们在资本主义内部发挥作用，它们产生了诸多矛盾，在未来，这些矛盾将导致资本主义被取代，并通向一种具体的社会主义的社会类型。这不是说，只有一个简单的决定论在发挥作用，或者资本主义体系会因其内在矛盾而自动崩塌，并且自发地兴起一种新秩序。还必须有政治能动性和实践行动参与进来。不过，这种能动性的影响是有限的。

> 人们自己创造自己的历史，但是他们并不是随心所欲地创造，并不是在他们自己选定的条件下创造，而是在直接碰到的、既定的、从过去承继下来的条件下创造。[15]

这些条件约束着能够做到和能够实现的事情。在既定条件下，只有某些事情是可能的，相信其他的可能性则是一种虚妄。社会变化只能在既定的必然的物质条件下产生。这是唯物主义的看法、马克思主义的看法。

> 如果还没有具备这些实行全面变革的物质因素，就是说，一方面还没有一定的生产力，另一方面还没有形成……革命群众，那么，正如共产主义的历史所证明的，尽管这种变革的**观念**已经表述过千百次，但这对于实际发展没有任何意义。[16]

把历史视为一个任意的、不可预测的过程的结果就是否认上述观点。这是在想象，共产主义可能只是纯粹自由意志和单纯承诺的结果，而无关乎历史条件。因此，这种哲学就否定了马克思主义的历史理论，并把共产主义变成一种纯粹唯意志论的、纯粹政治的观念。因此，波斯提尔斯提出如下看似矛盾的看法是对的，即巴迪欧作为"一位哲学家，首要的是一位共产主义者，其次才是——或者可能甚至就不是——一位马克思主义者"[17]。马克思主义的共产主义观念不只是这种（尼采式的）政治观念。正如前面所强调的，马克思主义是一种历史的、唯物主义的理论。它意味着，未来不完全是"开放的"。这并不意味着，它否定了自由或政治能动性。认为自由和决定论是不相容的这种想法是错误的。自由并不要求我们超越我们的物质条件——这是不可能的。自由不在于决定论的缺场，而在于自我决定的能力。因此，它取决于我们各种能力和官能的发展——这些会随着我们物质力量的增长而获得社会性的、历史性的发展。

简言之，马克思主义是决定论的一种形式，但并非刻板的、机械的形式。历史不具有那种精确性和简单性。尽管马克思主义认为，社会通常会经历一系列的阶段（封建主义、资本主义、社会主义），但这不应被视作一种必然发生的、不可避免的过程。在这个问题上，马克思自己显然是非教条的、开放的。在生命的最后阶段，马克思认真考虑过如下想法，即传统的公有制形式在 19 世纪俄国的持续存在可能为俄国的共产主义创造基础，并使其能够略过资本主义阶段。

近来有人在此基础上宣称，马克思完全放弃了关于社会阶段的理论，并采取了一种更为开放的、非决定论的历史发展学说。[18] 但这种看法毫无根据。马克思当然意识到，前资本主义的公有形式在资本主义时期的延续是反常的，这对于经由不同阶段渐进式发展的理论也是个问题；而且他承认，不同的发展道路或许是可能的。但这并不是说，他整个地否弃了历史唯物主义的历史论框架。认为马克思认识到其历史理论中的问题和困难，和认为马克思完全放弃了这一理论，这两种说法大相径庭。没有严格的证据表明他完全放弃了这一理论。[19]

五、当前情势

现在让我们回到当前情势。资本主义正在经历的危机正是马克思在其著作中所描绘的那种形式，这已经使共产主义的观念坚定地回到了议程之中。然而，马克思所设想的会带来共产主义的革命性力量尚未出现。如今的工人阶级并非马克思和更早的社会主义者们所相信会成为的那种革命性力量，也没有可靠证据表明，其他群体已经取代了它。共产主义似乎是一个遥远的展望。这是马克思主义者和其他对现存体制持激进反对态度的人正在面临的问题，也是笔者正在讨论的这些哲学家所回应的问题。

不时有观点认为，传统的马克思主义是在错误的地方寻找社会变革的能动者。如今，他们不再是马克思抱有信心的那个工业工人阶级。毋宁说，他们将会是哈特和奈格里所称的"大众"——被剥夺、受压迫的广大人民群众。[20] 然而，这些"大众"分散而无组织；他们没有构成一种有效的政治力量，遑论革命力量。他们或许会像 1968 年"五月风暴"中的学生一样突然奋起反抗；但同样地，他们也会突然消失。对一支真正的革命力量来说，更团结和持久的一些东西是必需的。

这些东西可能来自哪里呢？笔者认为，马克思正确地宣称，阶级是资本主义社会中社会分化的主要维度，这在今天仍然正确。资本主义仍然是一种阶级分化的体系，它的主要构成阶级依旧和马克思那时一样，即资产阶级和工人阶级。然而，马克思描绘的是 150 年前的资本主义，今天它在许多方面已有变化。如今的资本主义是一种全球体系。资产阶级和工人阶级都已经大不相同。马克思描绘的 19 世纪的工业无产阶级已大量减少——现在它主要存在于印度和其他类似的国家。当今存在的工人阶级——特别是在西方社会中——更加多样化、碎片化和分散化。我们不仅能在工厂和矿井中找到他们，而且也能在办公室、商店、医院、养老院、收发中心发现他们。

这不一定是说马克思主义不再适用。但它的确意味着，为了解释这些变化，需要在根本上重新思考马克思主义的社会和政治分析。笔者暂无清晰或简单的理论来说明这点。笔者不知道可能推翻资本主义的政治力量会从何而来，或如何兴起。当然，有人确实声称，马克思的理论已被驳倒，资本主义是历史发展的最后阶段，是“历史的终结”。如果没有力量出现来挑战资本主义并创造一个新世界，那么共产主义观念就的确被推翻了，马克思主义就是不足信的。但这种情况并不足信。马克思认为，资本主义不是“历史的终结”，而只是一个有限的社会阶段，这无疑是正确的。资本主义世界仍被马克思所描述的矛盾所撕裂着，这些无疑终会导致诸多力量的出现，它们将会消灭资本主义，并建立一种更加社会主义的社会形式。

我无法证明或论证这一点，因为如果这种替代将要实现，我无法指出所需要的能动者是谁。因此，它终究是个信仰问题：对共产主义的信仰。巴迪欧也使用这种说法。他谈到，在共产主义上要坚持“对事件的忠诚”，在共产主义观念上要投下一个帕斯卡式的“赌注”。[21]我们有充分理由这么说。正如我们近几年所见，仅仅经济危机是不足以带来资本主义体系的根本性变化的——必须同时存在将会推翻资本主义体系并创造一个新社会形式的能动者，当前于此却毫无迹象。因此，在这些情况下继续坚持革命性变化的思想就的确包含一种信仰成分。

但这不只是巴迪欧关于突发的革命性“事件”的观念及其虚拟化的“共产主义观念”所隐含的盲目信仰。马克思主义所包含的信仰非常不同。它的信仰是，共产主义不只是一种“观念”，而且是历史本身真实的趋势。这种信仰的根据在于，马克思主义的历史理论及其对资本主义中正在起作用的诸力量的分析。我们应该紧紧抓住这一点，据此去寻求理解当前情势及其走向——这是马克思主义中有价值的部分的核心。

注释

［1］ D C. Douzinas，S. Žižek ed. *The Idea of Communism*. Verso，2010；S. Žižek ed.. *The Idea of Communism 2：The New York Conference*. Verso，2013；B. Bosteels. The Speculative Left. *The South Atlantic Quarterly*，2005（104）：4；J. Dean. *The Communist Horizon*. Verso，2012；A. Badiou and P. Engelmann. *Philosophy and the Idea of Communism：Alain Badiou in Conversation with Peter Engelmann*. Polity，2015.

［2］ 马克思恩格斯文集：第 3 卷. 北京：人民出版社，2009：487－567.

［3］ 马克思恩格斯文集：第 2 卷. 北京：人民出版社，2009：37.

［4］ L. Althusser. *Philosophy of the Encounter：Later Writings. 1978-1987*. Verso，2006.

［5］ D. Bensaïd. Alain Badiou and the Miracle of the Event// *Think Again，Alain Badiou and the Future of Philosophy*，edited by P. Hallward. Continuum，2004.

［6］ A. Badiou. *Ethics：An Essay on the Understanding of Evil*，trans. P. Hallward. Verso，2001：68.

［7］ D. Bensaid. Alain Badiou and the Miracle of the Event// *Think Again，Alain Badiou and the Future of Philosophy*.

［8］ 这种思考方式是马克思在《〈政治经济学批判〉序言》（1859）中阐述历史唯物主义时解释革命性转变的基础。参见：马克思恩格斯文集：第 2 卷. 北京：人民出版社，2009：588-594。

［9］ D. Bensaïd. Alain Badiou and the Miracle of the Event// *Think Again，Alain Badiou and the Future of Philosophy*；参见：I. Landa. True Requirements or the Requirements of Truth？The Nietzschean Communism of Alain Badiou. *International Critical Thought*，2013（3）：4。

［10］ "'有'的变化从来都不仅是从一个大小到另一个大小的过渡，而且是从质到量和从量到质的过渡，是变为他物，即渐进过程之中断以及与先前实有物有质的不同的他物。"黑格尔. 逻辑学：上卷. 杨一之，译. 北京：商务印书馆，1966：404.

［11］ 黑格尔. 精神现象学. 先刚，译. 北京：人民出版社，

2013：7.

　　[12] 马克思恩格斯文集：第 9 卷. 北京：人民出版社，2009：463.

　　[13] Althusser. *Philosophy of the Encounter：Later Writings. 1978-1987*，Verso，2006：264.

　　[14] J. Dean. *The Communist Horizon*. Verso，2012.

　　[15] 马克思恩格斯文集：第 2 卷. 北京：人民出版社，2009：470-471.

　　[16] 马克思恩格斯文集：第 1 卷. 北京：人民出版社，2009：545.

　　[17] B. Bosteels. The Speculative Left. *The South Atlantic Quarterly*，2005（104）：4.

　　[18] P. G. de Paula. Main Interpretations of Marx's Notion of Development：A Critical Review. *Science & Society*，2015（79）：4；J. D. White. *Karl Marx and the Intellectual Origins of Dialectical Materialism*. Macmillan，1996；P. Zarembka. The Declining Importance of Hegel for Marx：James D. White's Provocative Work. *Historical Materialism*，2001（8）.

　　[19] S. Sayers. Review of James D. White，Karl Marx and the Intellectual Origins of Dialectical Materialism. *Historical Materialism*，1999（5）；S. Sayers. The Importance of Hegel for Marx：Reply to Zarembka. *Historical Materialism*，2001（8）.

　　[20] 麦克尔·哈特，安东尼奥·奈格里. 帝国. 杨建国，范一亭，译. 南京：江苏人民出版社，2003.

　　[21] 追随 L. Goldmann. *The Hidden God：A Study of Tragic Vision in the Pensees of Pascal and the Tragedies of Racine*，trans. P. Thody. Routledge & Kegan Paul，1964。他也援引帕斯卡："我们必须下赌！巴迪欧用帕斯卡的劝告说：我们必须'在共产主义政治上下赌'，因为'我们永远不能从资本中推断出它'。"D. Bensaïd. Alain Badiou and the Miracle of the Event//*Think Again，Alain Badiou and the Future of Philosophy*. 从不同的政治视角出发，保罗·布莱克利奇得出了惊人相似的结论："马克思主义涉及的不是一种关于人类社会主义未来的决定性预言，而是一次关于工人阶级革命潜能的赌博。"P. Blackledge. *Marxism and Ethics：Freedom，Desire，and Revolution*. State University of New York Press，2012：142.

第 15 章　解释世界还是改造世界

——评哈特、奈格里的《大同世界》*

[美] 大卫·哈维 著　王行坤 译

　　一直以来，奈格里的作品中有两个根本性的主题。第一个主题就是对工人阶级或诸众（他将其定义为"穷人的政党"，在斯宾诺莎看来，诸众是唯一的"民主的真正主体"）的政治能力所持有的信心，认为他们可以利用内在性的劳动力量去构建一个不同于资本所塑造的世界。奈格里认为，通过自主的以及非等级化的自我组织，工人阶级或诸众有能力完成这个任务。第二个主题源自这样一个坚定的信念，那就是斯宾诺莎的哲学作品为激进思想提供了框架，让其不仅认识世界，而且也能认识到改造世界的可能。奈格里就这样将诸众的内在性力量与新斯宾诺莎主义的理论框架结合了起来，构建出了一种新的革命理论，从而重新定义了共产主义的内容。

　　毫不奇怪的是，这两个主题在《大同世界》（*Commonwealth*）中也得到了充分的发挥。这本书是哈特和奈格里的第四次合作[1]，意在进一步阐发他们的思想，并且为我们的时代提出另类全球化的观念，或者用他们的话说，是另类现代性（altermodernity）。在之前的作品中，他们在思想上和意识形态上都支持这样的左翼运动，这些运动努力以最为彻底的方式去改造世界，同时又不产生等级制的政党或者（在两位作者看来）试图去徒劳地夺取国家政权。其原因就在于他们想

　　* 原载：上海文化，2016（2）：249-264。本文是大卫·哈维在《艺术论坛》（Art Forum）2009 年 11 月的专题中就《大同世界》（2009）与哈特和奈格里进行的争论。中文标题为译者所加。

要提出关于共产主义的不同概念，这些概念乃是基于 17、18 世纪的哲学。这就与马克思之后的共产主义运动构成了断裂，但也并没有彻底抛弃马克思的某些重要洞见。随着现实存在的共产主义的崩溃解体或改弦更张，尤其是在 1989 年之后，不仅另外一个世界是可能的，另外一种共产主义也成为可能。在探索未来可能的道路上，除了哈特和奈格里，还有巴迪欧和朗西埃等重要哲学家。

今天，这种重新定义共产主义的尝试显得尤为紧迫，其原因不仅在于地球上的大多数人都处于苦苦挣扎的悲惨境况，也在于资本主义体系内不可逆转的环境恶化和日益频繁的自我毁灭性的短期危机。诉诸 17、18 世纪的思想家，跟随 17 世纪那个来自阿姆斯特丹的磨镜片师傅[2]去寻找答案，这有些匪夷所思。即便如此，哈特和奈格里在这方面努力的一个意外收获就是在激进学生群体那里，斯宾诺莎研究小组欣欣向荣，德勒兹等思想家也重获魅力，后者也是基于斯宾诺莎而发展出自己思想的。

在哈特和奈格里看来，革命思想必须找到对抗资本主义和"财产共和国"（republic of property）的途径。革命思想"不应该回避身份政治，相反，它必须经由身份政治并从中学习"，因为身份政治"是在财产共和国内，并反抗财产共和国的首要动力，其原因就在于，身份本身就是基于财产和主权的"。他们通过三个阶段来论述这个问题，"揭示出作为财产的身份（性别、种族、阶级等）的臣服，这意味着在某种程度上夺回身份"，然后将其作为所有物和财产进行保护。大概的意思是：这就是我，这些是我受苦和拥有自己存在的条件。"身份政治的第二个任务是从义愤（indignation，这也是来自斯宾诺莎的重要概念）出发，在追求自由的道路上将臣服的身份作为武器，走向反抗宰制结构的道路"。但是就其将身份视为某种财产形式来说，第二个任务"总可能与财产共和国的统治结构相适应"。危险就在于，身份可能成为目的（某种所有权形式，人们拥有它就拥有某种既得利益）而非手段。其结果是释放（emancipation），即"你有成为你所是的自由"，但却阻碍了解放（liberation），即"自决和自我转变的自由，去决定你能成为什么的自由"。因此，第三个任务就是消灭身份的一切形式。这种"身份的自我消灭是理解革命政治只能始于身份，而非终于身份的根本原因所在"。例如，对工人来说，"共产主义命题的目标就不是消灭工人本身，而是消灭将他们定义为工人的身份。也就是说，阶级斗争的首要目标不是杀死资本家，而是打碎维持资本家特权和权力的社会结构、制度，同时也消灭无产阶级臣服的条件"。于是，拒绝工作，或者两位作者在本书和其他地方所提及的"出走"（exodus）[3] 就成为主要的斗争武器。这就是释放的意思。革命追求的不只是释放，而是解放。

革命的女性主义、酷儿理论和种族理论有着类似的筹划：它们都试图去消灭在现存结构中束缚人的身份。革命"不是为精神虚弱的人准备的，它是为怪物（monsters）而准备的"。哈特和奈格里借用了卡利班这个怪物形象。"你得失去你所是，才能发现你所将是。"不同身份的斗争之间所存在的平行论（这里他们直接诉诸斯宾诺莎的平行论和杂多性的概念）并不是同质性的——这些斗争之间的"接合与平行论""并不是自动产生，而是需要争取的"。一旦围绕一种身份形式而进行的斗争阻碍了另一种身份形式的斗争，就得做出相应调整。另外，"没有一种领域或社会对抗能够处于首要地位"。革命应该像"蜈蚣或者诸众"那样前进。两位作者总结道："只有在生命政治斗争的领域内，并且由平行论和杂多性所构成，争取共同性[4] 的革命斗争才能取得胜利。"

这种革命模式在很多方面都非常具有启发性，但同时也问题重重。首先，哈特和奈格里否定齐泽克的观点——就与资本主义的延续来说，阶级比其他身份形式要更为根本，但我站在齐泽克一边。无论种族、社会性别和生理性别身份在资本主义的历史中有多么重要，无论与这些身份相关的斗争有多么重要，我们可以想象出没有这些身份形式的资本主义，但我们却无法想象没有阶级的资本主义。其次，如果推翻财产的共和国意味着取消所有的身份，那么我们所提及的这些身份就远远不够了。例如，与地方和区域相关的地理认同以及本土认同（当地人口与土地的特殊关系）就没有被纳入考量（除了民族主义，但两位作者只是将其视为一种腐化形式）。最后，虽然革命要反对财产共和国相关的主导观念，但如果认为 65 亿人口可以在没有任何等级制的治理形式，没有货币化和市场的情况下满足衣食住行的需求，这是根本站不住脚的。这个任务对自主存在的扁平化的自我组织来说太过艰巨。资本主义的等级制形式在为世界人口提供生活资料方面取得了可观的进步——虽然分配并不均衡，因此我们要谨慎，不能太过轻易就取消这些结构。他们的论述没能为与阶级身份的革命性转变相平行的日常生活物质基础的革命性转变提供具体策略，这是他们的严重缺陷。

对斯宾诺莎的论述虽然有趣，但作用不大。就我所知，斯宾诺莎对世俗性的事物不会有多大兴趣，如组织世界市场让人人得以饱暖。某种意义上说，在不到10亿人口的世界上，在大多数地区还没有被殖民或者变成相互依赖的全球市场的历史境况下，我们所说的问题还不算是问题。但是到了亚当·斯密的时代，这些问题就逐渐凸显了，并且让康德（在这本书里也有重要客串）提出了全球性的解决方案，但只有在马克思和恩格斯在《共产党宣言》中简洁明快地提出全球市场和全球化理论之后，这些问题才真正被提上议事日程。

但我们怀疑——《大同世界》里也有很多证据来支持这种怀疑——正因为斯宾诺莎不关心这些世俗性的问题，所以他的论述才格外吸引人。这些论述可以让哈特和奈格里忽略对革命行动现实基础的考量，去关注抽象的甚至唯心主义的推论。这里我要立刻补充的是，这并不是说前马克思的共产主义思想都是不相干的，但这的确或多或少地让他们的思考染上了乌托邦色彩。我也认为在当下的时代我们需要乌托邦思想，但关键的是，我们得认清我们所处的时代。

在考察任何乌托邦规划时，指认出现实存在的物质条件与思想回应之间的关系总是很有趣的。例如，莫尔的《乌托邦》反映了16世纪早期的世界状况，而哈特和奈格里的作品关于当代资本主义的正面和反面，都有很多内容要说。但是也有很多令人吃惊的缺漏。

例如，长久以来哈特和奈格里都认为，当代资本主义与之前的时代产生了根本性的断裂。资本主义转向了非物质生产，而不再是物质性生产。这种非物质性表现在两个方面。首先是与商品的有形特征相对的象征的、审美的以及社会的价值。其次，如果说马克思描述了资本和劳动的社会关系通过物（即劳动者的工资品以及资本家的奢侈品和新的生产资料）的生产而得到中介，那么哈特和奈格里则认为，当代资本主义因为"图像、信息、知识、感受、符码和社会关系"，而主要是关于主体性的直接生产。"生产的客体"不再是物，而是主体，这个主体由"社会关系或生命形式"而得到定义。主体的政治主体性成为生产的客体。例如，如果我们现在都是新自由主义者，那是因为我们的主体性就是如此被生产出来的。于是，批判的领域以及阶级斗争的领域，就从物的生产（工厂）转向了主体性的生产。

虽然在我看来这是一个进步且富有启发意义的推论，但这也产生了一个问题：马克思的分析还有多少相关性？在《资本论》第一卷第一章，马克思将价值定义为社会关系。他说，价值是非物质性的，同时也是客观的。之所以如此是因为我们不可能直接去计量社会关系。社会关系的力量和意义只能通过其客观效果而得到评判。马克思非常关注社会关系如何得到再生产。在《资本论》的"简单再生产"一章中，他略过了资本主义物质再生产所必需的所有物质和技术条件，而是聚焦以资本家为一方和以工人为另一方的阶级关系的再生产。因此，马克思既关注商品的生产，也同样关注政治主体的生产。

所有的商品都是社会劳动的象征，而正如马克思所反复强调的，货币商品会呈现出多种象征形式。因此，商品中包含的价值既是物质性的，同时也是象征的、审美的和社会性的，这个事实一点也不新鲜。非物质性所呈现出的这第一种形式在我看来不足为奇。第二种形式倒更为有趣。虽然哈特和奈格里也认识到，马克思将资本定义为一种社会关系，但从他们的论述来看，这对他们来说是一个迟到的发现，而非先在的基本前提。当然，马克思主义传统并不总是承认价值既具有非物质性同时也具有客观性，有人特别来提醒我们，这当然非常重要。但我更希望，哈特和奈格里能够更加认真地对待马克思"非物质但却客观"的论述，并且更多讨论"客观的"这一方面。对马克思来说，这种客观化（对象化）尤其通过货币形式的生产，会产生物化、拜物教和异化。马克思理论中的这些关键概念在哈特和奈格里那里都被忽视了。

如果不是因为这个事实——马克思将价值定义为非物质的和客观的，为他的虚拟资本理论奠定了基础——我是不会提出之前的问题的。这在金融化的过程中起到了关键的作用。虽然哈特和奈格里偶尔提及金融化并且承认其重要性，但他们完全没有虚拟资本的理论，也不可能解释如下境况的意义：凌驾在价值只有 56 万亿美元产值的全球经济（商品和服务）之上的是价值 600 万亿美元的各种各样的衍生品（金融资本家可以从这些衍生品中攫取巨额个人财富，如索罗斯在 2007 年就攫取了 30 亿美元）。如果不是因为虚拟资本繁衍——从信用卡文化到住房价值收益的投机——的影响，可以与受福柯式的生命权力（也就是施加在生命上的国家权力）影响等量齐观，那么这种疏漏倒是可以原谅的。来说说非物质性！直到最近，不只是在曼哈顿同时在佛罗里达以及美国西南部，人们谈论最多的是因为财产价格的飞涨而导致的个人不平等问题。但是现在让我们看看这个虚拟的客观结果（止赎的房屋、失业、破产的消费主义、破产的银行等)!

哈特和奈格里忽略(虚拟资本)这个范畴,在我看来部分是因为这个范畴与他们偏爱且过度关注的生命权力和生命政治(生命进行反抗的能力)概念不相兼容,他们将这两个概念视为政治主体性得以形成的唯一领域。问题不是判定他们错了,而是说,他们的分析太过偏颇,无法形成令人满意的理论框架,去理解当下的危机及其政治困境,其中就包括生产解放性的政治主体性问题。

当然,批判他们的疏漏太过容易,但我认为重要的是强调哈特和奈格里思想的极限,从而更好地理解他们所做出的贡献。这本书的目的不是去理解当下的经济危机,它有着更为深刻和长远的目标。例如,两位作者坚持认为,如果我们想要理解革命可能性的话,关注主体和主体性如何生产这个问题是根本性的。他们毫无疑问是正确的,这也是经典马克思主义的弱点所在。在这个方面,哈特和奈格里以赞同的态度引用福柯:"我不同意那些人,他们将人生产人的方式,等同于价值生产、财富生产或者有经济用途的物品生产的方式;人生产人的方式是对我们所是的彻底破坏,是某种全新他者的创造,一种完全的创新。"他们建设性地采纳了福柯的"装置"概念,将其理解为"主体性生产中,起积极作用的物质的、社会的、情感的以及认知的机制"。哈特和奈格里说,这种方式"可以让我们将共同性的集体生产视为一种介入,为了颠覆主导权力并且以明确的方向引导力量,介入到当下的力量关系中。在这个意义上,知识的策略性生产就直接意味着另类主体性的生产"。这就是他们革命理论的来源。

这个推论是非常关键的,因为正如他们之前的思考所表明的,反抗现代性的斗争往往会习惯性地衍生出现代性本身已有的问题,这是很可怕的。为了寻找另类现代性——这是现代性和反现代性的辩证对立之外的一种形式——他们需要逃逸的手段。他们指出,社会主义还是资本主义这个选择原本就错了。我们需要提出完全不同的共产主义观念——在完全不同的维度里进行思考。福柯为他们提供了这个手段。当然,这里并没有什么特别新颖的内容。资产阶级秩序很早就努力尝试去直接塑造政治主体。福柯关于治理术的理论以及生命权力转向,甚至回溯至16世纪的欧洲。统治阶级如何生产占统治地位的思想,马克思当然更有发言权。正如哈特和奈格里所指明的,长久以来,生产占统治地位的思想一直就是根本性的,所以在《大同世界》的末尾,他们详细讨论了葛兰西的相关思想。

为什么偏偏要关注非物质性和生命权力？到底发生了什么样的转变？正如多娜·哈拉维曾经指出的，身体是"一种积累策略"，因此我们需要解释资本到底如何作用并且穿透身体。但是，我们不能忽略物质性的一面，即"可变资本"（工资）进行流通的方式。有趣的是，在过去的半个世纪，消费主义在资本主义经济中起到了更大的作用。在当下的美国，大约70%的经济行为都是由消费者所驱动的，而在马克思的时代，则大约只有20%。可变资本的流通急遽膨胀。消费者的情绪极为关键，因此，引导、激发并维持他们的消费情绪对资本积累来说就成为关键任务。身体应该充满永远也无法满足的欲望。虽然曾经有段时期，自然欲望占据主导，但是对发达资本主义国家的绝大部分来说，这种欲望很早就被超越了，今天我们身处过度性（excess）的消费主义政治中。

为了支持这个过程，需要动员生命权力，但这并不是我们需要考虑的唯一力量。虚拟资本和信用卡也会通过信用和货币市场而影响政治主体性。我在其他地方曾详细论述过，第二次世界大战之后的美国的政治主体性在很大程度上受到郊区化（suburbanization，齐美尔在其1903年的文章《大都市与精神生活》中就分析过类似的现象）物质实践的影响。

但毫无疑问的是，随着物的市场的日渐饱和，资本主义转向了生产的非物质形式——因为在一个只有确保3%的复合增长率才能生存下去的体系中，这些产品对空间没有要求。如果资本主义只生产物质性的产品，我们的房屋将无法容纳。因此就有了如下转向：感受、景观、信息、图像或体验性的时刻等，所有这些产品都要商品化。过去很多直接生产主体性的国家机构和非资本主义机构（如学校和教堂）也要进行商品化和私有化。施行生命权力的主要场域，如教育、医疗等，成为资本积累的关键场所。

哈特和奈格里强调这些转变的重要性无疑是正确的，虽然他们并没有很好地考察这些转变的政治经济学或物质性层面。两位作者主要有两条考察路径。首先，他们认识到，生命权力直接作用于身体之上。他们接受福柯的观点（我不完全确定为什么），这种生产的形式与物的生产完全不同，因为它的运作遵守非常不同的规矩和原则。就其生产政治主体来说，生命权力也确立了斗争的领域，哈特和奈格里（跟随福柯）将其称为生命政治，这是基于身体的反抗和他异性的场域。他们论述说："生命政治生产的终极核心不是为主体生产客体——如我们一般所理解的商品生产那样，而是生产主体性本身。"这是他们的"伦理和政治筹划得以开启"的领域。他们特别（在我看来是太过狭隘的）关注的是"主体性生产的掌控或自主性"。生命政治领域关乎的是"新的主体性的生产，这既是反抗，也是去主体化"（即拒绝，出走）。福柯对生命权力的分析"不仅从经验角度描述了权力如何为主体并且经由主体而运作，而且旨在指出生产另类主体性的潜能，因此区别出了两种在本质上截然不同的权力形式"。或者正如福柯所说，"在权力关系的中心并且时刻挑战权力的，是意志的不服从和自由的不妥协"。他们总结说，另类现代性应该构成"生产主体性"且追求自由的装置。

以上论述构成了他们关于生命权力和生命政治在政治主体性生产方面所扮演角色的引人入胜的复述和阐发。正如他们所正确指出的，这个原创性的贡献必须直接纳入如下任务：探索革命可能性，重新定义能够重焕活力的共产主义筹划——真正的另类现代性。

但是，他们从何处得到这些根本性的洞见？这里我有一些迷惑，因为他们就生命政治而展开的关键（虽然是偏颇的）论述所指向的世界对我来说难以理解。无疑，我不了解斯宾诺莎，这是一个严重的问题，但我相信，很多人都不甚了解。在我看来，政治宣传册要求人们对斯宾诺莎有深入了解，这注定要失败，因为它只能对一小部分人发言。而且我们这些不懂斯宾诺莎的人为什么要相信，斯宾诺莎有万能钥匙？无论如何，《大同世界》没能说服我去参加斯宾诺莎阅读小组，去寻求更深刻的答案。当然，这些分析也有很多意外亮点，虽然他们提出的问题要远多于答案。现在让我提及哈特和奈格里论述中另外两个重要贡献——一个没有说服我，另一个在我看来则富有建设性，至少就其提出的问题来说。

他们说，我们都非常熟悉的个体概念是不能令人满意的，因为个体的概念奠定了财产共和国，因而对资本主义的内容来说也是根本性的。因此他们更偏爱构成诸众的奇异性（singularities）。奇异性（这我知道）是一个数学术语[5]，在物理学和相对论中也有所应用。（但我不知道斯宾诺莎是否使用了这个概念。）这是函数中的一个点，可能变成无限性，因而在某种意义上是无法表征的。至于为何个体、个人、人类或者无论是什么要被重新定义为诸众中的奇异性，这我并不清楚，但看起来奇异性的行为并不是由构成社会秩序的"事件场域"所给定或决定的。也许我理解错了，但很明显，哈特和奈格里用这个术语想要表达的是很重要的思想，因此如果能知道这个术语到底是什么意思，以及他们为何使用这个术语（恐怕再写一篇关于斯宾诺莎的论文也是不够的），那就好了。根据他们的语境，个体、个人等在面对社会压力或卡里斯玛型领袖时，可能会，偶尔也的确会臣服于主权权力，甚至有时会为了国家或宗教的信念而牺牲自我，而他们所说的诸众是不可能（或不应该）这么做的。奇异性永远不可能完全臣服于任何一种生命权力，并且可以随时扩展至"无限性"。因此他们在这里提到的是一种人类"类本质"，它有着尚不为人所知的能力，也许更为重要的是，在人类历史中，无法被代表。这种不可代表的奇异性是诸众奠基性的要素。我猜测，正是这个不可代表性让这个概念如此重要和迷人。想象自己是不可代表且有能力进入无限性，这的确很让人鼓舞！但这种不可代表性让整个讨论都非常含糊、抽象。就这种不可代表性来说，很难进行富有成果的讨论。

奇异性的概念将这种思想带进革命观念中：我们事实上可以取消所有的身份符号，如种族的、阶级的、生理和社会性别的、族裔的、宗教的和区域的，并且让自己摆脱一切，进入纯粹存在的境地，这样我们就可以根据完全不同的原则来构建自我。也就是说，我们可以忘记自己是谁，在哪儿出生，社会性如何通过地理所影响的生活经验而得以形成。但这是我们的身份问题——生产者、消费者，以及来自特定区域的存在——真正出场的地方。问题不是说我们放弃基于阶级、种族、性别等的身份，比我们抛弃 iPad、手机或者放弃与我们的居住地和生活方式相关的身份要更为容易，毋宁说，我们不可能不生产和消费，我们也不可能不居于某个地方。这些身份不可能轻易放弃，就像我们在原则上可以抛弃阶级身份一样（当然，这也不等于说，我们无法改变消费习惯或居住地）。

如果哈特和奈格里回到马克思的思想——价值是非物质性的因而也是不可表征的，但同时也是客观的，可以用货币形式表征出来，他们本可以学到更多。当他们说革命主体的行为是诸众内部的奇异性时，他们好像是表达了类似的意思。例如，他们以肯定的态度提及了暴动（jacqueries）[6] 的历史。这是他们为奇异性可能会产生客观的、集体性的政治出场所提供的例证吗？但这个例子令人担忧：那些张牙舞爪想要阻挠美国医改的右翼分子，他们是暴动运动中的奇异性吗？他们当然是在发泄无穷的愤怒，反抗资本主义国家在他们的世界中施行新形式的生命权力的行为。

我不知道哈特和奈格里会怎样回应这个例子。有一条出路，而这条出路也很成问题。一旦有可能性出现，而他们不喜欢，他们就将其斥为"腐化"（corruption）。因此如果是他们不喜欢的暴动，他们就可能将其斥为腐化形式。这就是他们处理爱的哲学概念的方式。他们引入这个观念，然后立刻避而远之，努力与爱的腐化形式保持距离。这些腐化甚至被定义为恶！他们写道：

> 我们的政治人类学观点是，将恶视为爱与共同性的衍生和变形。恶是爱的腐化，从而成为阻挡爱的东西，或者从另一个角度说，恶是共同性的腐化，从而成为阻碍生产和生产力的东西。恶并没有原初的或最初的存在，与爱相比，只是次生的东西。之前我们谈及爱在种族主义、民族主义、民粹主义和法西斯主义中的腐化；我们也不仅分析了共同性因为资本主义占有和私有化而遭受的破坏，同时也指出，共同性在家庭、企业和国家中的腐化都被制度化了。恶既是腐化也是障碍，这种双重位置为我们的研究提供了最初的标准。

或者如迪克·切尼的著名说法：我们不和恶讨价还价，我们只打败它。

现在让我来考察本书另外一个更为积极的贡献：对共同性作为斗争的政治焦点的强调。近年来很多领域都出现了对这个政治主题的讨论，而本书对这个讨论有着实质性的贡献。对共同性的圈占和私有化是资本主义发展的核心，这个主题由来已久，但不幸的是，对这一问题的考察还笼罩在对逝去的世界的怀旧情绪中——例如，缅怀17世纪英国的掘地派和平等派。当代的理论更关注新自由主义境况下共同性的进一步流失，如水和其他自然资源被私有化，同时越来越多的自然环境也被商品化，甚至从文化历史、生态奇观和音乐发明到基因材料的专利都成为新兴产业。

但是人们越来越认识到——哈特和奈格里对此有着重要的见解——共同性会不断被生产出来。在哈特和奈格里看来，向非物质劳动的转向自然而然地导致了一种过度性生产，这种过度性就是共同性。如果仅仅因为人们居住在那里，共同性就是诸众使用的场域。但事实上，资本主义已经失去对共同性生产的控制，反而得依靠诸众去进行生产以便资本本身能够存活下去。由此诸众获得了前所未有的力量。因此，哈特和奈格里赞同朗西埃的观点："政治就是共同性活动的领域，这个领域永远处于斗争之中。"

因此，共同性在这个世界上成为核心概念。"只有当我们共享并参与进共同性，诸众的民主才是可以想象并可能实现的。"他们说，我们需要"这样一个关于爱的政治概念，它能够认识到民主必须奠基于共同性和社会生命的生产之上"。但这意味着"爱需要力量去征服统治权力并且在其能够创造出共同财富的新世界之前，砸碎统治权力的腐化机构"。创造共同财富的新世界（大同世界）就是本书政治的核心。

这里共同性有两个内涵，对哈特和奈格里来说，第二个内涵最为关键。第一个内涵关涉的是"物质世界的共同财富——水、土地的果实以及整个自然界——在欧洲经典政治文本看来，这些都是人类的遗产，理应共享"。对这些共同性进行圈占并从中攫取私人利益的漫长历史，以及关于共同性在财产共和国内如何才能得到最好管理的复杂讨论，所有这些已广为人知。随之而至的政治困境——这种困境因为哈丁在 1968 年对共同性悲剧[7] 的重提而引起纷繁的争论——也已广为人知。（事实上我非常奇怪，他们居然没有提及相关讨论，而正如我们将看到的，这些讨论非常关键。）与之相伴随的是"对共同性的剥夺成为剥削的方式"，其中包括在新自由主义下强势出现的（我将其称为）"剥夺性积累"（如房屋止赎）。我们大多同意，这导致了（马克思所命名的）原始积累逻辑的继续，但其范围更加广泛和复杂。这包括私有化的浪潮，从国有企业到公共设施、社会保险、医疗、教育、交通系统、社会和有形的基础设施，甚至战争（哈里伯顿公司[8] 万岁！），也将私有财产体制最大程度地植入了我们称为自然的共同性之中，从而攫取地租。

哈特和奈格里写道："共同性的第二个概念是动态的，既包括劳动的产品，也包括将来的生产资料。这种共同性不仅是我们所共享的地球，也是我们所创造的语言，我们所创造的社会习俗，定义我们关系的社会性模式等。这种共同性不像前一种共同性那样受制于稀缺性的逻辑。"但它的确会受制于贬值和平庸化（banalization）的逻辑，这个逻辑对当下生活来说与稀缺性一样关键。他们接着论述说："对第二种形式的共同性占有——人工共同性或者模糊了文化与自然界限的共同性——是理解生命政治劳动剥削新形式的关键所在。"

本书有很多探讨这种共同性的地方，这也确实需要我们更多的关注——这里我的概述显然是不够的。但是作为总结，我还有一些问题需要提及。我尤其赞同哈特和奈格里的如下观点：他们将大都市视为"生产共同性的工厂"，并且坚持认为，城市化为资本所带来的收益在很大程度上以地租（这是很多马克思主义理论都忽视的一个范畴）的形式表现出来。虽然我认为他们对这个论述有过度发挥之嫌——他们期待出现一个生命政治城市——但他们对共同性如何在城市中得到生产的论述，却是富有启发性并且也极为重要的。他们甚至提出："大都市之于诸众，正如工厂之于产业工人阶级。"在某种程度上，他们转而依赖这样的观念，共同性在很大程度上由经济学家所命名的外部性效果（这种效果不需要市场的作用）所生产，而外部性又可分为正外部性和负外部性（前者如有益的社会交往，后者如污染和拥堵）。但在更宽泛的意义上我们可以说，人们在日常行为中创造出城市的社会世界，并由此而创造出所有人都可以共享的共同事物。这种与共同性相关的创造性应向所有人开放，我们也必须防止对这种创造性的圈占行为［这让哈特和奈格里的如下做法显得有些令人费解：就所谓的创造性阶级在促进资本主义发展或提高地租方面所扮演的角色，他们赞同理查德·佛罗里达（Richard Florida）的观点］。争夺都市的共同性以及生产新的都市政治主体性因此就走到了政治的前台。

我赞同这种论述。许多年以来，我和很多作者都一直在强调，马克思主义政治理论只关注工厂中的工人阶级是毫无道理的。这在理论上是错误的，因为它忽视了城市化的生产、空间的生产以及这些行为中的所有工人。这与历史也是不相符的，因为在资本主义历史中有很多革命行动像工厂中的工人关注日常生活的质量那样，也关注都市令人不满的生活（如巴黎公社、西雅图总罢工[9]、1969 年图库曼起义等），甚至就在工厂中有关键运动的时候（如 20 世纪 30 年代的密歇根联合汽车工人罢工、20 世纪 20 年代的都灵工厂委员会），即便其他有组织的支持在政治行动中起到关键作用，也会被忽略。对工厂的过度强调在内容上也是无效的，因为为争取列斐伏尔所命名的"进入城市的权利"而进行的斗争，可以为都市社会运动和基于工作的政治之间的革命性结合提供更为广阔的基础。当下，进入城市的权利这个口号在全世界"既是呐喊也是要求"——从柏林到（克罗地亚的）萨格勒布，从圣保罗到纽约、洛杉矶，我很吃惊《大同世界》没有提及这些抗争（也没有明确提到列斐伏尔关于进入城市的权利和城市革命的著作）。但是我欢迎哈特和奈格里加入我们这些左派的阵营内，将都市也视为当下斗争的重要场所，我完全同意他们的如下观点：新的都市共同性的生产对革命共产主义的都市主义目标来说，是根本性的。

他们说："共同性的积累与其说意味着我们拥有更多的观念、更多的图像、更多的感受等，不如说更为重要的是，意味着我们的力量和感官得到了强化：我们去思考、去感受、去观察及去与彼此建立关系、去相爱的能力。用更接近经济学的术语来说，这种强化既意味着社会中可用的共同性越来越多，也意味着基于共同性，我们的生产能力得到了强化。"这是我们都能真正期待的大同世界。

但这里有一个严重的问题。虽然共同性的这种形式不会受制于稀缺性逻辑，但却可能贬值或被圈占。我们很难搞清楚，构成诸众的奇异性如何或者为何就能支持而不是破坏或腐化以感受、图像、信息和符码的世界表现出来的共同性（哈丁的共同性悲剧不可能轻易就得到解决）？毕竟，对当下的表征（representations）最严厉的批判就在于信息质量的腐化，以及感受、图像和符码的腐化，而奇异性可能要为此负责。

就此来说，资本主义通过实践而非命令所创造出的绝大部分共同性与如下事物有着令人不安的相似性：货币。正如马克思所说，货币是客观的特殊性，可以代表价值所包含的普遍共同性。货币是客观的使用价值，可以衡量非物质性的交换价值，一旦进入流通过程，就无法退出。正是基于这些原因，它是为私人所占有的非物质性的社会权力的客观形式。货币并非由国家所生产（虽然国家会试图进行调节），而是因为私人的商品交换和个体间的信用关系而产生的。因此货币总是倾向于过度性的政治（全世界的中央银行都毫无节制地印钱），并且永远面对着贬值的风险（早先是铸币，现在则是因为通货膨胀）。他们并没有提及由奇异性所构成的诸众究竟应该如何面对这种共同性，尽管它深刻影响了都市共同性因为政治的、经济的和社会的实践而得以形成的方式以及与地租占有相关的虚拟资本的运作方式。

这也表明了哈特和奈格里理论探讨中的一个普遍问题。《大同世界》中的很多观点抽象地看起来很好，但却没有具体的提议措施。事实上，本书有很多的措施，有些彼此间还相互冲突。看到革命性和煽动性的命令（"打倒统治权力，摧毁旧制度，砸碎国家机器——甚至推翻资本、家长制和白人至上主义——这些还不够"）与具体的诉求——要求世界政府"向所有公民提供有保障的收入"，向所有人提供基本教育，让所有人都接受培训以获取"基本的社会和技术的知识与技能"，以及让"所有人都有能力参与到社会的构成之中"——并列在一起，这着实令人吃惊。我当然明白他们为何会同时采纳这两种立场。事实上一直以来我也如此——人们希望我这样的革命者有时能够认识到改良主义立场在战略和战术上的重要性；但他们对哈特和奈格里没有这样的期望。他们要砸碎的是像北欧国家、法国、德国和英国那样能够提供全民医保的国家吗？他们和反对美国医改方案的暴动站在一边吗？他们也许是两边下注。我们要再次欢迎他们加入我们的阵营，将改良主义看作革命的前奏。

哈特和奈格里有太多的提议都陷在非物质抽象的领域中，从没有取得具体的形式。例如，两位作者呼吁"基于今天已成为诸众欲望表达的政治、经济和社会创新的力量"提出新的价值理论。他们进一步解释说：

> 新的价值理论应该基于经济、政治和社会创新的力量，而这些力量在今天已经成为诸众欲望的表达。当反抗成为创造性的和无边无际的溢出时，并且当人类行动逾越并且决定权力的平衡中的断裂时，价值就创造出来了。于是，当生命政治过程的构成性要素和生命权力结构之间的关系失去平衡时，价值就创造出来了。当加诸发展的控制——资本的国家和集体机构就是用发展来确立自身合法性的——不再能够抵挡诸众、劳动力和社会奇异性的整体组合的反抗时，只有在那时，才会有价值。

我完全同意。但问题是，这种新的价值如何在日常生活中得到表征并被客观化？如果衡量价值的唯一方式就是货币，那么这些高贵的感情（如生态主义者的"内在-价值"论和艺术家的美学价值）就很容易通过货币计算而再度被吸纳进资本主义经济的主导实践中去。无论你的艺术是多么伟大或富有革命性，如果你无法卖钱，那你就身处麻烦之中（别跟我说全球交易已经可行了）。

《大同世界》有很多这种不完全的情感——这意味着还有很多工作

有待完成。我们期待哈特和奈格里的下一部作品。我个人希望，作品中要少一点斯宾诺莎，多一点马克思；少一点关联性（relationalities）和非物质性（虽然论述得非常美丽诗意），多一点对表征、客观化（对象化）和物化的物质方面的论述。关联性和非物质性够多了！来点具体的提议、现实的政治组织和真正的行动可好？

注释

[1] 之前有 *Labor of Dionysus*，1994；*Empire*，2000；*Multitude*，2004，此后他们还合作著有 *Declarations*，2012。

[2] 指斯宾诺莎。

[3]《出埃及记》对应的也是这个词，指伴随生命政治生产日益占据主导地位，诸众在劳动空间日益取得自主性，劳动本身日益取得政治性，不再需要资本的主导，因此他们的出走可以对资本造成致命打击。

[4] the common，也可翻译为公共事务或共同资源。

[5] 在数学和物理学上翻译为奇点或奇异点。

[6] 主要指法国历史上的农民暴动。

[7] 一般翻译为公地悲剧。

[8] 世界上最大的为能源行业提供产品及服务的供应商之一，承包了美国在伊拉克的战争。

[9] 发生于 1919 年为期 5 天的罢工，虽然罢工是非暴力性质的，且为期很短，但很多人认为此次罢工具有颠覆美国体制的潜能。

第16章 资本主义的内在限制[*]

[斯洛文尼亚] 斯拉沃热·齐泽克 著　蓝江 译

资本主义的动力就是哈特和奈格里在《帝国》和《大众》中的中心问题，这也是德勒兹政治学的最高实践。这两本书都需要重新阅读，因为它们都关系到一个现实的全球反资本主义抵抗运动的理论反思（我们差不多很想说"嵌入"）。在这些字里行间，我们可以感觉到西雅图、热亚那、萨帕蒂斯塔[1] 的气味和声音。他们的局限也同时是这种实际运动的局限。

哈特和奈格里的运动绝不是意识形态上的中立——很巧，这是完全不同于他们的德勒兹式的哲学范式——他们的运动将（表面上的）民主看成是所有今天解放运动的公分母："在今天，全世界所有的解放斗争和运动（无论在地方、区域、全球层次）都有一个共同的潮流，这就是对民主的欲望。"[2] 这完全不是一种乌托邦式的梦想，民主是"对我们今天各种棘手问题的唯一回答……即走出我们永恒冲突和战争状态的唯一方式"[3]。不仅镌刻在如今斗争之中的民主是他们解决方案的内在目的，而且，在今天，在资本主义心脏中成长起来的大众"让民主第一次成为可能"[4]。直到今天，民主仍然被大写的一的形式所困惑，即作为一种国家主权，"绝对民主"（"一切人统治一切人，没有区

---

　* 原载：当代国外马克思主义评论（9）. 北京：人民出版社，2011：328-338。文献来源：Slavoj Žižek. Inherent of Capitalism//*Reflections on Seminar XVII：Jacques Lacan and the Other Side of Psychoanalysis*，edited by Justin Clemens and Russel Grigg. Durham and London：Duke University Press，2006：118-127。

分，没有条件和例外的民主")[5] 只有当"大众最终能主宰自己"时才是可能的。[6]

对于马克思而言，高度组织的合作资本主义已经是一种"资本主义内部的社会主义"（一种资本主义的社会化形式，那个总是不在的老板变得越来越空洞），因而我们只需要截掉它的名头就可以通向社会主义。不过，对于哈特和奈格里来说，马克思的局限在于，在历史上，马克思处于一个中心化的、按等级制组织起来的机械式的、自动化的工业劳动之中，这就是为什么他对"一般智力"的看法，是一种中心式的计划体制；只有在今天，随着"非物质劳动"的兴起并占据主导地位，颠覆性革命在客观上才具有可能。非物质劳动分为知识（象征）劳动（作家或者编程人员生产观念、符码、文本、程序、图像）和情感劳动（即那些处理我们身体性情感的人员，包括从医生到保姆和飞机上空姐之类的工作人员）。在今天，非物质劳动占据了"主导地位"，正是在这个意义上，马克思宣布，在 19 世纪的资本主义里，大工业生产是主导性的，其色彩影响到整体的旋律——并不是数量上的优势，而是工业生产扮演了一个关键的标志性的结构性因素："大众所生产的并不仅仅是产品和服务，大众也生产，或者说最重要的生产是合作、交流、生命形式以及社会关系。"[7] 因此，这里出现的是"共同性"的一个新维度：共享的知识、合作和交流形式等等，这些形式已经不能为私有制的形式所掌握。这些根本不是民主的致命威胁（这就是那些保守派文化批判家试图要我们相信的东西），新"共同性"开启了一个"绝对民主"的机会。在非物质劳动中，产品不再是物质性的对象，而是心的社会关系本身——简言之，非物质劳动就直接是生命政治，即一种社会生命的生产。马克思强调了物质生产总是如何再生产在其关系中发生的社会关系；不过，在今天的资本主义那里，社会关系的生产就是生产的直接目的："这样的一种新的劳动形式……展现了经济自我管理的新可能，因为合作的机制需要在劳动本身中进行生产。"[8] 哈特和奈格里的赌注就是那个社会化的非物质生产不仅仅会让老板从进步意义上肤浅化（当生产直接是社会性的，在形式上和内容上都是这样的时候，谁还需要老板呢？）；生产者也进行着社会空间的操制，因为社会关系（政治上）就是他们工作的内容：经济生产直接成为政治生产，即社会本身的生产，这样，"绝对民主"的道路打开了，对于生产者而言，直接操制自己的社会关系，根本无需民主代议制的迂回。

这个视界导致了一系列具体问题。我们真的能解释这种走向以作为从生产到交流，或社会交往的转化的非物质劳动为主导地位的运动吗？——用亚里士多德的话来说，从作为创制（poiesis）的技艺（techne）到作为实践（praxis）的技艺的转变，或者克服汉娜·阿伦特的生产和行动的区分吗，或者克服哈贝马斯做出的工具理性和交往理性的区分吗？这种政治化的生产，即直接生产社会关系的生产，如何影响到政治的观念？如果这样的"人民的治理"（从属于利益逻辑）仍然是政治，或者说仍然是最彻底地剥去了政治外衣，并步入后政治的通道吗？最后但不是最次要的问题，在这个观念上，必要的民主难道不是绝对的吗？根本不存在不包含隐藏的、精英主义前设的民主。从定义上看，民主就不是"全球的"，它建立在价值和真理之上，我们不能"民主地"选择这个根基。在民主中，我们可以为真理而斗争，但是我们无法决定什么是真理。正如克劳德·勒夫尔已经充分说明了民主从来都不是简单的代议，它代表的是预先设定好的利益和意见，因为这些利益和意见都只能通过这种代议来建构。换句话说，对利益从民主上进行阐明通常只是最低程度的表演：通过他们的民主代议制，人民建立起什么才是他们的利益和意见。正如黑格尔曾说过，"绝对民主"只有将自己装扮成它的"对立面"，即恐怖才是有可能实现的。这样，这里存在一个选择：我们接受民主的结构，不仅仅因为碰巧的才是不完美的，或者说，我们也认可了其恐怖主义的维度？然而，更关键的是另一个批判，即哈特和奈格里忽视了严格的辩证法意义上的形式这个概念。

哈特和奈格里在他们对全球资本主义逐步"去辖域化"的权利的迷恋和让大众反抗资本主义大写的一的权力的修辞之间反复踯躅不前。那精打细算地、无情地摆脱其物质劳动现实的金融资本，这个对于传统左派来说经典的黑暗兽（bête noire），已经被看成是未来的瑰宝，它是资本主义的最强劲的动力，也是资本主义最游离化的方面。今天资本主义的组织形式——非中心式的决策形式，资本的超级动态性和灵活性，多个行动者之间的互动——都可以被看成迎接大众统治来临的临界点。似乎在"后现代"的资本主义那里，即在黑格尔式的资本主义那里，这种从在其自身中的模式向为其自身的模式的转换已经万事俱备了——唯一欠缺的是纯粹的形式转化的东风，就像某人在启蒙与信仰的斗争中黑格尔所推进的人一样，在那里，黑格尔说道："它作为一种不显形迹和不受注意的精神，悄悄地将高贵的部分都到处渗透，随后彻底把全无意识的神像的一切内脏和一切肢体都掌握起来，'在一个晴朗的早晨它用肘臂把它的同伴轻轻一推，于是，稀里哗啦！神像垮在地上了。'……在一个晴朗的早晨，连当天中午都不见血迹了，因为病的感染把精神生活的一切器官都已渗透。"[9]

甚至那种与这种新的人类精神的认知论的观念相平行的东西都在这里遗失了：脑科学告诉我们在大脑中没有一个大写的中心自我，告诉我们我们的决策如何诞生于那种此时此地的行动者的无序的交往关系之外，告诉我们我们的"心智"生活是一种"自我创制"的过程，没有任何预先的中心行动者（这是一种十分碰巧的模式，其正好与今天"去中心化"的资本主义相兼容）。因此，新的自我统治的大众社会就像今天的认知论的自我观一样，它认为自我是一种根本没有中心决策的大写自我的相互交往的行动者之间的混乱无序状况。不过，尽管哈特和奈格里看到今天的资本主义是不断增强的大众的主要位点，它们仍然需要站立在大写的一的地基上，就站在那个反对大众的大统治权之上。它们是如何将两者结合起来的非常清楚：当资本主义生产出大众，它就将其包含在资本主义的形式之中，因此其释放出来的恶魔无法控制。这里需要回答的问题是，难道哈特和奈格里都没有犯类似于马克思那样的错误吗？即那种纯粹统治自己的大众不过是最高的资本主义幻象，即资本主义幻象的自我革命的永恒动力机制自由地引爆这个内在的眼中钉？换句话说，这种资本主义形式（一种非常适合于剩余机制的形式）不再是自我推进的生产的运动必要的形式、形式框架和前提了吗？

最终，当哈特和奈格里反复强调《大众》不过是本"哲学书"，并告诫读者"不要指望从书中找到对要干什么问题的解答，或者提出一个具体的行动程序"[10]。这个限定并没有他们看起来那样中立：它指出了一个根本性的理论瑕疵的方向。在描述了对帝国的多重反抗形式后，《大众》终结于一个弥赛亚式的注解，指出这走向了一个大断裂，一个关键性的决定时刻，那时，大众的运动将直接带来一个新世界的诞生："长期的暴力与矛盾，全球内战，帝国主义的生命权力的腐烂，生命政治性的大众的永无宁日的苦役，以及悲怆和改革的建议越积越多，这些都必须在一个重大事件、一个彻底的起义的要求中得到解决。"[11] 然而，在这一刻，当我们期望从理论上来最简要地描绘出这个断裂的决定时刻时，两位理论家再一次告诉我们蜷缩到哲学中去："然而，像这样的哲学书，对我们来说，最紧要的任务并不是来估算未来革命政治的决定时刻。"[12] 哈特和奈格里在这里演出就是迅速地跳来跳去：当然，我们不能向他们咨询一个关于那个决定时刻，那个走向全球化的"绝对民主"，即那个大众自己主宰自己的过程的详尽的经验上的描述；不过，如果这些判断拒绝从事这样具体的未来预测是否遮掩了其在内部观念上的窘境和不可能？也就是说，我们要求的是对这种质的飞跃，即从大众抵抗主权权力的大写的一的统治向大众直接自己统治自己的过程的观念上的结构的描述。他们对这个过程的观念上的结构如此晦暗不明，只是从抵抗运动中列举了几个粗浅的例子，恐怕只会导致更多的怀疑，即那种完全透明的一切人统治一切人的彻底的民主将会同它的对立面媾和。

哈特和奈格里在质疑了标准的左翼的"掌权"的革命观念上是正确的：这样的策略承认了一个权力结构的形式框架，并将其目的仅仅限定在用"我们"（另一个掌权人）来取代"他们"（掌权人）。在列宁的《国家与革命》中，这个是非常清楚的，真正的革命目的不是去"掌权"，而是去摧毁国家权力的机器。而"后现代"左翼的含混性也要求去抛弃"掌权"的过程：难道他们要忽略现行的权力结构，或者毋宁只是通过创造一个外在于国家权力网络的替代性空间来抵抗权力结构（就像墨西哥的萨帕蒂斯塔解放军那样的策略）；或者说难道他们真的意味着我们需要将所有的根基都从国家权力中抽身出来，以便国家权力自己慢慢腐烂掉、崩溃掉？在第二个例子中，关于大众直接统治自己的诗性化的概括是完全不够的。

哈特和奈格里在这里黏合了两个由拉克劳和阿甘本创造出来的术语。在拉克劳和阿甘本之间的最大差异涉及权力结构的不连贯性：尽管他们都认为其是不连贯的，但他们俩的立场却在此分道扬镳。阿甘本关注的是在合法权力（法律统治）和暴力之间关系的恶性循环，这个恶性循环通过一个弥赛亚式的乌托邦的希望得到维系，即我们有可能彻底地打破这个恶性循环，并走出这个循环（即以本雅明式的"神圣暴力"的方式走出去）。在《即将来临的共同体》中，阿甘本参考了圣托马斯·阿奎那对那个困难的神学问题的回答：那个既不知道罪恶，也不知道上帝的未受洗礼的婴儿的灵魂会怎样？

他们没有罪，那么对他们的惩罚"不能是一种痛苦折磨（如在地狱中的折磨）的惩罚，这种惩罚仅仅是一种私人化的惩罚，即他永远看不到上帝。他们寓居在灵魂的漂泊中，相对于那些受到诅咒的灵魂，他们完全感觉不到由于看不到上帝的痛苦……他们不知道他被剥夺的是一种至善……而最大惩罚——看不到上帝——被转变成一种自然的快乐：这是一种无法挽救的缺失，但他们可以在没有那种神圣缺失的痛苦中持存下去。"[13]

对于阿甘本来说，他们的命运就是一种补救（redemption）的模式："他们被抛入一个罪的世界，而他们看不到正义：沐浴在他们身上的光芒是伴随着最新生（novissma）① 的死亡这一判断的到来而降下的一道不可救药的光芒。在他逝去之后，那个在大地上开启的生命就是纯粹的人类生命。"[14]（我们只能在这里记得芸芸众生仍然停留在瓦格纳的《诸神的黄昏》剧结尾处的舞台上，静静地目睹了诸神的毁灭——他们对此手舞足蹈又如何呢？）与之相比较（mutatis mutandis），哈特和奈格里也经历了同样的历程，即他们将对权力的反抗看成是对奇迹般地跨越到大众真正地自己统治自己的"绝对民主"所做的准备——在这一点上，其中的张力被解决了，自由将会在永恒的自我增长中爆裂掉。阿甘本同哈特、奈格里的不同可以用一个黑格尔在绝对否定和确定否定之间做出的区分来理解：尽管哈特和奈格里比阿甘本更反黑格尔，但他们的革命性跨越仍然停留在"确定性否定"的行动中，这是一种形式拒绝的姿态，他们仅仅设定在全球资本主义下的自由潜在的发展，这是一种"现成的共产主义"（communism-in-it-self）；相对而言，阿甘本——在这里又是悖论性的，尽管他极度反感阿多诺——概括出了一种极其近似于晚期阿多诺、霍克海默和马尔库塞所渴望的整全他者（ganz Andere）的乌托邦的轮廓，即补偿性地跳跃到一种非中介的大写他者之中。

相反，拉克劳和墨菲提出了一种类似伯恩斯坦的变形的修正主义信条："没有目的，运动就是一切"：这个意图需要拒绝，因为其真正的危险在于这是一种彻底地割裂的观念，借助这种割裂，基本的社会斗争将得到解决，而一个完全透明的、没有异化的社会的新时代就会到来。对于拉克劳和墨菲来说，这样的观点不仅拒绝了政治性，即对立的空间和领导权斗争，而且拒绝了人类条件在本体论上的根本的有

---

① Novissima 是拉丁语 novus（新）的形容词的最高级复数形式。

限性——这就是为什么任何试图实现这一跨越都不得不终结于极权主义的阴霾之中。这意味着唯一可以运作和实践一种有生命力的特殊的政治解决方案就是承认全球首先是一潭死水：我们只有通过反抗这个不可救药的全球的死水的背景才可以解决这个问题。当然，这绝不意味着政治行为人将自己蜷缩在解决具体问题之中，抛弃了普遍性的主题：对于拉克劳和墨菲来说，普遍性是不可能的，但与此同时也是必需的。没有直接"真实"的普遍性，每一种普遍性都通常是已经被卷入领导权斗争中，这是一个空泛的形式，在不同时间、不同的关联中被填塞进了一些不同的特殊内容，而那些被填充进去的东西就成为其替代品。

不过，这两种方式真的像其表现出来的那样是完全对立的吗？拉克劳和墨菲的理论大厦不也暗示着他们自己的乌托邦的点吗？即在这一点上，政治斗争是在没有"本质主义"的参与下进行的，所有方面都完全接受了他们努力的那个彻底的偶然性的特性，以及社会对立的不可化约的性质。另外，如果没有隐秘的优点，就不会有阿甘本的立场：因为，在今天的生命政治之下，政治斗争的空间被封闭了，所有的民主解放运动都没有了意义，我们除了舒舒服服地等待那个"神圣暴力"的奇迹般的爆裂，便无所事事。而至于哈特和奈格里，他们将我们带回到马克思对"历史站在我们这边"的信念之中，即历史发展已经生成了一种共产主义未来的形式。

如果是这样，哈特和奈格里的问题在于，他们过于沉溺于马克思主义了，他们接掌了马克思主义的根本的历史进步的命题：像马克思一样，他们为资本主义"去辖域化"的革命潜力额手称庆；像马克思一样，他们将矛盾设定在资本主义内部，即在这种潜力同资本的形式（剩余价值的私有制分配）的裂缝之中。简言之，他们消除了传统马克思主义的生产力和生产关系的矛盾的观念：资本主义已经生产了"未来新生活形式的瑰宝"，它不停地生产出新的"共同性"，亦即在革命的爆裂中，这个新的形式将会在旧的社会形式下解放出来。不过，正如马克思主义一样，正是要忠实于马克思的工作，我们更要认识到马克思的错误所在。一方面，马克思设想了资本主义如何释放出自我发展的生产力的令人激动的动力——可以看他关于资本主义的描述，即在资本主义中，"一切坚固的东西都烟消云散了"，而资本主义成为整个人类历史之中最具革命性的力量。另一方面，他也清晰地看到，资本主义的动力如何为其内部的障碍和对立所驱动,那么资本主义自己的最后的极限(也是资本主义自我发展的生产力的最高极限)就是资本本身。这种不断的发展和资本主义对自己的物质条件不断的革新,以及它的生产力在无限制的空间的奋力一搏,都最终会化作泡影,被自己内部的矛盾折腾得灰飞烟灭。

马克思的根本问题在于,从这些洞见中推导出一个新的、更高级的社会秩序(即共产主义)是可能的,这个秩序不仅可以存在,而且可以发展到更高级的阶段,为生产力的自我发展提供更充足的空间,而在资本主义中,资本主义构成了生产力发展的内在障碍(矛盾),而资本主义反反复复被社会中破坏性的经济危机所消耗。简言之,马克思所忽视的问题是,或者用标准的德里达式的话来说,他将这种内在的障碍/对立看成了生产力完全发展的"不可能的条件",同时也是其"可能的条件":如果我们抛弃了这一对立,即资本主义的内在矛盾,我们将无法获得最终摧毁资本主义的生产力的彻底发展的动力,但我们失去的正是这种生产力,而这种生产力似乎同时促动并折磨着资本主义。如果我们采用这个对立,这个对立导致的对资本主义的潜在折磨就消散了。(这里还存在一种对马克思的拉康式的批判,这种批判关注的是剩余价值和剩余快感之间的模糊的重叠。)于是,对共产主义的批评唯有当认定马克思的共产主义是一个不可能的幻象时才是可能的——他们没有设想马克思的共产主义是纯粹在资本的框架之外完全释放生产力的社会观念,这个幻象内在于资本主义自身之中,而资本主义的内在的罪行就是它以最纯粹也是最严格的意识形态的幻象在资本主义创造出来的生产力的威胁之下继续生存下去,而消除这一对立——正如"真实现存的资本主义"所展现的那样——就是让永恒的生产力自我发展的社会的实际的物质性存在成为可能。

准确来说,马克思在剩余价值问题上的哪个地方出错了?我们试图从拉康在欲望对象和剩余快感之间的重要区分来找到其原因所在。记得在希区柯克的电影《眩晕》中马德莲的金色卷发的关键细节,以及在电影结束前在库房里恩爱的情景。当斯科蒂在他那著名的 360 个亲吻之中激情地拥抱茱蒂(茱蒂成了死去的马德莲的再生)时,他不再吻她,并退回去一段距离偷偷地看了眼茱蒂的新金发,仿佛让他自己重新确认那个特征(即金色卷发),让茱蒂成为他所欲望的对象。通

常，在欲望对象本身和其原因之间有一个裂缝，而中介性特征和元素
让这个对象变得可欲。让我们回到马克思那里，倘若马克思的错误也
是假定欲望对象（无限制发展的生产力）将会持续下去，即便当这个
对象被剥夺了驱使它的诱因（剩余价值）。对于德勒兹存在同样的问
题，他的欲望理论往往直接与拉康的欲望理论是对立的。德勒兹断定，
欲望的优先性超越了其对象：欲望是一种超越其对象的积极的生产力，
一种借助大量的对象，并穿透这些对象的活生生流动增殖的生产力，
完全不需要任何基本的匮乏和"阉割"来维系其根基。不过，对于拉
康而言，欲望只能因为对象来维系：并不是那些原生性的乱伦失去了
对象，而欲望得以存在需要这些对象以及那些不能令人满足的所有其
他对象来维系，而是一种纯粹形式的对象，这种对象让我们去欲望那
些我们在现实中遇到的对象。因此，欲望的对象因并非一种超验性的、
无法触及的永远需要我们去捕捉的溢出，而是就隐藏在主体背后，某
种从其中直接导出了欲望的东西。相对于马克思，德勒兹没有考察维
系无条件欲望生产幻觉的对象因——或者说，在哈特和奈格里那里，
大众统治自身的幻象不再为总体化的一所限制。我们在这里没有看到
其与纯"学术的"、哲学的和观念上欲望之间的区别，而这会带来灾难
性的后果。

注释

[1] 萨帕蒂斯塔是墨西哥的一个反全球化的解放组织。

[2] Michael Hart，Antonio Negri. *Multitude*. New York：Penguin，2005：xvi.（下文引用均出自这一版本）

[3] *Multitude*. 2005：xviii.

[4] *Multitude*. 2005：340.

[5] *Multitude*. 2005：237.

[6] *Multitude*. 2005：340.

[7] *Multitude*. 2005：339.

[8] *Multitude*. 2005：336.

[9] 黑格尔. 精神现象学：下卷. 贺麟，王玖兴，译. 北京：商务印书馆，1979：84-85.

[10] *Multitude*. 2005：xvi.

[11] *Multitude*. 2005：358.

［12］ *Multitude*. 2005：357.

［13］ Giorgio Agamben. *The Coming Community*, trans. Michael Hardt. Minneapolis：University of Minnesota Press，1993：5－6.

［14］ *The Coming Community*. 1993：6－7.

图书在版编目（CIP）数据

共同体、未来社会与美好生活/ 刘梅主编. --北京：
中国人民大学出版社，2021.12
（当代国外马克思主义前沿问题研究丛书/江洋总
主编）
ISBN 978-7-300-30103-7

Ⅰ．①共… Ⅱ．①刘… Ⅲ．①西方马克思主义-研究
Ⅳ．①B089.1

中国版本图书馆 CIP 数据核字（2022）第 005594 号

国家出版基金项目
当代国外马克思主义前沿问题研究丛书
总主编　江　洋
共同体、未来社会与美好生活
刘　梅　主编
Gongtongti、Weilai Shehui yu Meihao Shenghuo

出版发行	中国人民大学出版社	
社　　址	北京中关村大街 31 号	**邮政编码**　100080
电　　话	010 - 62511242（总编室）	010 - 62511770（质管部）
	010 - 82501766（邮购部）	010 - 62514148（门市部）
	010 - 62515195（发行公司）	010 - 62515275（盗版举报）
网　　址	http://www.crup.com.cn	
经　　销	新华书店	
印　　刷	涿州市星河印刷有限公司	
规　　格	160 mm×235 mm　16 开本	**版　　次**　2021 年 12 月第 1 版
印　　张	15.5 插页 3	**印　　次**　2021 年 12 月第 1 次印刷
字　　数	230 000	**定　　价**　68.00 元